LA PROSPERIDAD DEL REINO

EL PLAN, LA PROVISIÓN Y EL PROPÓSITO DE DIOS PARA TU DINERO

Greg Mitchell

Diseño de la portada y contraportada: Steven Ciaccio
Versión Español Edición impresa ISBN: 979-8-9907176-6-4

Se ha solicitado la Catalogación en Publicación de la Biblioteca del Congreso.

Impreso en los Estados Unidos de América

Índice

Dedicatoria

En primer lugar, dedico este libro a los pastores Joe Campbell, Mark Aulson y Tom Payne. Su fidelidad a Dios al levantar ofrendas y recaudar fondos en conferencias han bendecido a miles de personas. Ustedes han mostrado dimensiones revolucionarias de fe en el ámbito del dinero, y lo han transmitido en ofrendas que han tomado en conferencias en Prescott y en todo el mundo. Ustedes han glorificado a Dios en el área financiera. A lo largo de los años han recaudado millones de dólares para el Reino de Dios, que se han utilizado para traer salvación a las naciones. Ustedes han inspirado a la gente a creer y obedecer a Dios en este sentido, y eso ha permitido que muchas personas e iglesias experimenten milagros extraordinarios en esta área. Han ayudado a la gente a experimentar la verdadera "Prosperidad del Reino".

En segundo lugar, dedico este libro a las personas increíblemente fieles y generosas de la congregación de La Casa del Alfarero en Prescott, Arizona. Nacimos de un milagroso despegue financiero en un avivamiento predicado por el evangelista John Metzler en 1970. Desde entonces, los santos fieles de Prescott han dado generosamente para la evangelización, la plantación de iglesias y evangelismo mundial, y siempre ha habido abundancia debido a su entrega fiel y visionaria. Literalmente ustedes han bendecido al mundo.

En tercer lugar, dedico este libro a cada persona que ha dado fiel y generosamente en las conferencias en nuestra iglesia en Prescott. Ustedes han permitido que Dios use su dinero para bendecir a miles de personas, y han formado parte para poder alcanzar a muchas naciones del mundo a través del evangelismo mundial. Que Dios ayude a cada uno de ustedes a experimentar la verdadera Prosperidad del Reino.

En cuarto lugar, dedico este libro a mi difunto padre, Wayman Mitchell. Rompiste la maldición de la pobreza en tu propia vida, obtuviste un dominio financiero sobrenatural, modelaste la integridad financiera y nos enseñaste a todos el poder espiritual del dinero. Tú nos transmitiste a Lisa y a mí la verdad que ha afectado nuestras vidas: ¡Si Dios puede dar dinero a través de ti, Él puede darte dinero a ti! Así que hemos podido continuar con la misma bendición que tú tuviste en tu vida.

Prólogo

El pastor Greg Mitchell es un pastor con dones, líder, formador de discípulos y ahora autor. Sus dos primeros libros, "Poder de Sanidad" y "Desarraigando el Rechazo", son los mejores que he leído sobre esos temas, y hay muchos libros disponibles. Están escritos de una manera que ayuda a muchas personas a aplicar esas verdades en sus vidas.

Mientras viajo por el mundo, el tema de discusión frecuentemente es los libros del pastor Mitchell. Los pastores están muy agradecidos por la ayuda, sanidad y liberación que han aportado a los miembros de sus iglesias. Sus libros han inspirado numerosos sermones predicados por todo el mundo, que siguen siendo fuente de revelación sobrenatural.

Si hay un área en la que el pueblo de Dios necesita ayuda, es en el ámbito de las finanzas. Por eso recomiendo su último libro, "La Prosperidad del Reino". Si logras acertar en esa área de nuestras vidas, liberarás bendiciones increíbles no solo para ti personalmente, sino también para avanzar la causa del evangelismo mundial. Nuestras iglesias deben prosperar financieramente porque, así como van las finanzas de los creyentes individuales, también va el avance del Reino de Dios en la tierra a través de la iglesia.

He aprendido estos principios a lo largo de mi ministerio. El pastor Wayman Mitchell me dio un pasaje de la escritura en un tiempo en que nuestra iglesia necesitaba dinero milagroso, cuando se presentó la oportunidad de comprar un edificio; ***Proverbios 13:22*** *"La riqueza del pecador está reservada para los justos."* Reclamé esa promesa, y Dios nos dio el milagro que necesitábamos. (Esa historia se cuenta en detalle en el capítulo 9).

Muchos creyentes están preocupados y ansiosos por su dinero y cómo se relaciona con su futuro. Dios obviamente entiende la riqueza. Él la creó y puede canalizarla en manos de quienes Él puede confiar. Nosotros, como cristianos, necesitamos aprender a funcionar según el sistema económico de Dios. Una vez que ese sistema se descubre y comprende, puede ocurrir una bendición y prosperidad reales y genuinas.

Dios es un Dios de bendiciones, y este libro, "La Prosperidad del Reino", te instruirá e inspirará sobre las posibilidades para ti y tu dinero. Dios tiene un plan, y conoce cada necesidad que tenemos. Este libro te proporcionará una hoja de ruta que no sea complicada de seguir y te guiará hacia una dimensión mayor de bendición en tu vida.

Lee este libro con oración. Esto dará vida a las muchas escrituras de la Palabra de Dios relacionadas con las finanzas y cómo gestionarlas, tramitarlas y ser un buen administrador.

Cuando la revelación se comunica a través de la palabra escrita, tiene el poder de cambiar y transformar tu vida. Los dos primeros libros que escribió el pastor Greg Mitchell ciertamente lograron eso para miles de personas, y este libro hará lo mismo en una de las áreas más vitales de tu vida. Todos queremos y necesitamos experimentar "La Prosperidad del Reino". Este libro te guiará sobre cómo hacer que eso sea una realidad en tu vida.

Pastor Paul Stephens
El Paso, Texas

Prefacio

El dinero no es lo más importante en la vida, pero sí afecta a todo lo que es importante.
Robert Kiyosaki

¡El dinero afecta tu vida!

He tenido el privilegio de estar en el ministerio pastoral durante los últimos 40 años y realmente creo que el dinero afecta tu vida. He visto cómo esta verdad se desarrolla en mi propia vida y en la de otras personas.

El dinero afecta tu paz y tu felicidad. No se supone que tenga ese efecto en la vida de los cristianos, pero basándome en la larga experiencia, predigo que hay personas leyendo o escuchando este libro que anoche perdieron el sueño por el tema del dinero.

El dinero afecta tu salud: Las presiones financieras pueden tener un efecto negativo en tu salud física debido a la preocupación y la ansiedad. Leerás o escucharás testimonios en este libro de personas que perdieron peso y enfermaron debido a la preocupación y el estrés mientras luchaban económicamente.

El dinero afecta tu matrimonio: Hay más conflictos por el dinero que por la intimidad. Hay más divorcios basados en estrés financiero y conflictos que en infidelidad.

El dinero afecta tu salvación: En el Antiguo Testamento leemos sobre el pueblo de Dios que se volvió desobediente y acabó adorando al dios cananeo del dinero llamado Mammon. En el Nuevo Testamento, leemos sobre el joven gobernante rico que se negó a seguir a Jesús por el tema del dinero, y sobre Ananías y Safira, que mintieron al Espíritu Santo y sufrieron juicio por la misma razón. He visto a demasiados nuevos conversos perdidos por ofertas de trabajo y presiones, y cristianos de larga trayectoria que se han perdido intentando lograr seguridad y prosperidad con sus propios esfuerzos.

El dinero afecta tu destino y tu llamado en Dios: He visto a tantos discípulos no cumplir con su llamado debido a decisiones financieras erróneas. He visto pastores y misioneros abandonar su ministerio por cuestiones de dinero.

El dinero afecta a tu iglesia: Para que la obra de Dios se realice a través de una iglesia local, debe haber un flujo adecuado de finanzas. Hay iglesias que luchan por despegar porque no pueden permitirse un edificio donde reunirse. Otras iglesias son limitadas porque su edificio es simplemente inadecuado, está en una mala ubicación o en muy mal estado. Puede que no haya suficiente espacio para facilitar los ministerios necesarios para apoyar a una iglesia en crecimiento. Algunas iglesias quieren plantar nuevas iglesias o enviar parejas al extranjero a otro país, pero la falta de recursos financieros les impide hacerlo.

El dinero afecta al Espíritu de Dios: El Libro de los Hechos da esta conexión: cuando el Espíritu Santo se mueve libremente, hay abundante suministro de recursos, y hay generosidad en los corazones del pueblo de Dios (**Hechos 2:43-44**), y lo más importante, los pecadores se salvan y los discípulos son levantados para hacer la voluntad de Dios. Siempre que hay cristianos, pastores o iglesias que no tienen una comprensión correcta del dinero, la acción del Espíritu Santo se ve obstaculizada. He visto esto en todo el mundo: he vivido y Pastoreado en tres naciones diferentes, y he predicado en cientos de iglesias de todo el mundo. Esto siempre es cierto.

Los efectos mencionados anteriormente suelen estar relacionados de alguna u otra manera con la pobreza, que se define como "deficiencia o no tener suficiente".

Por lo tanto, este libro va a abordar el tema de la ***prosperidad***; Que se define en el Diccionario como *"Una condición próspera o en crecimiento, especialmente en lo que respecta a las finanzas."*

Algunas preguntas que este libro intentará ayudarte a responder:

¿Es buena la prosperidad?

¿Es la prosperidad la voluntad de Dios?

Si es así: ¿Cuál es el camino para alcanzar la prosperidad financiera?

¿Cuál es el propósito de la prosperidad financiera?

¿Qué impide que los cristianos, pastores o iglesias entren en la prosperidad financiera?

Originalmente enseñé gran parte del material de este libro en 2022 como una serie de lecciones en la Clase de Escuela Dominical para Adultos en la Iglesia Potter's House Christian Fellowship (La Casa del Alfarero) en Prescott, Arizona. Desde entonces, he tenido la bendición de recibir agradecimientos, comentarios alentadores y testimonios de personas que han sido ayudadas por esa enseñanza. Eso me motivó a ampliarlo y escribirlo como un libro. Oro para que Dios use este libro para ayudarte a entrar en "La Prosperidad del Reino".

Cada capítulo contiene testimonios de personas que han experimentado la liberación, los avances y las bendiciones para entrar en "La Prosperidad del Reino". Creo que los testimonios te animarán y despertarán tu fe para alcanzar tus propios milagros.

Pastor Greg Mitchell
La Casa del Alfarero
Prescott, Arizona

Capítulo 1: ¿Es la Prosperidad la Voluntad de Dios?

Vivir con el objetivo de acumular riqueza es anticristiano.
Charles Spurgeon

Jim Bakker fue uno de los primeros tele-evangelistas que se enfocó en el "Evangelio de la Prosperidad" con constantes trucos y peticiones para recaudar fondos en televisión. Fue condenado por recaudación engañosa de fondos y fraude, y en 1988 fue sentenciado a 45 años de prisión. En su libro *"I was Wrong" (Estaba Equivocado),* dijo: *"Caí en la trampa del éxito y dejé que la prosperidad me engañara."* En sus propias palabras, dice: *"La prisión me quitó todo, pero se convirtió en el lugar donde finalmente conocí honestamente a Dios."*

¿Niegan el principio bíblico de prosperidad el énfasis poco saludable que Jim Bakker puso en la prosperidad y sus acciones pecaminosas con respecto al dinero?

El Problema con la Prosperidad

Aparentemente, "prosperidad" es una palabra obscena. La propia palabra 'prosperidad' suele tener connotaciones negativas. "Predicador de la Prosperidad" y "Evangelio de la Prosperidad" a veces se usan como términos peyorativos tanto por cristianos como por personas no salvas. (El termino peyorativo significa expresar desprecio o desaprobación.) Las raíces de tales opiniones negativas muchas veces son los abusos financieros de predicadores sin escrúpulos a lo largo de los años. Algunos predicadores de la prosperidad cobran a las personas por recibir oraciones. Otros recurren a trucos para que la gente dé: *¡Envía 100 dólares y recibe una botella de agua del río Jordán!* Quienes promueven el Evangelio de la Prosperidad suelen ser conocidos por hacer que cada sermón y enseñanza trate sobre el dinero. Otros han sido expuestos por llevar estilos de vida lujosos. Algunos incluso han sido arrestados por fraude.

Por lo tanto, la reacción de muchos pastores y cristianos es: *¡No queremos ser así!* Un efecto común son pastores que tienen miedo de predicar sobre el dinero, o pastores que temen pedir dinero. He visto iglesias anunciar e incluir las palabras *"no tomamos ofrendas"*. He visto pastores decir durante una ofrenda: *"No queremos que pienses que queremos tu dinero."* Mi pregunta es: *"¿Entonces por qué tomar una ofrenda?"* Hablé una vez con un consultor de iglesia que me dijo que en su mega iglesia dicen a los invitados: *"¡No queremos que des!"*

En cierto modo, estoy de acuerdo con las personas en contra de la prosperidad cuando denuncian el fraude, la manipulación y la codicia en los predicadores del Evangelio de la Prosperidad. Sin embargo, es importante que tengamos una perspectiva correcta. Es una tontería basar tus creencias o acciones en los fracasos, excesos o pecados de otros. Conozco a muchas personas que son abusivas, egoístas y manipuladoras en el matrimonio, ¡pero yo no voy a dejar de casarme! ¿Por qué? Porque la palabra de Dios es el fundamento del matrimonio, y la doctrina del matrimonio. La necedad, exceso, codicia o pecado de otros no cambia la palabra de Dios. Nuestra creencia sobre el dinero debe basarse en la palabra de Dios, y la Biblia tiene mucho que decir sobre el dinero.

Enseñanza Incorrecta Sobre el Dinero

Aparte de los abusos de los predicadores de la prosperidad, el mayor obstáculo para nuestra propia prosperidad es la enseñanza errónea sobre el dinero. Hay tres ideas falsas comunes sobre el dinero que escucharás de quienes afirman que la prosperidad no es buena.

Idea falsa #1: El dinero es malvado. Esto suele decirlo alguien que afirma: *"La Biblia dice que el dinero es la raíz de todo mal."* El versículo completo en realidad dice, **1 Timoteo 6:10 RVC** Porque la raíz de todos los males es el amor al dinero, el cual algunos, por codiciarlo, se extraviaron de la fe y acabaron por experimentar muchos dolores. Así que el versículo no dice que el dinero sea la raíz de todo mal, sino que el amor al dinero es la raíz de todo tipo de males. El versículo anterior explica por qué necesitamos saber esto: ***1 Timoteo 6:9 RVC*** *Los que quieren enriquecerse caen en la trampa de la tentación, y en muchas codicias necias y nocivas, que hunden a los hombres en la destrucción y la perdición.* Otras traducciones mencionan: aquellos que quieren ser ricos (NVS), aquellos que desean ser ricos (AMP), quienes anhelan ser ricos (LBD), hombres que se han empeñado en ser ricos (Traducción Moderna Phillips en Ingles). Se refiere a personas que tienen el dinero como principal objeto de sus deseos y afectos. Este es el mismo problema que vemos repetidamente a lo largo de las Escrituras: la idolatría. Cuando nuestro deseo y amor por cualquier cosa empiezan a ocupar el lugar de Dios. Un ídolo es algo definitivo; es algo en lo que depositas tu confianza, en lugar de Dios. Los ídolos empiezan a determinar nuestras decisiones en la vida y siempre nos alejan de Dios. Si eso ocurre en nuestros corazones y vidas, entonces el deseo de dinero se ha vuelto malvado, y nos llevará a todo tipo de maldad.

Pero para quienes insisten en decir: "El amor al dinero es malvado", debemos hacernos una pregunta sencilla: *¿En qué momento el dinero se vuelve malvado?* ¿El dinero se vuelve malo a un dólar? ¿Cien dólares? ¿Mil dólares? ¿Cinco mil dólares? ¿Diez mil dólares? ¿Cien mil dólares? Quizá deberíamos hacerles una segunda pregunta a esas personas: *Si el dinero es malo, ¿por qué tienes dinero?*

Idea falsa #2: No tener dinero es espiritual. A lo largo de los años he tenido varias personas (que normalmente parecían un poco raras) que decían ser cristianos, me decían que era espiritual no tener dinero, ¡y luego me pedían dinero! Eso parece contradictorio. La pobreza a veces se presenta como una marca de espiritualidad. Hace años, asistí a una iglesia que no era de nuestro Compañerismo (leí algunos libros escritos por el pastor y quería hablar con él). Llevaba traje, porque me enseñaron a vestirme elegante cuando vas a la iglesia como muestra de respeto a Dios. No era un traje caro, ya que entonces no tenía mucho dinero. Pero yo era el único de toda la congregación que llevaba traje. Cuando el pastor empezó a predicar, parecía que estaba intimidado o irritado porque yo llevaba traje. Empezó a añadir comentarios al sermón como: *"¡Gracias a Dios no somos como algunas personas que se preocupan por su ropa o sus cosas!* Hmmm... ¿Me pregunto de quién habla? Creían que si eres realmente espiritual, solo te vestirías con ropa vieja, sencilla o andrajosa.

Si no tener dinero (que se llama pobreza) te vuelve espiritual, ¿por qué la Biblia siempre se menciona la pobreza como algo irritante o angustiante? Nunca se presenta como una bendición, ni como algo espiritual y deseable en sí mismo.

Proverbios 10:15 NVS *Tener mucho dinero protege a los ricos, pero no tener dinero destruye a los pobres.* En este versículo, no tener dinero no te hace espiritual, ¡trae destrucción! Si de verdad crees que no tener dinero te hace espiritual, podemos orar por ti y pedirle a Dios que te quite todo, ¡para que seas realmente espiritual!Además, si no tener dinero te hace espiritual, ¿por qué Dios nos dice en Su palabra sobre la bendición financiera de su pueblo? ***Génesis 13:2 NVS*** *Abram era muy rico en ganado, en plata y en oro. Abraham es llamado "el amigo de Dios" en* ***Santiago 2:23****.* ***Romanos 4*** *lo llama "el padre de la fe". ¡No hay nada más espiritual que eso! Pero según los en contra de la prosperidad, él es poco espiritual. Job era un hombre extremadamente rico. En referencia a su riqueza, en Job 1:3 se le llama "el hombre más grande entre todos los pueblos de Oriente". Pero Dios mismo da su opinión sobre Job:* ***Job 1:8*** *Y Jehová dijo a Satanás: "¿No has considerado a mi siervo Job, que no hay otro como él en la tierra, varón perfecto y recto, temeroso de Dios y apartado del mal?"*

Dios llama a David en ***Hechos 13:22*** *"Un hombre conforme a mi corazón"* y cuando hizo una ofrenda personal para la construcción del templo, ¡fue una cantidad enorme! ***1 Crónicas 29:3-5*** *Además de esto, por cuanto tengo mi afecto en la casa de mi Dios, yo guardo en mi tesoro particular oro y plata que, además de todas las cosas que he preparado para la casa del santuario, he dado para la casa de mi Dios: 4 tres mil talentos de oro, de oro de Ofir, y siete mil talentos de plata refinada para recubrir las paredes de las casas; 5 oro, pues, para las cosas de oro, y plata para las cosas de plata, y para toda la obra de las manos de los artífices...* Algunos estudiosos valoran su donación personal como el equivalente moderno a dos mil millones de dólares. ¡Así que tres gigantes de la fe y la relación con Dios eran muy ricos! No lo digo para aplicarlo como *"todo creyente debe ser extremadamente rico"*, sino para refutar la idea de que la pobreza de alguna manera te hace espiritual.

Idea falsa #3: Sería grosero o presuntuoso pedirle dinero o cosas materiales a Dios: Algunos cristianos enseñan que a Dios solo le importan las cosas espirituales en nuestra vida. Algunos incluso enseñan que las cosas materiales son el reino del Diablo. Pero en la Biblia, Jesucristo mismo nos anima a pedirle ayuda a Dios, incluso en cosas materiales. ***Mateo 7:7-11 NVI*** *"Pidan y se les dará; busquen y encontrarán; llamen y se les abrirá. 8 Porque todo el que pide, recibe; el que busca, encuentra y al que llama, se le abre. 9 ¿Quién de ustedes, si su hijo pide pan, le da una piedra? 10 ¿O si pide un pescado, le da una serpiente? 11 Pues si ustedes, aun siendo malos, saben dar cosas buenas a sus hijos, ¡cuánto más su Padre que está en los cielos dará cosas buenas a los que le pidan!* El pan y el pescado son necesidades materiales como la comida, que casi siempre requieren dinero para conseguirse. En varios casos reales, Dios es quien inicia el milagro, porque le preocupan nuestras necesidades financieras. Envía a Elías con una viuda que enfrenta la inanición, para que le traiga un milagro sobrenatural de provisión. ***Mateo 15:32 NBLA*** *Entonces Jesús, llamando junto a Él a Sus discípulos, les dijo: "Tengo compasión de la multitud, porque ya hace tres días que están aquí y no tienen qué comer; y no quiero despedirlos sin comer, no sea que desmayen en el camino."* Luego realizó un milagro de provisión para alimentar a quienes no tenían comida.

La Necesidad de Prosperidad: La simple realidad de la vida es que las personas necesitan prosperar. La definición del diccionario de la palabra prosperar es "*Una condición próspera o de crecimiento, especialmente en lo que respecta a las finanzas."* Piensa en por qué las personas (incluidos los cristianos) necesitan prosperar financieramente.

Las personas tienen necesidades financieras y materiales para sobrevivir y funcionar en la vida: En la antigüedad Jesús habló de algunas necesidades financieras básicas en la vida. ***Mateo 6:31 NBLA*** *"Por tanto, no os preocupéis, diciendo: '¿Qué comeremos?' o '¿Qué beberemos?' o '¿Con qué nos vestiremos?'* Él no quiere que nos preocupemos por estas cosas, pero simplemente habla de las necesidades financieras comunes de la vida. Para las personas hoy en día, algunas necesidades financieras comunes pueden ser alimentos, ropa, vivienda, transporte, servicios, gastos médicos o deudas. Simplemente no podemos vivir sin dinero, ni sin lo que el dinero puede comprar o permitir. La realidad de la vida no es solo que tenemos necesidades financieras, sino que, con el aumento de los gastos causado por la inflación, necesitamos que nuestras finanzas crezcan con el tiempo para compensar esos crecientes costos.

La falta de prosperidad nos causa problemas. Piensa en algunos de los problemas que causa la falta de dinero:

La falta de dinero causa estrés: El dinero no es lo más importante del mundo, pero cuando no tienes ninguno, ¡lo parece ser! ***Mateo 6:31 NBLA*** *"Por tanto, no os preocupéis, diciendo: '¿Qué comeremos?' o '¿Qué beberemos?' o '¿Con qué nos vestiremos?'* La palabra preocupación proviene de un antiguo término alemán, **wurgen**, que literalmente significa "luchar" o "asfixiar". La gente que no tiene suficiente dinero pierde sueño. Las personas que no tienen suficiente dinero a veces se enferman físicamente por el estrés. Los cristianos que no tienen suficiente dinero a menudo encuentran difícil concentrarse en Dios en la iglesia, en la oración o al leer su Biblia. Pensamientos intrusivos como *"¿Cómo vamos a pagar las facturas?"* y *"¿dónde puedo sacar más dinero?"* pueden desplazar a Dios.

La falta de dinero causa conflictos matrimoniales: Los expertos en matrimonio dicen que ¡Las parejas discuten más por dinero que por sexo! El dinero suele ser la principal fuente de conflicto matrimonial. Las finanzas se consideran la principal causa de divorcio: ¡El 56 por ciento de todos los divorcios se culpan a dificultades financieras! ¡Eso es cuatro veces más que cualquier otro factor, incluyendo la infidelidad! Las parejas discuten por el estrés causado por las presiones financieras de no tener suficiente. Cuando algo te estresa, te pones irritable y a menudo lo descargas en la persona más cercana a ti: ¡tu pareja! Las parejas discuten sobre cómo se gasta el dinero. Hay un término llamado *"Infidelidad financiera."* Eso significa que tu cónyuge te fue infiel financieramente. Esto puede significar que uno de los cónyuges no le dijo al otro la verdadera cantidad de deuda cuando se casaban. Los conflictos mayores se producen por compras importantes realizadas por un cónyuge sin consultar al otro. A veces, estas compras cambian negativamente su situación financiera conjunta al gastar dinero destinado a otras necesidades o endeudarse.

La falta de prosperidad limita tu capacidad para ayudar a otras personas: Hablaremos de esto con más profundidad en un capítulo posterior, pero uno de los propósitos de la prosperidad, la razón por la que Dios te da dinero es para que puedas ayudar a otras personas necesitadas. ***2 Corintios 9:8-9 RVC*** *Y Dios es poderoso como para que abunde en ustedes toda gracia, para que siempre y en toda circunstancia tengan todo lo necesario, y abunde en ustedes toda buena obra; 9 como está escrito: "Repartió, dio a los pobres, y su justicia permanece para siempre."* Dios te bendice - no solo para ti, sino para que puedas pasar la bendición a otros en necesidad. Si siempre tienes dificultades financieras, eso limita tu capacidad para ayudar a los demás.

La falta de prosperidad afecta la obra de Dios: Dios nos da dinero para que podamos formar parte de cumplir Su voluntad en la tierra. El principal vehículo para cumplir la voluntad de Dios es la iglesia: tu iglesia local. Las iglesias locales deben tener dinero para poder funcionar y cumplir la voluntad de Dios. Pero cuando la gente pasa por dificultades financieras, puede afectar a su iglesia local. En la crisis financiera de 2008-2009, hubo varias iglesias en el área de Prescott que tuvieron que despedir personal pastoral o cerrar ministerios. Durante la crisis del Covid de 2020, hubo iglesias por todo Estados Unidos que cerraron por completo porque sus finanzas se secaron. Hubo iglesias que, luchando por sobrevivir, se vieron obligadas a fusionarse con otras.

En 2016, David Platt, presidente de la Junta Internacional de Misiones de la Convención Bautista del Sur, anunció sus planes de reducir entre 600 y 800 misioneros en todo el mundo, debido a la imposibilidad de apoyar financieramente ese número de misioneros en el campo. Dijo que, tal y como están ahora, se ven obligados a rechazar a quienes desean servir en el campo misionero. ¡Qué trágico! La misión más alta de Dios: la evangelización mundial limitada por la falta de recursos. ¡Eso no me suena muy espiritual! ¡Dios no quiera que alguna vez no podamos hacer la voluntad de Dios como iglesia por falta de dinero!

El Dios de la Prosperidad

La base de este libro es mirar bíblicamente al tema de las finanzas y la prosperidad. **Digo con valentía, desde la palabra de Dios, que es su voluntad que prosperes financieramente.** Esto no es mi opinión, ni una creencia denominacional: se basa en la palabra de Dios. ¡Dios había escrito en la Biblia lo que quiere que ocurra en el ámbito del dinero! ***3 Juan 2*** *Amado, yo deseo que tú seas prosperado en todas las cosas y que tengas salud, así como prospera tu alma.* Así que veamos esta palabra. La palabra Prosperes significa 'un buen viaje' o que las cosas vayan bien en el camino. En la Parábola del buen samaritano en ***Lucas 17***, un hombre en su viaje fue atacado por ladrones que le quitaron lo que tenía: Eso no es un buen viaje, ni un viaje próspero; sus finanzas se vieron afectadas negativamente. En el viaje de Pablo a Roma en ***Hechos 27*** se encontraron con una tormenta tan severa que tuvieron que deshacerse de su carga, el equipo del barco, y luego sufrieron un naufragaron. Ese no fue un viaje próspero. Sus finanzas iban mal, no bien.

Hay algunos cristianos o pastores que afirman que la palabra 'prosperes' en 3 Juan 2 no se refiere a las finanzas, sino que es simplemente un saludo común de buenos deseos. ***3 Juan 2*** *Amado, yo deseo que tú seas prosperado en todas las cosas...¿No está el dinero incluido en 'todas las cosas'? No dice 'excepto el dinero', dice 'todas las cosas'.* **1 Corintios 16:2 NBLA** *El primer día de la semana, cada uno de ustedes aparte y guarde según Dios lo haya prosperado, para que cuando yo vaya no se recojan entonces ofrendas.* En este texto, la palabra "prosperar" se refiere claramente a tu dinero, que puede ser dado para promover los propósitos de Dios a través de la iglesia.

El Equilibrio de la Prosperidad

3 Juan 2 da cierto equilibrio práctico a la cuestión de la prosperidad. Por eso llamé al libro Prosperidad del Reino; La prosperidad debe estar alineada con todo el consejo de Dios.

Equilibrio #1: ¡El dinero <u>no</u> es lo más importante en la vida! ***3 Juan 2*** añade a la oración por la prosperidad *'así como tu alma prospera.'* Esto nos muestra el tema de la prioridad (que significa orden de importancia). Tu <u>alma</u> es la parte más importante de tu vida, ¡y debe ser lo primero!

Marcos 8:36 NBLA *¿De qué le sirve a un hombre ganar el mundo entero y perder su alma?* La prosperidad tiene peligros: *¿De qué le sirve prosperar financieramente, pero eso te hace volverte carnal, desobediente, no cumplir la voluntad de Dios?* No tiene sentido si permites que la prosperidad afecte tu salvación y acabas perdiendo tu alma.

Balance #2: La prosperidad es condicional.
3 Juan 2 *Amado, yo deseo que tú seas prosperado en todas las cosas y que tengas salud, así como prospera tu alma.* "Así como" significa *"de la misma manera"... o "en línea con" la prosperidad de tu alma.* Si tu alma (tu vida espiritual) no prospera, será difícil realmente prosperar financieramente. O no podrás prosperar, tu prosperidad no durará, o el dinero acabará siendo una maldición y no una bendición.

Equilibrio #3: Dios tiene instrucciones prácticas sobre cómo prosperar. Los críticos de la prosperidad la critican como *"nombrarlo y reclamarlo"*, como si todo lo que un cristiano tuviera que hacer fuera decir las palabras correctas de fe u oración y automáticamente prosperará financieramente. Pero la Biblia está llena de instrucciones prácticas sobre cómo prosperar, o cómo lograr un milagro de crecimiento financiero. Todo esto implica obediencia de alguna manera. Este libro examinará algunos de los pasos prácticos de obediencia y fe que son necesarios para prosperar.

Dios sabe lo que necesitamos - *Joe Campbell*
Estábamos pastoreando una pequeña iglesia de la Asamblea de Dios en Marion, Illinois. Nos pagaban 25 dólares a la semana y vivíamos en el ático de la iglesia. Nuestros hijos, Brad y Gail, estaban a punto de empezar la escuela y no teníamos dinero. Estaba en el altar orando después del servicio. Dije: *"Dios, estoy desesperado. Necesito finanzas.*

Mis hijos van a ir a la escuela. Necesitan zapatos, ropa y dinero para los libros." Un empresario del pueblo llamado Baker: Su hija se acercó a mí mientras oraba y me dijo: *"Joe, te pido disculpas. Mi padre me dio este sobre para ti hace unas semanas. Lo puse en mi Biblia y se me olvidó dártelo. Aquí tienes el sobre."* Me levanté inmediatamente, fui detrás de la plataforma y, cuando lo abrí, había bastante dinero dentro. Dios me susurró: *"Sé lo que necesitas antes incluso de que lo pidas."* ¡Gloria a Dios! Eso se convirtió en un punto de referencia en mi fe y en mi espíritu

Interrumpido por la Disposición - *Jonathan y Rachel Heimberg*
Cuando pastoreaba en Gallup, Nuevo México, sentí la inspiración de comprar un gran escenario móvil para evangelismos en Gallup y en los alrededores de la Reserva Indígena. Conseguimos una oferta milagrosa para un tráiler de 54 pies que se abría y se convertía en un escenario enorme, y lo equipamos con todo lo necesario para realizar grandes actividades al aire libre, cruzadas y conciertos.

Sin embargo, teníamos que alquilar un camión de remolque cada vez que queríamos usar el tráiler. No pudimos encontrar uno lo suficientemente barato como para comprarlo, porque son muy caros.

Una noche, después de leer un artículo sobre una mejora multimillonaria en una mega iglesia, me quejaba con Rachel diciéndole que *"No es justo que estas iglesias que ni siquiera evangelizan tengan todo este dinero, y que nosotros ni siquiera encontremos un camión para tirar de nuestro tráiler..."* y en mitad de la frase, empezó a sonar mi teléfono. Al teléfono estaba un hombre llamado Knifewing, alguien de la ciudad con quien habíamos trabajado antes. Me preguntó si todavía teníamos ese tráiler y si aún necesitábamos un camión para arrastrarlo. Le dije que sí, y me dijo que había un hombre en el pueblo que quería darnos un camión.

Organizamos los detalles legales, y el hombre regaló a la iglesia un hermoso camión Internacional que la iglesia sigue usando hoy en día para tirar del remolque de evangelismo.

Una provisión milagrosa - *Andy y Kris Altringer*

En julio de 2022, estaba pasando por un tratamiento contra el cáncer y no podía predicar ni ir a la iglesia durante un tiempo, así que veía los servicios por internet. Durante la Conferencia Bíblica de Prescott en julio, estábamos viendo el servicio del miércoles por la tarde, y el pastor Richard Rubi estaba tomando las ofrendas y usó la historia de la ofrenda de la viuda. Habló de cómo damos todo cuando somos jóvenes, pero ¿qué pasa cuando somos mayores?

Para que nuestra iglesia participara en esta conferencia, mostramos el vídeo en una pantalla, tomamos una ofrenda y la entregamos. Más tarde ese verano, el pastor Greg Mitchell estaba tomando una ofrenda en otra conferencia que yo estaba viendo por internet, y Dios me recordó la ofrenda del pastor Rubí en la conferencia de julio de Prescott y me retó a dar todo el dinero que teníamos en la cuenta de ahorros de la iglesia. Al principio, empecé a buscar formas de no darlo todo sino quedarme con algo para cubrir las facturas del mes siguiente por si acaso, pero Dios volvió a decir: *"Todo."*

Así que emití un cheque que vaciaba todos los ahorros de la iglesia y lo envié a Prescott (sabiendo lo que costaba mantener a los misioneros, la cantidad no era mucha) para el evangelismo mundial.

La vida siguió; Nunca tuvimos que preocuparnos financieramente como iglesia, todas las facturas se seguían pagando y las finanzas empezaron a subir. En el verano de 2023, una pareja vino a un servicio dominical por la noche, porque éramos una de las pocas iglesias de la zona que tenían servicios los domingos por la noche. Volvieron el miércoles por la noche, y esto continuó durante unos meses; venían los domingos por la noche y los miércoles. Luego empezaron a venir a la escuela dominical, luego iban al servicio de su iglesia y después regresaban para el servicio de la tarde. Finalmente, empezaron a asistir regularmente a todos los servicios y a diezmar.

Un día, me pidieron que fuera a su casa y dijeron que querían comprar un edificio para la iglesia, así que empezamos a buscar un edificio. Aun así, no encontrábamos, así que les dije: *"Solo esperemos y sigan viniendo a los servicios, y si es la voluntad de Dios, algo aparecerá."* Unos siete meses después, llamaron y dijeron que querían enseñarnos un edificio. Era un edificio de iglesia de 9000 pies cuadrados y una casa de 2100 pies cuadrados con cuatro habitaciones en dos acres. El edificio se construyó en 1950 y necesitaba ser remodelado. Esta pareja dio a la iglesia 1.000.000 de dólares: 702.000,00 dólares para comprarlo y 298.000,00 dólares para remodelarlo. Además, pagaron 80.000,00 dólares para renovar el parqueo con un pavimento completamente nuevo. Una de las señoras que ha estado durante mucho tiempo en la iglesia dijo que un evangelista le dio a la iglesia una palabra hace 20 años de que la iglesia iba a recibir un edificio milagroso, y así ha ocurrido. ¡Dios es un Dios milagroso!

SALEM, OREGÓN

Capítulo 2: Rompiendo la Maldición de la Pobreza

Los pobres son aquellos que solo trabajan para intentar mantener un estilo de vida caro y siempre quieren más y más.
José Mujica

La Pobreza es Espiritual

Antes de podamos entrar en el tema de la prosperidad, es importante entender el principio de pobreza desde una perspectiva bíblica. **Lo opuesto a la prosperidad es la pobreza.** Por definición, *pobreza significa deficiencia, empobrecimiento o no tener suficiente.* Una vieja etiqueta en la defensa del automóvil dice: *"¡No tengo suficiente dinero para llegar al final del mes!"* La pobreza limita nuestras habilidades, nos impide avanzar en la vida o en nuestras decisiones financieras.

La pobreza produce una insuficiencia interior: Si vivimos en la pobreza, somos incapaces de pagar cuentas, cubrir necesidades, aliviar nuestro estrés financiero o salir adelante financieramente. Elías conoció a una madre que vivía en la pobreza extrema en un lugar llamado Sarepta. ***1 Reyes 17:12 NBLA*** *Pero ella respondió: "Vive el SEÑOR tu Dios, que no tengo pan, solo tengo un puñado de harina en la tinaja y un poco de aceite en la vasija y estoy recogiendo unos trozos de leña para entrar y prepararlo para mí y para mi hijo, para que comamos y muramos."* Su pobreza se manifiesta en la incapacidad de poder comprar comida para ella y su hijo.

2 Reyes 4:1 *Una de las mujeres de los hijos de los profetas clamó a Eliseo diciendo: Tu siervo, mi marido, ha muerto, y tú*

sabes que tu siervo era temeroso de Jehová. Pero el acreedor ha venido para llevarse a dos hijos míos como esclavos."
Aquí, la pobreza se manifiesta en una incapacidad para pagar deudas. En la antigüedad, era común caer en la esclavitud por deudas. Si pedías dinero prestado y no podías devolverlo, no embargaban cosas; ¡embargaban a la gente! Su marido murió, dejándola con deudas. Los acreedores iban a venir y llevarse a sus hijos como esclavos para pagar la deuda. Su historia nos muestra un principio importante: ***¡La pobreza afecta a los hijos!***

La pobreza produce una insuficiencia exterior: Si vivimos en la pobreza, no podremos bendecir a Dios ni Su obra, ni bendecir a otras personas. ***Marcos 6:35-36 NVS*** *Cuando ya era tarde, sus seguidores se acercaron a él y le dijeron: "Nadie vive en este lugar, y ya es muy tarde. 36 Despide a la gente para que puedan ir a los campos y aldeas de alrededor y compren algo de comer."*
Como los discípulos carecían de recursos y calculaban solo desde una perspectiva humana, concluyeron que no podían ayudar a ningún necesitado a su alrededor.

La Verdad sobre la Pobreza

La Biblia nos muestra que la pobreza es sobrenatural: ¡es una fuerza espiritual! Si ves el dinero y la pobreza simplemente como una cuestión de oportunidades, educación o suerte, ¡nunca prosperarás! La Biblia utiliza una palabra que está conectada con las finanzas: la palabra **maldición**. ***Malaquías 3:9*** *Malditos sois con maldición, porque vosotros, la nación toda, me habéis robado.*

En este versículo, Dios le está hablando a unos agricultores que batallaban con sus finanzas: Los insectos se comían sus cosechas y las uvas caían de la vid antes de que estuvieran lo suficientemente maduras. Ellos atribuían estos problemas a factores naturales, pero Dios dijo que el problema real era una maldición. La palabra maldición significa *'Atar con un hechizo; Dejar sin poder para resistir.'* Cuando la Biblia usa la palabra maldición, siempre se refiere a una dimensión sobrenatural y maligna. El poder de una maldición es una **puerta abierta**: *Se ha abierto una puerta en nuestras vidas que permite la entrada a poderes espirituales demoníacos* – ***y una maldición afecta a nuestras finanzas****!*

Los Efectos de la Pobreza

Hay dos efectos principales de la maldición de la pobreza:

Efecto de la pobreza #1: La pobreza produce situaciones negativas que roban nuestras finanzas. ***Malaquías 3:11 NBLA*** *Y reprenderé al devorador por vuestro bien, para que no destruya el fruto de la tierra, ni la vid deje de dar fruto para vosotros en el campo", dice el Señor de los ejércitos;* Los factores negativos estaban quitándoles las cosechas (que en aquellos días era como dinero). Pero la versión Reina Valera 1960 o Reina Valera 1995 personifica el efecto maligno, causando pérdidas. Dios lo llama 'el devorador'. El medio que utilizaba el devorar podía ser insectos y el clima, pero la causa real era sobrenatural.

Jueces 6:3-6 *Siempre que los israelitas habían sembrado, venían los madianitas y los amalecitas, y los que habitaban al oriente, y los atacaban.4 Acampaban cerca de ellos, y destruían hasta Gaza los frutos de la tierra, y no les dejaban a los israelitas nada para comer, ni ovejas, ni bueyes ni asnos.5 Venían en grandes multitudes, como si fueran una plaga de langostas, y acampaban con sus ganados y camellos, y devastaban la tierra. 6 Por culpa de los madianitas, los israelitas se habían empobrecido demasiado, así que clamaron al Señor.*

En este caso, hay enemigos físicos: ejércitos saqueadores que venían cada año cuando era tiempo de cosechar y robaban los cultivos. Esto ocurrió seis años seguidos, aparentemente una terrible coincidencia. Pero entonces Dios revela la razón espiritual subyacente de estas horribles coincidencias: ***Jueces 6:10*** *También os dije: "Yo soy Jehová, vuestro Dios: No temáis a los dioses de los amorreos en cuya tierra habitáis. Sin embargo, no habéis obedecido a mi voz."* La desobediencia liberó factores espirituales que produjeron pérdidas físicas y financieras. He visto esta historia repetirse muchas veces en la vida de los cristianos. Mucha gente me ha dicho: "Cada vez que salimos adelante financieramente, pierdo un trabajo, el auto se descompone, alguien se enferma y nuestras finanzas son devoradas."

Job 1:14-17 NVS *Un mensajero se acercó a Job y le dijo: "Los bueyes araban y los burros comían hierba cerca, 15 cuando los sabeos atacaron y se los llevaron. Mataron a los sirvientes con espadas, ¡y yo soy el único que escapó para decírtelo!"16 El mensajero aún hablaba cuando otro mensajero llegó y dijo: "Un rayo de Dios cayó del cielo. ¡Quemó a las ovejas y a los sirvientes, y soy el único que escapó para decírtelo!"17 El segundo mensajero aún hablaba cuando otro mensajero llegó y dijo: "Los babilonios enviaron tres grupos de atacantes que descendieron, robaron sus camellos y mataron a los sirvientes. ¡Soy el único que escapó para decírtelo!"* Este pasaje es importante si queremos entender correctamente la pobreza. Los mensajeros de Job vinieron uno tras otro con malas noticias financieras: los saqueadores sabeos vinieron y robaron sus burros (solo quinientas burras) – un rayo cayó y quemó sus ovejas (siete mil de ellas) – y atacantes babilonios vinieron y robaron sus camellos (tres mil de ellos). Una pérdida devastadora: toda su riqueza le fue arrebatada. Si alguien de afuera viera estos acontecimientos solo con ojos naturales, asumiría que Job tuvo una serie de coincidencias negativas o mala suerte. Pero el Libro de Job es tan fascinante porque ofrece una perspectiva espiritual: ¡Satanás estuvo involucrado en estas pérdidas financieras! ***Job 1:12 NVS*** *El señor le dijo a Satanás: "Muy bien. Todo lo que tiene Job está en tu poder, pero no puedes tocar a Job en persona." Entonces Satanás se alejó de la presencia del señor.*

Esto nos enseña una lección importante sobre la pobreza y las dificultades financieras: ¡Hay más ocurriendo en tus finanzas de lo que puedes ver! Había una dimensión sobrenatural: una fuerza espiritual que daña nuestras finanzas. Aunque no creo que todo neumático perforado sea causado por un demonio ponchador de neumáticos (¡a veces simplemente pasas por encima de un clavo!), esto nos muestra que debemos estar atentos a **los patrones de pobreza**. Los patrones de pobreza suelen ser eventos repetidos que roban, reducen o bloquean nuestra situación financiera.

Aquí tienes algunos patrones comunes de pobreza que son evidencia de agresión espiritual:

Una enfermedad que te cuesta dinero y te impide trabajar y ganar dinero: Muchas veces, he tenido personas que dicen: *"Cada vez que empiezo a salir adelante financieramente, me enfermo, o alguien en la familia se enferma."* El resultado es una pérdida de ingresos o gastos médicos inesperados.

Problemas laborales que cuestan ingresos: He conocido a personas que siguen perdiendo empleos de formas extrañas, no por su culpa. Mi sucursal cerró, la empresa quebró, nuestra división fue eliminada, etc. (Por favor, ten en cuenta: La pereza o el mal rendimiento laboral no es el Diablo atacándote, eso es una herida auto infligida).

Las posesiones se rompen repetidamente, causando pérdidas financieras y gastos adicionales: A veces la gente dice, *"Cada vez que empezamos a avanzar financieramente, algo se rompe y volvemos al punto de partida, o volvemos a caer en el hoyo."* Como Job en el pasaje que cité antes, algunas personas sufren una serie de pérdidas financieras, no solo un neumático perforado. Cuando éramos misioneros en Sudáfrica, otro misionero tuvo dos accidentes de auto y once aparatos electrónicos dejaron de funcionar o explotaron en dos semanas. Refrigerador, lavadora, ordenadores, amplificadores, etc. No al mismo tiempo, y no fue debido a una subida de tensión. Así que esto plantea una pregunta importante: ***¿Cuántas cosas malas tienen que pasar, o cuántas veces tienen que ocurrir cosas negativas, antes de darte cuenta de que esto no es normal?***

Efecto de la pobreza #2: La pobreza libera poderes espirituales que <u>bloquean</u> nuestras bendiciones financieras. ***Deuteronomio 28:15*** *Pero sucederá que si no obedeces al SEÑOR tu Dios, y no guardas todos Sus mandamientos y estatutos que hoy te ordeno, vendrán sobre ti todas estas maldiciones y permanecerán:* **Deuteronomio 28:23** *El cielo que está encima de tu cabeza será de bronce, y la tierra que está debajo de ti, de hierro.*
Deuteronomio 28 describe las maldiciones de la desobediencia. Dios dice que la maldición afectará tu cesta, tu cocina, tus cosechas, a tus terneros, tus corderos (***versículos 17-18***). Todos estos eran provisiones financieras, y los cultivos, terneros y corderos eran riqueza en aquellos tiempos. Pero el versículo **23** dice que el cielo encima de tu cabeza será de bronce: Esto significa que tus oraciones no están haciendo la diferencia. A veces la gente lamenta que *"nada cambia"* y *que "nunca consigue salir adelante."* Puede que pregunten: *"¿Por qué nunca me pasan cosas buenas? ¿Por qué nunca tengo un respiro financiero?"* La

respuesta es: **¡UNA MALDICIÓN!** El problema no es la coincidencia ni la suerte, ¡es un problema sobrenatural!

La Entrada de una Maldición de Pobreza

La Biblia habla de varias formas en que las maldiciones entran en nuestras vidas y afectan financieramente a las personas:
Una maldición de pobreza puede entrar a través de una maldición generacional de pecado: El pecado no solo afecta a la persona que lo comete, también a las familias: El pecado libera fuerzas espirituales negativas que se transmiten dentro de las familias. ***Deuteronomio 5:9*** *No te inclinarás a ellas ni las servirás; porque yo soy Jehová tu Dios, fuerte, celoso, que visito la maldad de los padres sobre los hijos hasta la tercera y cuarta generación de los que me aborrecen* Uno de los efectos del pecado es la pobreza (**Deuteronomio 28:17-18, 38-42**). Esto habla de una pobreza que va más allá de los niveles de oportunidad o comportamientos aprendidos: *¡literalmente es algo que viene de familia!* Los investigadores hablan de pobreza generacional, definida como: "*Un ciclo de pobreza que persiste a lo largo de dos o más generaciones.*" Los académicos o políticos culparán a la pobreza generacional debido a *'barreras sistémicas y falta de recursos o educación'*, pero la Biblia dice que el problema es más grande que eso: *¡Es una maldición, es sobrenatural!* Se ha abierto una puerta que provoca que los poderes demoníacos causen problemas a los miembros de la familia. Cuando tú le preguntas a las personas que viven en la pobreza por sus familias, con frecuencia dicen que todos o la mayoría de sus miembros también tienen dificultades financieras. Tiene sentido si todos crecieron en el mismo lugar, con las mismas barreras y oportunidades educativas, pero he conocido a personas que se separaron de la familia al nacer por diversas razones. Cuando se encuentran con miembros de su familia más adelante, están repitiendo los mismos errores y

sufren los mismos efectos que su familia de sangre, aunque hayan tenido un entorno y oportunidades muy diferentes. *¡El pecado y la desobediencia de tu familia pueden haberte liberado una maldición financiera!* Esto no elimina tu responsabilidad personal por tus finanzas, pero debes entender que la educación y la oportunidad por sí solas pueden no cambiar tu situación financiera, a menos que abordes el problema espiritual subyacente de una maldición.

Una maldición de pobreza puede entrar a través del pecado personal y la desobediencia: Sería bueno si pudieramos culpar todos nuestros problemas actuales a nuestra familia o antepasados, pero la dura realidad es que *muchas de las maldiciones financieras en nuestras vidas vienen de nuestras propias decisiones.*

Podemos abrir puertas a maldiciones mediante el pecado y la desobediencia antes de la salvación: Todo pecado puede acabar en juicio eventualmente, pero la Biblia habla de algunos pecados que liberan una maldición (principalmente en **Deuteronomio 27:14-26**). Los pecados más comunes que abren la puerta a las maldiciones son la brujería, la idolatría y la perversión. La salvación perdona nuestros pecados, nos permite tener una relación con Dios y, en última instancia, nos permite ir al cielo. Pero los efectos de los pecados malditos pueden seguir actuando en la vida de los creyentes. ¡Esto no es un problema de salvación! Puedes ser genuinamente salvo y estar en camino al cielo, pero aun así experimentar los efectos de una maldición de pobreza persistente del pasado. La buena noticia es que el deseo de Dios es romper esa maldición de nuestras vidas. ***Gálatas 3:13*** *Cristo nos redimió de la maldición de la Ley, haciéndose maldición por nosotros (pues está escrito: "Maldito todo el que es colgado en un madero")*

"Redimido" significa ser comprado y liberado de la esclavitud. En la antigüedad, si eras esclavo, alguien que te amara podía redimirte, que significa: *"pagar el precio por tu libertad."* Si alguien te redimía y te liberaba, el antiguo propietario perdía todos los derechos y ya no podía someterte a los mismos factores negativos a los que habías estado expuesto antes de la redención. La respuesta es orar y romper la maldición de la pobreza de tu vida.

Podemos abrir puertas a maldiciones a través del pecado y la desobediencia <u>después</u> de la salvación: Desafortunadamente, los creyentes pueden elegir desobedecer a Dios incluso después de haber sido salvos del pecado. Esperemos que no estés volviendo a la brujería, la idolatría y la perversión después de haber nacido de nuevo, pero algunos creyentes desobedecen a Dios financieramente. En ***Josué 7***, leemos la historia de Acán. Los Hijos de Israel atacaron la ciudad de Jericó. Jericó era una ciudad diezmo (la Porción Sagrada): Todo lo que había en ella estaba reservado para Dios. No debían tomar nada de ella. ¿Por qué? Simplemente era una forma de reconocer y demostrar la propiedad y señorío de Dios; *Él es Dios, y nosotros no.* Pero Acán desobedeció las claras instrucciones de Dios y robó parte de las finanzas de Jericó que habían sido dedicadas a Dios y pertenecían a Él. El resultado de su desobediencia y robo fue que él y su familia fueron malditos y juzgados. Lamentablemente, los cristianos eligen repetir los errores de Acán cuando no reconocen la propiedad y el señorío de Dios mediante el principio del diezmo: *Dar el primer 10% de nuestros ingresos a Dios.* El resultado de la desobediencia financiera es una maldición: ***Malaquías 3:9-10*** *Con maldición están malditos, porque ustedes, la nación entera, me están robando. 10 Traigan todo el diezmo al alfolí, para que haya alimento en Mi casa; y pónganme ahora a prueba en esto", dice el SEÑOR de los ejércitos, "si no les abro las ventanas de los cielos, y derramo para ustedes bendición* *hasta que sobreabunde.* A lo largo de los años, he tenido personas que me han dicho que dejaron de diezmar en algún momento, y luego me contaron cómo llegó un revés financiero que igualaba exactamente la cantidad de diezmo faltante: ¡al céntimo!

Algunas maldiciones de pobreza vienen simplemente a través de un ataque demoníaco inicuo: Necesitas ver que el Diablo engaña: *¡El intenta sobrenaturalmente agredir y robar al pueblo de Dios que no lo merece!* ***Job 1:8 NVS*** *Entonces el Señor le dijo a Satanás: "¿Te has fijado en mi siervo Job? Nadie en la tierra es como él. Es un hombre honesto e inocente, honra a Dios y se mantiene lejos del mal."* Dios mismo nos dice que Job no hizo nada para merecer una maldición, y no abrió la puerta a una maldición – ¡pero el Diablo atacó sus finanzas de todos modos! Esto está en linea con su naturaleza: ¡es un ladrón!

Juan 10:10 *El ladrón no viene sino para hurtar, matar y destruir...* ¡El Diablo es el ladrón! A veces intentará robarte, ¡aunque no tenga derecho legal para hacerlo!

¿Por qué el Diablo ataca a la gente financieramente? Puede haber muchas razones:

- ¡Te odia! Perteneces a Dios, por eso te él odia a ti y tu relación con Dios.
- Utiliza ataques financieros para traer confusión. Cuando las cosas van mal, la gente a menudo se confunde consigo misma *(quizá hice algo mal)* o sobre Dios *(Está enfadado contigo y no te quiere).*
- Intenta impedir que des e inviertas en la obra de redención de Dios.
- Quiere que estés tan agotado intentando ganar dinero para llegar a fin de mes y no tengas tiempo para hacer la voluntad de Dios.

- Le encantaría que tomaras decisiones equivocadas por miedo: *Aléjate de la voluntad de Dios. Acepta tres trabajos para salir adelante, pero eso significa que no puedes venir a la iglesia.* Elimelec y Noemí desobedecieron a Dios en tiempos de hambruna al mudarse a la tierra de Moab. Su desobediencia provocó la pobreza de Noemí tras la muerte de su marido.

Algunas maldiciones de pobreza vienen simplemente a través de la brujería: Pastoreamos por más de 7 años en Sudáfrica y aprendí mucho sobre la brujería. Gran parte de la brujería consiste en poner maldiciones sobre otras personas para hacerles daño de diversas maneras. ¡Muchas de las maldiciones de magia negra que se ponen sobre las personas están dirigidas a sus finanzas! Si tienes familia involucrada en la brujería, si estás en un área o cultura muy implicada en la brujería, debes ser consciente de esta posibilidad. Si empiezas a sufrir una serie de pérdidas o contratiempos financieros, puede deberse a maldiciones deliberadas puestas por otros. Cuando he mencionado esto en varios lugares, he visto personas que han hecho la conexión entre sus dificultades financieras y la brujería: ¿Cuándo empezaron las dificultades financieras? Justo después de encontrar animales muertos, plumas u objetos de brujería en la puerta de su casa o su iglesia.

Rompiendo la Maldición de la Pobreza

La buena noticia para quienes luchan contra cualquier forma de maldición de la pobreza: **¡No tienes que seguir maldecido!** Jesús pagó el precio de la redención, o la liberación de toda maldición de pecado, con su muerte en la cruz. ***Gálatas 3:13-14 ESV*** *Cristo nos redimió de la maldición de la ley convirtiéndose en una maldición por nosotros, porque está escrito: "Maldito sea todo aquel que es colgado en un madero." Nos redimió para que la bendición* *dada a Abraham llegara a los gentiles por medio de Cristo Jesús, para que por fe recibiéramos la promesa del Espíritu.*

Cada parte de la crucifixión de Jesús tiene un significado poderoso. Tenía una corona de espinas clavada en el cuero cabelludo. ***Marcos 15:17*** *Lo vistieron de púrpura; le hicieron una corona de espinas, y se la pusieron en su cabeza,* Las espinas eran el símbolo visible de la maldición que surgió cuando Adán y Eva pecaron. Las decisiones espirituales produjeron espinas en la tierra que Adán debía labrar para obtener alimento. Las espinas resistían sus esfuerzos. Esta es una imagen de la fuerza espiritual negativa que resiste a las personas en sus finanzas hoy en día – produciendo pobreza. Pero Dios no solo pagó por la pena del pecado en la cruz (separación de Dios – y un eventual juicio en el infierno), sino que también pagó por el poder y los efectos del pecado – incluyendo la maldición de la pobreza. ¡Jesús asumió ese dolor para romper el poder de esa maldición! Maldiciones generacionales, maldiciones verbales, pecado personal y desobediencia – incluso la brujería puede ser cierta y jugar en tu contra hoy – ¡pero Jesús rompió la maldición por nosotros!

Rompiendo la Maldición de Pobreza

Si reconoces una maldición de pobreza en tu vida, *¿cómo la rompes?*

Rompes la maldición de la pobreza con el arrepentimiento:

Oración de arrepentimiento: Si la maldición se debe a nuestro propio pecado y desobediencia, ¡debemos confesar nuestro propio pecado y desobediencia, y alejarnos de ello! En el Antiguo Testamento: Cuando te dabas cuenta de tu pecado, tenías que llevar una cabra como sacrificio, y poner la mano sobre ella y confesar: *¡Yo hice esto; Sé que estuvo mal –y me arrepiento!* La culpa se trasladaba simbólicamente del pecador al sacrificio. La cabra asumía la culpa o la maldición en nuestro lugar. No importa si este fue nuestro pecado de maldición antes de la salvación, o nuestro pecado y desobediencia después de la salvación, la libertad comienza con el arrepentimiento.

Obediencia: No sirve de nada orar si sigues siendo desobediente. La libertad y la bendición llegan cuando cambiamos nuestras acciones y obedecemos a Dios. ***Malaquías 3:10*** *"Traed todos los diezmos al alfolí y haya alimento en mi Casa: Probadme ahora en esto, dice Jehová de los ejércitos, a ver si no os abro las ventanas de los cielos y derramo sobre vosotros bendición hasta que sobreabunde.*

Rompes la maldición de pobreza con la oración:
Las fuerzas espirituales se liberan cuando oramos. Esa oración puede comenzar orando para romper las maldiciones de familia. La salvación fue pagada en la cruz, pero no se hizo real hasta que oraste y le pediste a Dios que te salvara. De la misma manera, la muerte de Jesús en la cruz pagó por la libertad de toda maldición, pero activas esa libertad cuando horas para romper la maldición.

Ya hemos dicho que la pobreza puede estar relacionada con un ataque sobrenatural. Si eso es cierto, es esencial entender que la oración no es simplemente una petición que hacemos a Dios, ¡es una lucha! En los Evangelios, cuando Jesús se enfrentaba a la obra del Diablo en la vida de una persona, reprendía al espíritu; ¡Le daba una orden! ***Marcos 9:25-26*** *Cuando Jesús vio que la multitud se agolpaba, reprendió al espíritu impuro, diciéndole: "Espíritu mudo y sordo, yo te mando que salgas de él y no entres más en él." 26 Entonces el espíritu, clamando y sacudiéndolo con violencia, salió...* Esto nos muestra el patrón de oración que podemos usar para traer libertad. Tu oración puede implicar rechazar la pobreza en tu espíritu al identificar el asalto demoníaco: *¡Esta pobreza no es la voluntad de Dios –no voy a seguir viviendo así!*

La Biblia registra muchas historias de batallas contra los enemigos del pueblo de Dios. Una historia de batalla se encuentra en los capítulos **6 y 7 de Jueces**. Durante seis años, el enemigo venía y atacaba cada año en época de cosecha para robarles financieramente. La respuesta de Dios fue que Gedeón y sus hombres atacaran al enemigo: ¡contraatacar! Esas batallas físicas en el Antiguo Testamento nos muestran que debemos luchar espiritualmente en la oración.

El pastor Tom Payne me contó su historia personal sobre cómo rompió la maldición de la pobreza. Durante años, participó fielmente en el diezmo, en las ofrendas y en las promesas financieras, pero no estaba experimentando la bendición que Dios promete "más que suficiente. "

Hace años, cuando vivía en Farmington, Nuevo México, intentó vender un auto. Dijo que cada vez que se preparaba para anunciarlo en el periódico para venderlo, algo se rompía y requería más dinero para arreglarlo. Un día, dijo que se había cansado y clamó a Dios en oración. Le dijo a Dios: *"Siempre ha sido así, y estoy harto."* Oró apasionadamente y rompió todas las maldiciones de su propia vida y ordenó a ese espíritu que se marchara. ¡Clamó a Dios para que sus promesas se hicieran realidad en su vida!

Él dijo que algo cambió fundamentalmente en ese momento. No solo pudo vender el auto, sino que más allá de venderlo, reconoció que ese día se había roto un espíritu de pobreza en su vida. Dijo que las cosas fueron diferentes desde aquel día y que su experiencia financiera en la vida cambió. Una vez que experimentó la bendición de Dios en sus finanzas, Dios le permitió ayudar a muchas personas en todo el mundo, y las iglesias que ha Pastoreado desde ese día también han roto la maldición de la pobreza de sus vidas y han entrado en la bendición de Dios. ¡Esto ha sido cierto tanto en países del Primer Mundo como en los del Tercer Mundo!

Pidiendo un milagro - *Kris y Paula Hart*

Mi historia comenzó como tantas otras: un hogar roto, padres llenos de culpa por sus malas decisiones. De adolescente, les manipulaba para conseguir lo que yo quería. Tenía una mentalidad de que merecía todo. Crecí hasta convertirme en un joven adulto camino hacia el desastre financiero. Obtuve mi licencia de contratista y empecé un negocio de paneles de yeso. Tenía habilidades para hacer el trabajo, pero no me interesaba la administración del dinero, lo que me llevó a tener facturas de materiales sin pagar y deudas de impuestos. Intenté muchas veces controlarlo, pero no pude. Empecé a recibir amenazas de cobradores de deudas. Muchos de mis proveedores solo trabajaban conmigo en efectivo. La Agencia Tributaria de impuestos (IRS) enviaba cartas amenazando con retener mis cuentas bancarias por mi negligencia en el pago de impuestos.

En 1988, me entregué genuinamente a Jesús. Lo único que me mantuvo alejado del colapso mental total fue mi salvación. A principios de 1990, tomé decisiones muy serias para Dios. Una de ellas fue el diezmo y la otra, dar para el evangelismo mundial. Recibimos una carta del IRS diciendo que debíamos 65.000,00 dólares, con intereses acumulados diariamente. En esas declaraciones, nos dijeron que no podíamos hacer ninguna contribución a nuestra iglesia y que todo el dinero pertenecía al gobierno hasta que se pagara la deuda. Además, un abogado me dijo que la única forma de detener los intereses era declararme en bancarrota. Luego me dijo que presentara una 'Oferta de Compromiso' ante el IRS, pidiéndoles llegar a un acuerdo por una cantidad menor. Durante ese tiempo, mi esposa y yo decidimos dar primero a Dios. Cada semana llegaban cartas amenazando con quitarnos cuentas bancarias, propiedades y vehículos. Después de presentar la reorganización, seguí preguntando al abogado sobre la oferta. Su retraso era inaceptable, así que llamé al IRS. Me informaron de que, lamentablemente, no considerarían una Oferta de Compromiso mientras yo estuviera en bancarrota. Así que, en oración, decidimos retirarnos de la bancarrota y hacer una oferta al IRS. La primera oferta fue de 5000 dólares por una deuda de 65.000 dólares. El auditor preguntó: *"¿Quieres que aceptemos 5000 dólares por una deuda de*

65.000 dólares?" Me dijeron absolutamente que no, y que lo intentara de nuevo, así que ofrecí 6500 dólares. Recibimos una llamada de una agente del IRS y nos dijo: *"¡Usted está pidiendo un milagro para pagar solo esta cantidad de una deuda de 65.000 dólares!"* Le dije: "Sí, señora, eso es exactamente lo que estoy esperando." Mientras seguíamos orando y dando a nuestra iglesia, seguía sin recibir respuesta durante semanas. Entonces, un día, por correo, llegó otra carta del IRS. Cuando abrí la carta, decía que estaban considerando mi oferta y que un agente se pondría en contacto conmigo para informarme de su decisión. ¡Fue un momento milagroso! La esperanza volvió a ser el catalizador para una mayor expectativa en la oración. En los días siguientes, recibimos una llamada de un agente del IRS. Nos informó que la oferta de 6.500 dólares que presentamos había sido aceptada. Nuestro milagro se hizo realidad en ese momento. Sabíamos que Dios nos había ayudado solo porque lo honramos a Él primero. Dios me ayudó con trabajos para reunir el dinero necesario para pagar la oferta. Luego me ayudó a pagar las cuentas que tenía con proveedores.

Dios no se detuvo ahí. Estábamos decididos a hacer la voluntad de Dios y pionar una iglesia. Dios nos llamó a una zona remota de la reserva Navajo. No hay casas para alquilar allí. La única opción era comprar una casa móvil e instalarla en la reserva, pero no tenía dinero para comprar una. Fui a ver a un hombre que tenía un negocio de casas móviles. Le dije que planeábamos montar una iglesia. Me dijo que tenía una casa móvil de 16' x 80' que tenía 7 meses de uso. Le dije que no tenía crédito ni nada para el pago inicial. Escribió algo en un papel y me lo entregó. Era un cero con una línea atravesándolo. Él dijo: *"Tres días antes de que llegaras, Dios me habló y me dijo que regalara esa casa móvil. Dios dijo que me diría a quién dárselo cuando llegara el momento."* No solo nos dio la casa móvil, sino que también la trasladó allí con todas nuestras pertenencias dentro. Gracia inmerecida. ¡Servimos a un Dios de misericordia y gracia!

Dios hace el milagro - *Adam y Jennifer Porter*

En febrero de 2014, tres iglesias pequeñas se acercaron al propietario del edificio que teníamos alquilado para nuestra congregación. Le dijeron que querían compartir el espacio y que, colectivamente, podían pagar 5.000 dólares más al mes de lo que nuestra iglesia había acordado con él. El propietario me llamó y dijo: *"Vamos a subir tu alquiler en 5.000 dólares."* Le recordé: *"Todavía nos quedan seis meses de contrato."* Él respondió: *"Bueno, tres iglesias quieren mudarse y están dispuestas a pagar más que tú."* Yo le dije: *"No puedes hacer eso."* Él dijo: *"Entonces demándame."* Le dije: *"No tenemos 5.000 dólares extra para dar."* Él dijo: *"Entonces tienen dos meses para mudarse."*

Nos quedamos asombrados. Empezamos a orar y pedirle a Dios que nos ayudara y abriera una puerta. Y así fue. Por un milagro, otro edificio quedó disponible casi de inmediato. Pero cuando hablé con el agente inmobiliario comercial, negó con la cabeza y dijo: *"Llevo más de 30 años haciendo esto. Con todas las licencias, inspecciones, aprobaciones arquitectónicas y requisitos de la ciudad, tardará al menos entre cuatro y seis meses en que se puedan mudar."* Le dije: *"Solo sigue haciendo lo que haces y oraremos para que Dios haga un milagro."*

Nuestra iglesia empezó a orar. Una semana después, el agente inmobiliario llamó, con la voz llena de incredulidad. Él dijo: *"Nunca me había pasado antes, pero podemos darte las llaves en una semana y media."* Luego hizo una pausa y añadió: *"Pero necesitarás unos 20.000 dólares para empezar el proceso."* Ese domingo, presenté la necesidad ante la iglesia y desafié a todos a dar para poder mudarnos al nuevo edificio. En cuatro días, entraron 22.000 dólares. Era suficiente para pagar todos los impuestos de la ciudad, los costos de arquitectura, el papeleo gubernamental y los gastos iniciales de mudanza. Nos mudamos enseguida.

Unos meses después, necesitábamos fondos adicionales para reformas y más tasas. Una vez más, oramos. Unos días después, recibí una llamada de una mujer que ni siquiera formaba parte de nuestra iglesia. Dijo que Dios le conmovió el corazón para cerrar una de sus cuentas bancarias y donar todo el saldo a nuestra congregación. Nos envió 20.274,80 dólares. Nos quedamos asombrados, sosteniendo el cheque y el efectivo.

GOD DOES THE MIRACLE

Capítulo 3: Cambiando la Mentalidad sobre la Pobreza - Parte 1

Es terrible lo que pasa cuando la gente se queda sin dinero. Empiezan a pensar que no sirven para nada
Barbara Kingsolver

MC Hammer (Stanley Burrell) fue uno de los artistas musicales más famosos de principios de los años 90. En el apogeo de su carrera, Hammer ganó más de 30 millones de dólares. En lugar de administrar su dinero con sabiduría, adoptó una mentalidad equivocada de que el dinero siempre seguiría fluyendo. Compró una mansión de 17 habitaciones, gastó millones en reformas y contrató a un equipo de más de 200 personas — con un costo de alrededor de 500.000 dólares al mes. Compró autos de lujo, caballos de carreras, joyas caras y donó grandes cantidades de dinero sin presupuestar ni planificar a largo plazo. Cuando las ventas de álbumes disminuyeron, los ingresos cesaron — pero los gastos no. En 1996 se declaró en bancarrota, debiendo más de 13 millones de dólares.

La Mente y el Dinero

Tu mente es un factor poderoso en tu vida. Cómo piensas afectará directamente tu vida en el ámbito de tus finanzas. ***Proverbios 23:7 NBLA*** *Pues como piensa dentro de sí, así es él. Él te dice: "Come y bebe", Pero su corazón no está contigo.*
Eres lo que piensas: *Lo que piensas — Y cómo piensas afectará en última instancia a cada área de tu vida.*

Tu mente moldea cómo ves la vida cuando se trata de finanzas. ***Proverbios 21:5*** *Los planes del diligente ciertamente tienden a la abundancia, pero todo el que se apresura alocadamente, de cierto va a la pobreza.* La palabra "planes" significa" pensamientos"; Es decir, cómo ves el dinero. Aquellos que terminan en la pobreza son aquellos que piensan en tomar atajos financieros o tienen prisa por prosperar.

Tu mente influye en tus decisiones y acciones respecto a las finanzas. *Proverbios 28:19 NTV El que se esfuerza en su trabajo tiene comida en abundancia, pero el que persigue fantasías termina en la pobreza.* Esta escritura dice que quienes acaban en la pobreza son aquellos que no piensan de forma realista sobre el dinero. El resultado es que toman malas decisiones persiguiendo fantasías poco realistas.

Mentalidad de Pobreza

La pobreza se define como: *Una deficiencia/empobrecimiento/no tener suficiente.* Pero mucha gente tiene mentalidad de pobreza: Tienen patrones de pensamiento basados en la pobreza, o en línea con la pobreza. Ruby Payne declara en su libro 'Un Marco para Comprender la Pobreza': *La pobreza es una mentalidad. Las personas en situación de pobreza piensan de forma diferente a las que tienen riqueza.*

Preguntas sobre Mentalidad de Pobreza

Hay preguntas que se hacen aquellos que tienen mentalidad de pobreza:

- **¿Qué debería tener?** *¿Es correcto tener suficiente? ¿Está bien tener más de lo que tengo ahora?*
- **¿Para qué sirve el dinero?** *¿Cuál es el propósito del dinero? ¿Qué deberíamos hacer con nuestro dinero?*

- **¿De dónde viene el éxito financiero o el aumento de ingresos?**
- **¿Se puede tener confianza financiera?**

¡La mentalidad de pobreza responde a todas estas preguntas de forma incorrecta!

- Las personas con mentalidad de pobreza no ven el dinero correctamente.
- Las personas con mentalidad de pobreza no toman decisiones financieras correctas.
- Las personas con mentalidad de pobreza están mentalmente atormentadas por el dinero en lugar de que sea una bendición.

Proverbios 10:22 *La bendición del Señor es la que enriquece, y no añade tristeza con ella.*

La Fuente de la Mentalidad de Pobreza

¿Por qué la gente tiene una mentalidad incorrecta con respecto al dinero? ¿De dónde viene estas mentalidad?

Fuente de la Mentalidad de Pobreza #1: Traumas pasados relacionados con el dinero. Algunas personas crecieron con traumas financieros, o pasaron por un periodo en el que lo sufrieron. Experimentaron una prolongada carencia, hambre, falta de hogar y constantes mudanzas debido a problemas económicos. A menudo veían a sus padres en conflicto por causa del dinero. ¡Así que su visión del dinero es traumática! Es emocional. Se vuelven protectores. Dicen: *"¡No quiero volver a sentirme así nunca más!"*

Las familias en situación de pobreza que han sufrido traumas con el dinero tienden a enseñar y reforzar el pensamiento equivocado sobre el dinero a sus hijos. El resultado de esto es que la pobreza se vuelve generacional: *La pobreza se transmite entre los miembros de la familia.* Esto es diferente a una maldición familiar (una fuerza sobrenatural): Son patrones de pensamiento heredados. Si Proverbios 23:7 enseña que eres lo que piensas, entonces los traumas pasados que te hacen pensar en la pobreza producen pobreza en ti y en tu familia.

Fuente de la Mentalidad de Pobreza #2: Enseñanza equivocada sobre el dinero. Muchas personas que luchan contra la pobreza recibieron esa mentalidad de iglesias o pastores que les enseñaron cosas incorrectas sobre el dinero. Mencioné algunas de estas en el Capítulo 1.

El dinero es malo: Esta idea viene de quienes citan equivocadamente ***1 Timoteo 6:10*** *El amor al dinero es la raíz de todos los males*...Pero dicen *'el dinero es la raíz de todo mal.'* Si crees que el dinero es malo, ¡no querrás tener dinero!

Ser pobre es espiritual: *Dios se complace más contigo si vistes trapos viejos, conduces autos viejos y maltratados, y siempre tienes dificultades económicas.*

Tener dinero de sobra o algo bueno es egoísta y poco espiritual: A la gente se le enseña que apenas debería tener lo suficiente, o si no, están siendo egoístas. A veces se plantea una pregunta que suena espiritual: *"¿Cómo puedes tener algo que te sobra cuando hay personas que no tienen suficiente?"*

La pobreza tiene misteriosas cualidades refinadoras: Se enseña a la gente que luchar contra la pobreza de alguna manera te convierte en una mejor persona o en un cristiano más espiritual. El problema con esa idea es que conozco a personas amables, de buen corazón, espirituales, adineradas y a muchos, muchos más cristianos pobres que tienen malas actitudes y malos corazones.

Fuente de la Mentalidad de Pobreza #3: Inseguridad emocional (rechazo): Cuando alguien nos ha rechazado en el pasado y recibimos mensajes negativos sobre nuestro valor, nuestro sentido de valía o autoestima es dañada. ¡Una consecuencia del rechazo sin sanar es que ves el dinero en función de lo que crees que vales! Aquellos que tienen problemas de rechazo a menudo sienten que no merecen nada bueno económicamente. ***Lucas 15:19 NTV*** *Ya no soy digno de que me llamen tu hijo. Te ruego que me contrates como jornalero.* El hijo pródigo no sentía que merecía las bendiciones de ser un hijo, así que quería vivir como un sirviente. Las personas con esta mentalidad se sienten culpables por ser bendecidas económicamente. (Trato esto con más detalle en mi libro Desarraigando el Rechazo).

Otras personas con problemas de rechazo van en la dirección opuesta: Usan dinero y posesiones para intentar establecer su valor o probar su valor. *¡Mírame! ¡Tengo valor porque mi ropa y carteras son de marcas caras! Valgo más por el auto que conduzco o por el lugar dónde vivo.*

Mentalidades Destructivas de Pobreza

Mentalidad Destructiva de Pobreza #1: La mentalidad de víctima. Si alguien que lucha contra la pobreza se preguntara a sí mismo: *"¿Qué papel desempeño en mi prosperidad?"* o *"¿Qué papel desempeño en mi pobreza?"* la respuesta de un espíritu de pobreza es: ¡NADA! ¡SOY UNA VÍCTIMA! Esto se manifiesta de varias maneras:

Cómo vemos nuestra situación actual: *¿Por qué estamos en la situación financiera actual?* La respuesta de una mentalidad de pobreza dice, *"¡Es una conspiración!"* Las personas en situación de pobreza cuentan cómo los malvados empresarios, los ricos codiciosos, los políticos injustos y los banqueros desleales están conspirando para asegurarse de que sigan siendo pobres. ***Jueces***

6:13 NBLA *Gedeón le respondió: "Ah, señor mío, si el SEÑOR está con nosotros, ¿por qué nos ha pasado todo esto? ¿Y dónde están todas Sus maravillas que nuestros padres nos han contado, diciendo: ¿No nos hizo el SEÑOR salir de Egipto? Pero ahora el SEÑOR nos ha abandonado, y nos ha entregado a los madianitas "* Gedeón culpaba a Dios de las dificultades económicas, pero no mencionó la desobediencia y las malas decisiones de su pueblo que abrieron la puerta al enemigo y causaron su pobreza. Hoy en día, la gente comparte el mismo enfoque: Aquellos que viven en la pobreza no piensan en su propia falta de presupuesto, compras impulsivas, malas decisiones, mala ética de trabajo y desobediencia a Dios, sino que echan la culpa a cualquiera menos a sí mismos.

Cómo vemos nuestro <u>futuro</u> potencial financiero: Una mentalidad de pobreza es pesimista y escéptica sobre el futuro financiero de uno mismo. Los que tienen una mentalidad de pobreza suelen pensar, *"No sirve de nada intentarlo, nunca lo conseguiré."* ***Mateo 25:24-25 NVS*** *"Entonces el siervo al que se le había dado una bolsa de oro se acercó al amo y le dijo: 'Señor, sabía que eras un hombre duro. Cosechas cosas que no plantaste. Recoges donde no sembraste semillas. 25 Así que tuve miedo y escondí tu dinero bajo tierra. Aquí tienes tu bolsa de oro.'* Una mentalidad de pobreza cree que las bendiciones financieras futuras están fuera su de alcance. Pueden creer que las <u>personas</u> controlan su futuro financiero: *Solo tengo que esperar a que la gente me dé más.* O puede que crea que <u>Dios</u> controla su futuro financiero para creer que, *"Todo depende de Él: No tengo que hacer nada, ni puedo hacer nada para cambiar mi futuro financiero."*

Mentalidad Destructiva de Pobreza #2: Una mentalidad de derecho. El sentido de derecho se define como *"La sensación o creencia de que <u>mereces</u> que te den algo." Si quienes tienen una*

mentalidad de pobreza alguna vez piensan en la pregunta "¿De dónde viene el dinero?" concluirán: "¡EL DINERO VIENE DE OTRA PERSONA!" Piensan para sí mismos, "Si no tengo dinero, simplemente se lo pido a otro." Personas con mentalidad de pobreza esperan que otras personas les den dinero – y a menudo se ofenden cuando otros no lo hacen. ***Josué 17:14 NBLA*** *Los hijos de José hablaron a Josué: "¿Por qué nos has dado solo una parcela y una porción como heredad, siendo que somos un pueblo numeroso y que hasta ahora el SEÑOR ha bendecido?"* Les irritaba que Josué no les diera más. Observa que esperaban que se les fuera dado más, en lugar de trabajar para obtenerlo. *Ruby Payne: Una diferencia clave entre pobreza generacional y situacional es la actitud. En la pobreza generacional, la mentalidad es generalmente que la sociedad le debe a uno el sustento. En cambio, la pobreza situacional implica una actitud de orgullo y rechazo a la ayuda.*
¡Si no asumes la responsabilidad personal de tus finanzas, nunca prosperarás!

Esto me lleva a una pregunta común que me hacen sobre dar dinero a los necesitados. Creo que una de las razones por las que Dios nos da dinero es para ayudar a otras personas necesitadas (hablaremos de esto con más detalle más adelante en el libro). Pero habiendo pastoreado en Sudáfrica entre personas que viven en gran pobreza, puedo ofrecer sabiduría práctica sobre cómo discernir si es prudente dar dinero a ciertas personas. Aprendí que quienes te piden dinero fácilmente, como si fuera de esperar la ayuda, en realidad no son ayudados cuando se la das: ¡solo estás reforzando su mentalidad destructiva de derecho!

Mentalidad Destructiva de Pobreza #3: Sentirse culpable por las bendiciones económicas. Si no sientes que mereces ser bendecido financieramente, te sentirás culpable si llegan bendiciones financieras, ya sea un buen trabajo, un bono o una herencia.

Quienes creen que ser pobre es espiritual: Estas personas se sienten atormentadas cuando reciben bendiciones económicas. Las bendiciones producen confusión interior: *Esto debe significar que soy poco espiritual, o malo. Dios debe estar disgustado conmigo. Él va a quitarme mis bendiciones.*

Aquellos que no se sienten dignos de ser bendecidos, por rechazos pasados: Siempre que consiguen algo de dinero, logran comprar algo bueno o progresan en su trabajo o negocio, se despiertan conflictos internos. Sus pensamientos se dirigen a, *¡No debería tener esto! ¡No lo merezco!* ***Proverbios 10:22*** *La bendición del Señor es la que enriquece, y no añade tristeza con ella.*

Una mentalidad de pobreza basada en el rechazo asocia la tristeza a las bendiciones.

- *No disfrutan de sus bendiciones.*
- *Puede que sientan la necesidad de regalarlo.*
- *Les preocupa que Dios se dé cuenta de que no lo merecen y se lo quite.*

Algunos acaban saboteando sus bendiciones. Pueden hacer cosas en el trabajo, en los negocios o tomar malas decisiones financieras que les hacen perder las cosas buenas que tienen. Esto reduce su situación financiera al nivel que su rechazo les hace sentir que realmente se lo merecen.

Cambiando Nuestra Mentalidad de Pobreza

Glen y Maribel Pugliese

Mis padres tenían una mentalidad de acumular impulsada por el miedo a no tener suficiente para el futuro. Siempre compraban lo más barato en todo, y arreglaban cosas que necesitaban ser reemplazadas hacía tiempo. Mi madre remendaba la ropa hasta que ya no se podía remendar más y luego, por fin, nos compraba algo nuevo para ir a la escuela, y aun así, era lo mínimo indispensable. Durante todo ese tiempo, tenían un fondo significativo en una cuenta de ahorros. De niños, nunca sabíamos que tenían dinero, porque todo se hacía con un presupuesto tan ajustado. Cerca de los últimos años de mi madre, ella estaba teniendo una crisis nerviosa por miedo a que se les acabara el dinero y se quedara sin nada. Durante todo ese tiempo, mi padre ganaba casi 8.000 dólares al mes en su jubilación y tenía ahorros de toda una vida guardados en el banco.

Yo no tenía ni idea de cuánto todo esto había afectado mi manera de pensar hasta más adelante en la vida y años después de mi salvación. Pensaba que vivir con lo mínimo era de alguna manera agradable para Dios. Como resultado, pasamos enormes dificultades y vivimos bajo mucho estrés. Siempre sentíamos que las bendiciones eran para todos los demás, y nunca podríamos encontrar una salida a un estilo de vida mínimo. La liberación de la mentalidad de pobreza fue un proceso lento de que Dios tratar con nosotros, y ayudándonos con Su palabra.

Cuando compramos nuestra primera casa, hubo un punto de inflexión. Teníamos dignidad al ser propietarios de una vivienda, actualizamos nuestro auto. Empezamos a cambiar nuestra forma de pensar y a entender que Dios quería bendecirnos. No nos volvimos materialistas, pero cambiamos nuestra forma de pensar y abrazamos la idea de que Dios quería bendecirnos. Entendimos que la pobreza y apenas salir adelante financieramente no eran la voluntad de Dios.

Sentimos la dignidad de esa bendición, y entonces empezaron a llegar bendiciones.

Nos dimos cuenta de que si tenemos más, podemos dar más. Antes pensaba que dar 100 dólares como ofrenda era enorme porque mi mentalidad era muy pequeña. Mi problema era que ni siquiera podía pensar en miles. Estaba demasiado limitado en mi forma de pensar. Desde entonces, hemos tenido la bendición de poder dar miles como ofrenda por encima de nuestros diezmos. Estamos convencidos de que Dios quiere bendecirnos y que no es su voluntad que vivamos en la pobreza. Ya no vemos la bendición como como un acuerdo, sino como siendo la voluntad de Dios.

Doy gracias a Dios porque mis hijos no siguieron adelante con una mentalidad de pobreza. Cuando se rompió en nosotros, ellos eran lo suficientemente jóvenes como para seguir adelante en la vida, casarse, tener hijos y ser mucho más bendecidos a su edad que nosotros a su edad. Dios ha hecho una obra profunda en nuestras vidas respecto a cómo pensamos y cómo vemos la bendición. Hay tanta dignidad asociada a una bendición. Todo esto te pone en posición de ser una bendición para los demás, lo que también conlleva gran dignidad y gozo.

Cambiando nuestro futuro - *Abram y Alyssa Baca*

Mi esposa y yo crecimos con una mentalidad de pobreza. Crecimos en Española, Nuevo México, y en la Reserva Pueblo de Santa Clara. Yo era discípulo en la iglesia La Casa del Alfarero en Española, Nuevo México, bajo la dirección del pastor Tim Miller.

Hubo un momento en que el pastor Miller me retó a conseguir un trabajo estable y alejarme de la construcción, que era un trabajo muy inestable. Acepté un trabajo en el turno de noche de un casino como guardia de seguridad. Hubo una reducción salarial de unos 28,50 dólares la hora a 11 dólares la hora. Mi esposa y yo empezamos a dar más allá del diezmo, y Dios hizo que me promovieran a supervisor, que ganaba 16 dólares la hora.

Durante una conferencia bíblica en 2018, durante la ofrenda sentí que Dios me hablaba para que diera todo lo que tenía en la cartera. (Unos 328 dólares) No era mucho, pero era todo lo que teníamos. Eso significaba que no teníamos suficiente dinero para volver a casa ni para comer el resto de la conferencia. A la mañana siguiente, recibimos una llamada de mi suegro diciendo que nos había enviado 300 dólares. Más tarde, recibimos una llamada de mi trabajo diciendo que se habían olvidado de pagarme por unas horas extra que había hecho, y que tenía un cheque de 800 dólares esperando cuando regresara.

Unos meses después, el director de vivienda me llamo a la Autoridad Tribal de Vivienda. Me dijo que la tribu le había ofrecido mucho dinero para que se quedara callado, pero dijo que eso iba en contra de sus creencias. Me dijo que había hecho una auditoría de la vivienda tribal y que habían cometido un error en el contrato de mi casa. Me descontaron 55.000 dólares del precio de mi casa. ¡Eso nunca pasa! Pagamos 28.000 dólares por una casa nueva, completamente reformada, de tres habitaciones y 2 baños con un jardín enorme.

- Luego conseguí un trabajo en los Laboratorios Nacionales de Los Álamos, ¡pagando 28 dólares la hora!
- También pudimos liquidar casi 43.000 dólares de deuda por centavos por cada dólar.

A finales del año siguiente, pudimos ser enviados a pionar en Great Falls, Montana. Fui anunciado como el primer pastor indígena de nuestro compañerismo.

Este milagro financiero también continuó en nuestro ministerio. Dios nos ayudó con nuestro edificio de nuestra iglesia, donde solo pagamos 300 dólares al mes ¡por 6 años y medio! El propietario del edificio al fin subió el alquiler a 375 dólares debido al aumento de los precios de la electricidad. Hemos visto a muchos miembros de nuestra congregación superar financieramente la mentalidad de pobreza.

Creo que esto es un testimonio de un gran avance porque mi esposa y yo crecimos con una mentalidad de pobreza en Española, Nuevo México, y en la Reserva Pueblo de Santa Clara.

Teniendo Mi Propio Testimonio de Bendición - *Jeanette Esparza*
Formando parte de este compañerismo desde 2010, he escuchado muchos ejemplos de cómo Dios ha provisto para las personas, especialmente en el área de las finanzas. Escuchaba estas cosas y me maravillaba y alababa a Dios desde lejos.

Recientemente, mi Toyota Yaris de 13 años empezó a tener problemas. Siempre decía que lo conduciría hasta que se me cayeran las ruedas, y poco a poco empezó a descomponerse. Oré muchas veces: *"SEÑOR, no quiero tener que pagar cuotas de auto. Por favor, arregla mi auto o ayúdame a encontrar uno que pueda permitirme si tengo que hacer pagos."*

Cuando mi auto empezó a fallar, noté que mis jefes en el trabajo se comportaban de forma extraña. Estaban teniendo más reuniones a puerta cerrada de lo habitual, y pensé: *"Vamos lentos, quizá necesiten despedirme."* La semana siguiente, me llamaron a la oficina. Todos los encargados estaban allí, e incluso el dueño. Pensé: *"SEÑOR, hágase tu voluntad; si me despiden, confío en ti."* Cuando me senté, uno de los encargados sacó una pequeña bolsa de regalo, la puso delante de mí y me pidió que la abriera. Totalmente confundida, metí la mano en la bolsa y saqué un juego de llaves. Mi jefe dijo: *"Estamos muy agradecidos de tenerte en nuestro equipo. Eres una trabajadora incansable y una bendición para nuestra empresa, así que queremos bendecirte con este vehículo."* ¡Era un Honda Pilot SUV! No lo podía creer y las lágrimas empezaron a caer. En ese momento, recordé las oraciones que había estado haciendo a Dios. Jamás en la vida pensé que sería uno de esos testimonios que escuchas en nuestro compañerismo de recibir un auto como regalo ¡No solo un, sino dos! ¡También me dieron una camioneta para que mi hijo la usara para ir al trabajo!

Había recibido aumentos de sueldo, promociones y bonificaciones antes del regalo de los autos, y desde entonces, ¡ha habido aún más! Este trabajo ha sido una bendición financiera. Le doy toda la gloria al Dios Todopoderoso, Él es fiel y verdadero a su palabra cuando dice en ***Malaquías 3:10*** *Traed todos los diezmos al alfolí y haya alimento en mi casa; y probadme ahora en esto, dice Jehová de los ejércitos, si no os abriré las ventanas de los cielos y derramaré sobre vosotros bendición hasta que sobreabunde.*

Capítulo 4: Cambiando la Mentalidad sobre la Pobreza - Parte 2

El dinero es mejor que la pobreza, aunque solo sea por razones financieras.
Woody Allen

Hetty Green murió en 1916 y dejó una herencia valorada en 100 millones de dólares. (¡3.000 millones de dólares hoy!) Mientras vivía, comía avena fría porque decía que costaba demasiado calentarla. A su hijo le amputaron la pierna porque tardó mucho en encontrar una clínica gratuita. Tenía mucho dinero, pero como tenía miedo de gastarlo, su dinero no le sirvió de mucho ni a ella ni a su hijo.

En este capítulo, continuaremos analizando la mentalidad de pobreza nada saludable.

Pobreza Y Miedo

La pobreza es un pensamiento basado en el miedo: La pobreza produce tormento y ataduras mentales basadas en el miedo. ***1 Juan 4:18*** *En el amor no hay temor, sino que el perfecto amor echa fuera el temor, porque* ***el temor lleva en sí castigo****. Por lo tanto, el que teme, no ha sido perfeccionado en el amor.*

La pobreza implica miedo a no tener suficiente: Aquellos que han experimentado traumas financieros en el pasado suelen odiar cómo les hizo sentir y temen volver a estar en esa posición. En nuestra situación financiera actual, tenemos la tendencia a enfocarnos en lo negativo: ya sean nuestras experiencias negativas <u>pasadas</u> o los factores negativos que vemos <u>actualmente</u>. Así que la pobreza hace que nuestras decisiones

sobre el dinero estén siempre basadas en el miedo. ***Eclesiastés 11:4 NCV*** *Quienes esperan el tiempo perfecto nunca plantarán semillas; quienes miran cada nube nunca cosecharán.*
El pasaje emplea una metáfora agrícola para mostrar cómo algunos permiten que el miedo—al riesgo o a invertir—gobierne sus acciones. El miedo también lleva a la gente a tomar decisiones tontas y arriesgadas con su dinero. Algunos gastan el poco dinero que tienen en la lotería o en juegos de azar. El miedo hace que las personas sean más susceptibles a los estafadores. Por lo general, se estafa a más personas pobres que a quienes tienen riqueza, porque *¡tienen miedo a la pobreza futura!* ***Proverbios 28:19 NTV*** *El que se esfuerza en su trabajo tiene comida en abundancia, pero el que persigue fantasías termina en la pobreza.*

La pobreza implica miedo al fracaso: Tenemos la tendencia a relacionar el dinero con nuestro valor como seres humanos, o incluso como cristianos. Como resultado, las personas en situación de pobreza a menudo se resisten cualquier intento de cambiar su situación financiera. Pueden pensar: *"¿De qué sirve leer libros, pedir consejos financieros o intentar invertir? Probablemente no funcione de todas formas, entonces me avergonzaré más y me sentiré un fracaso."* **Mateo 25:24-25 NCV** *"Entonces el siervo al que se le había dado una bolsa de oro se acercó al amo y le dijo: 'Señor, sabía que eras un hombre duro. Cosechas cosas que no plantaste. Recoges donde no sembraste semillas. 25 Así que tuve miedo y escondí tu dinero bajo tierra. Aquí tienes tu bolsa de oro.'* El miedo puede hacerte pensar que quedarte al final del grupo es probablemente la opción más segura en la vida: *Si no lo intentas, no puedes fracasar, así que no hay riesgo de vergüenza o decepción.* **La pobreza te convence de que la mayor victoria sería no perder.**

La pobreza implica miedo a perder dinero: *Es la creencia de que puedes "perderlo todo" a pesar de todo lo que hagas.* ***Proverbios 10:22 RVR1995*** *La bendición del Señor es la que enriquece, y no añade tristeza con ella.* Curiosamente, algunas personas prefieren no ser bendecidas financieramente. Su razonamiento es, *"¡Así no te decepcionarás tanto cuando lo pierdas todo!"*

La pobreza implica miedo a gastar: El pensamiento sobre la pobreza te dice: *"Si gastas dinero, te quedarás sin él y no tendrás suficiente."*

Aquí tienes algunas formas en que se manifiesta el miedo a gastar dinero:

- Miedo a gastar dinero en cosas no esenciales: Decimos, *"Podemos vivir sin eso." Podrías, pero a veces la vida sería mucho mejor si lo tuvieras.*
- Constantemente buscando la alternativa más barata, aunque sea incómoda.
- Obsesión con conseguir "ofertas" y entrada gratuita.
- Comprar la alternativa más barata, pensando que así te ahorrarás dinero: Creemos que aún nos quedará algo porque lo compramos muy barato. Aquí hay un gran dicho: ***No hay mayor ilusión que creer que lo barato es económico.*** Es posible que acabemos gastando más a largo plazo, porque 'hemos ahorrado dinero'. Si tienes que comprar el mismo artículo 5 veces porque se descompone o se rompe; *¡En realidad no has ahorrado nada de dinero!*
- Perder trabajo porque tus herramientas o vehículos se descomponen: *O dedicas tiempo a buscar reparaciones, o simplemente no puedes ir al trabajo.*

La pobreza implica miedo de dar a Dios: Las personas con mentalidad de pobreza pueden tener dificultades con el concepto de diezmo, que es darle a Dios el primer 10% de nuestros ingresos. ***Malaquías 3:8-10 NCV*** *"¿Debe una persona robar a Dios? Pero me estás robando. "Y preguntas, '¿Cómo te hemos robado?' "Me has robado con tus ofrendas y la décima parte de tus cosechas. 9 Así que una maldición está sobre ti, porque toda la nación me ha robado. 10 Trae al almacén una décima parte de lo que ganes para que haya comida en mi casa. Pruébame en esto", dice el Señor Todopoderoso. "Abriré las ventanas del cielo para ti y derramaré todas las bendiciones que necesites."* Las personas con mentalidad de pobreza luchan cuando Dios los impulsa a dar ofrendas en obediencia a Él. Su respuesta cuando Dios dice lo que Él quiere que ellos den es, *"¡Apártate de mí, Satanás!" "¿Por qué daría yo dinero si ya no tengo suficiente? ¡Eso no tiene sentido!"*

La pobreza implica miedo a que las oportunidades son limitadas: Las personas con mentalidad de pobreza piensan que la cantidad de dinero y las oportunidades son limitadas. Esto les limita la búsqueda de la prosperidad y la bendición de Dios. Su mentalidad es: *"Si busco la prosperidad y la bendición, no funcionará; porque no habrá suficiente para mí.* En algunas culturas de África, creen en la idea del **bien limitado**; *La vida es como una tarta, y solo hay tantas porciones disponibles.* Si pensamos de esta manera, se producen reacciones poco saludables:

- Probablemente no tenga sentido intentarlo: *¡Porque Dios se quedará sin bendiciones antes de que me toque a mí!*
- O, podemos tener resentimiento a quienes son bendecidos: *¡Simplemente te quitaron algunas de tus oportunidades de ser bendecido!*

En última instancia, el miedo a la pobreza es en realidad tu opinión de DIOS: Los creyentes nacidos de nuevo son hijos de Dios y, por tanto, forman parte de la familia de Dios; ¡tienen una relación personal con el Dios Todopoderoso! ***1 Juan 3:1*** *¡Mirad cuál amor nos ha dado el Padre, para que seamos llamados hijos de Dios!* Cuando tememos el riesgo, tememos el fracaso, tememos gastar o tememos dar: ¡En última instancia, es porque tenemos una visión errónea de Dios! ***Mateo 25:24-25 NCV*** *"Entonces el siervo al que se le había dado una bolsa de oro se acercó al amo y le dijo: 'Señor, sabía que eras un hombre duro. Cosechas cosas que no plantaste. Recoges donde no sembraste semillas. 25 Así que tuve miedo y escondí tu dinero bajo tierra. Aquí tienes tu bolsa de oro.'*

Libres de una Maldición de Familia - *Paul y Kristina Castanon*
Mi esposa y yo nos salvamos en 1993. Aunque fuimos fieles en nuestros diezmos y promesas, y dábamos ofrendas, siempre tuvimos problemas financieros. No podíamos pagar las facturas a tiempo, no podía liquidar ninguno de mis vehículos y no podíamos ahorrar dinero. Dios nos ayudó, en pequeñas cantidades de bendición, pero nada duraba nunca. Siempre sentía que algo no iba bien, pero no podía identificar qué era.

En 2017, mi esposa y yo fuimos enviados a pionar una iglesia en Guadalupe, Arizona. Descubrí que tenía parientes lejanos allí. Uno de esos parientes era mi tía abuela, de quien más tarde supe que era una curandera. Dios empezó a revelarme que mi vida estaba siendo afectada por maldiciones generacionales de brujería, aun siendo cristiano. Empecé a orar contra las ataduras y fortalezas de mucho tiempo mediante el ayuno.

Dios empezó a moverse: seis meses después, con 47 años, por fin pude pagar mi primer préstamo de vehículo. ¡La maldición se había roto! Luego, en 2019, tuvimos que comprar una furgoneta para discapacitados porque tenemos un hijo discapacitado en silla de ruedas. Nuestra puntuación de crédito apenas era lo suficientemente buena, y lo único que teníamos para el pago inicial eran 1000 dólares. Las furgonetas para discapacitados son muy caras. Necesitábamos al menos 10.000 dólares para el pago inicial. La empresa AMS Vans en Phoenix, Arizona, nos dio números de teléfono de organizaciones sin ánimo de lucro que podrían ayudarnos con el pago inicial. Pero nadie pudo ayudarnos. La vendedora, Stacey de AMS Vans me llamó y me preguntó si había llamado a alguna organización sin ánimo de lucro en particular. Dije que sí, pero dijeron que no tenían fondos hasta 2020. Me dio el número de la directora ejecutiva y dijo: "Quiere que la llames personalmente." No tenía ni idea de quién era esa señora. Aun así, cuando llamé, me dijo que su organización sin ánimo de lucro acababa de recibir un Toyota Sienna 2012, una furgoneta totalmente equipada para discapacitados. Quería dárnoslo. Era como si la bendición de Dios nos estuviera persiguiendo. El 30 de diciembre de 2019, nos regalaron esta furgoneta completamente gratis. ¡Gloria a Dios!

En 2021, fui anunciado como evangelista de la congregación de Tempe, Arizona. Quería que mi esposa y mis hijos tuvieran una furgoneta confiable mientras yo estuviera fuera de la ciudad. Así que cambiamos la furgoneta de discapacitados que nos habían regalado por una Honda Odyssey 2021 completamente nueva, totalmente equipada y valorada en 70.000 dólares. En los cuatro años desde que compramos la furgoneta nueva, no hemos fallado ningún pago ni hemos tenido retrasos. ¡La maldición se ha roto!

LIBRES DE UNA MALDICIÓN DE FAMILIA

Este testimonio no trata solo sobre una furgoneta gratuita; se trata de pasar de estar maldito a ser bendecido. Dios me reveló que, porque estuvimos dispuestos a obedecer el llamado para pionar, nos colocó en el pueblo que guardaba oscuros secretos de brujería que habían afectado a mi familia y a mí durante cuatro generaciones.

Dios ha roto la antigua maldición de pobreza, ¡y hemos entrado a una nueva dimensión de las bendiciones de Deuteronomio 28!

Logrando un Avance - *Jamie y Jackie Senn*

El pastor Joe Campbell estaba predicando en la Conferencia Bíblica del Midwest, y estaba tomando una ofrenda. Dijo: Alguien aquí tiene 10.000 dólares que puedes dar esta noche. Cuando dijo 10.000 dólares, sentí como si Dios me hubiera puesto el dedo en el pecho y hubiera dicho: "Ese eres tú." Estaba muy nervioso por eso porque era la primera vez que salíamos adelante en nuestras finanzas gracias a una devolución de impuestos.

En ese momento, llevaba 24 años salvo. Dios siempre había cuidado bien de nosotros, pero nunca habíamos tenido muchos ahorros. Íbamos de nómina en nómina. Tener este dinero en mi cuenta me parecía una bendición maravillosa, y estaba muy nervioso de darlo, así que le pregunté a mi esposa qué opinaba. Dijo: "Podríamos ser raptados mañana. Simplemente démoslo." Eso no era lo que quería oír.

Firmé el cheque y lo entregué. Después de entregarlo, recordé varias facturas que se suponía que debía pagar, y me había olvidado completamente de ellas hasta después de firmar el cheque. Me enfadé y me preguntaba en qué demonios estaría pensando. Durante el mes siguiente, estuve muy miserable y malhumorado.

Una tarde, estaba echando una siesta y soñé que Dios me hablaba y me decía que me iba a dar 20 veces más de lo que yo había dado. Me desperté y me di cuenta de que solo era un sueño, pero parecía tan real. Le debía 20.000 dólares a mi padre, así que lo llamé el día que tuve el sueño para decirle que tendría que esperar un año más antes de que empezara a devolverle el dinero. **Milagro número uno**: Mi padre dijo: "No te preocupes por eso." Él había dado dinero a mis hermanos, y yo nunca había recibido nada hasta ese momento, así que dijo que ahora eso sería un regalo.

Milagro número dos: La empresa para la que trabajaba nos proporcionaba alojamiento. Era una caravana pequeña y estrecha. Nos costaba vivir allí con tres hijos, mi esposa y yo por el tamaño. El CEO de nuestra empresa preguntó si alguien estaba considerando dejar la *compañía*, y que compartiera sus preocupaciones para poder solucionar la situación. Le conté de mi situación de vivienda, que era demasiado pequeña y que no sabía cuánto tiempo más podríamos vivir en la caravana. Dijo: "Busca otra casa y te la compraremos." Nos dio permiso para diseñar nuestra propia casa como quisiéramos y comprarla a quien quisiéramos. ¡Qué bendición! Encargamos una casa personalizada exactamente como la queríamos. La casa y todo lo que venía con ella costaron aproximadamente 150.000 dólares, así que ahora habíamos alcanzado los 170.000 dólares en bendiciones.

Hubo muchos otros milagros de dinero que ascendieron a más de 30.000 dólares, lo que sería 20 veces la cantidad que di. Las ventanas del cielo realmente se abrieron desde que di ese dinero. No puedo creer las bendiciones financieras. Ahora soy dueño de propiedades de alquiler y tengo suficiente dinero en el banco. Solo este año pude dar unos 30.000 dólares en diezmos y ofrendas. Ahora estamos pionando nuestra primera iglesia, y aun así, Dios ha bendecido a nuestra iglesia con muchos recursos y dinero. La maldición se ha roto definitivamente, y Dios ha sido tan bueno con nosotros. Doy gracias a Jesús por todo lo que ha hecho. ¡Y doy gracias a nuestro compañerismo por desafiarnos a creerle a Dios!

Guiados Hacia la Prosperidad - *Alvin y Bethany Malan*

En 2020, me quedé desempleado y oraba por una nueva oportunidad de negocio mientras trabajaba a tiempo parcial en Amazon y Uber para ir sobreviviendo y no endeudarnos. Mientras estábamos pionando una iglesia en San Diego durante cuatro años, mi esposa y yo sentimos que Dios nos llamaba a pionar de nuevo en otro lugar, así que nos pusimos a disposición en obediencia. Así que, en la Conferencia Bíblica de 2022 en Tempe, Arizona, respondimos al llamado para pionar una nueva iglesia en Frisco, Texas. Mientras entregábamos nuestra iglesia a una nueva pareja y nos preparábamos para la mudanza, pensamos que lo mejor era vender nuestra casa en San Diego, comprar una nueva en Texas y encontrar un trabajo a tiempo completo allí. Pero Dios tenía otros planes.

Antes de poner la propiedad a la venta, la pusimos en arriendo con opción de compra, estableciendo un precio que, si Dios quería que vendiéramos nuestra casa, obtendríamos esa cifra, confirmando la mano de Dios en la compra. Pusimos nuestra casa en venta, y el agente inmobiliario, que ya había vendido algunas casas en nuestra calle, nos dijo que fijáramos el precio de venta muy bajo para provocar una guerra de ofertas. Nos pareció una gran idea.

Enseguida recibimos una oferta por el precio listado. Sabíamos que ese no iba a ser el precio al que íbamos a vender; sin embargo, nuestro agente nos dijo inesperadamente que era el mejor precio que podríamos obtener y que aceptáramos la oferta porque el mercado había cambiado en una semana. Rechazamos la oferta y, unos días después, recibimos otra oferta, por unos 200.000 dólares más que el precio anunciado. Pero estaba justo por debajo de la cantidad que habíamos puesto ante Dios. Así que de nuevo declinamos, creyendo que Dios nos daría una dirección clara.

En ese momento, el agente estaba ansioso por vender la casa para recibir una buena comisión. Pero una noche, unos días después, tuve un sueño en el que alquilaba la casa como renta a corto plazo. Después de orar y hablarlo con mi esposa, decidimos retirar la casa del mercado. En lugar de llevarnos la mayoría de nuestras pertenencias a Texas, decidimos dejarlas en la casa para amueblarla para alquilar.

En menos de dos semanas, pusimos la casa en alquiler a corto plazo. El día que la listamos, empezamos a recibir numerosas reservaciones. Tres años después, esta se ha convertido en nuestra principal fuente de ingresos, bendiciendo a mi familia y a mí, así como a nuestra nueva iglesia, que estamos pionando. Ahora poseemos tres propiedades que alquilamos a corto plazo, administramos otras 10 y lo hacemos todo de forma remota desde Texas.

Pasamos de no saber cómo iba a proveer o ganarme la vida a operar un negocio cercano a las siete cifras en solo 3 años.

En obediencia, salimos a lo desconocido para comenzar una nueva iglesia, sin saber exactamente cómo funcionarían las cosas financieramente, y Dios ha provisto de maneras mejores de lo que podríamos haber imaginado jamás. La iglesia de Frisco, Texas, ha sido fundamental para traer claridad y redención a los confundidos y quebrantados de esta ciudad, y estamos profundamente agradecidos de estar en la voluntad de Dios, donde sea que Él nos guíe.

Capítulo 5: Cambiando la Mentalidad sobre la Pobreza - Parte 3

Cualquiera que haya luchado alguna vez contra la pobreza sabe lo extremadamente caro que es ser pobre.
James Baldwin

Anglicare Australia es la rama benéfica de la Iglesia Anglicana en Australia. En su informe titulado "Poverty Premium" (La Prima de la Pobreza), documentaron el alto costo de la pobreza en Australia y descubrieron que los hogares con bajos ingresos suelen pagar más por los productos básicos esenciales porque no pueden permitirse:

- Comprar al por mayor (lo que reduce el costo por unidad).
- Pagar las facturas anuales de una sola vez (por lo que pueden perder descuentos).
- Utilizar electrodomésticos o vehículos más eficientes y nuevos (debido al costo inicial), lo que significa que gastan más en energía o combustible a lo largo del tiempo.

Anglicare llama a esto «penalizaciones» que obligan a las personas con bajos ingresos a pagar una "prima de pobreza" (pagar más por las mismas cosas por las que otros pagan menos).

En este capítulo, terminaremos de analizar la mentalidad de pobreza que es nada saludable.

Aceptando la Pobreza

Los cristianos que viven en la pobreza aceptan la pobreza como algo normal y la aceptan como parte en la vida. Veamos algunas formas en las que podemos aceptar la pobreza:

Aceptando la falta de abundancia: La pobreza puede ser una experiencia que estamos viviendo durante un tiempo. Pero se convierte en un espíritu que significa 'algo que te domina sobrenaturalmente' cuando aceptamos la pobreza y la escasez financiera como un estado normal de la vida. ¿Cómo se manifiesta esto?

Una mentalidad de pobreza vive en la negación: *Quienes viven en la pobreza a menudo se consuelan con excusas para su pobreza.* Podemos darnos excusas como:

Todo el mundo tiene deudas: *¿Entonces por qué preocuparse por estar endeudado?* Eso en realidad no es cierto. Las personas que entienden el dinero y rompen la maldición de la pobreza hacen todo lo posible para salir de las deudas.

Otros están experimentando lo mismo: *Siempre señalamos que la gente que les va tan mal como nosotros, o incluso peor, para sentirnos mejor con cómo estamos.* Esto es como si un alcohólico señalara a otro alcohólico que está empeorando para sentirse mejor respecto a su adicción.

Así es como es aquí: Podemos culpar nuestra pobreza a las circunstancias que nos rodean. Podemos señalar factores financieros, inflación, falta de educación u oportunidades, o cualquier otra cosa para explicar por qué estamos en nuestra situación financiera actual y por qué no podemos hacer nada para cambiarla.

Un espíritu de pobreza rechaza la idea de abundancia:
2 Reyes 7:2 TLB *El oficial que asistía al rey dijo al hombre de Dios: "¡Eso no podría pasar ni aunque el Señor abriera las ventanas del cielo!" Pero Eliseo respondió: "Lo verás con tus propios ojos, ¡pero no podrás comer nada de ello!"* El oficial escuchó a Eliseo declarar que Dios cambiaría totalmente la situación, y de inmediato rechazó esa posibilidad aunque fuera remota. Ni siquiera se molesta en preguntar cómo pudiera pasar; Rechaza instintiva e inmediatamente la promesa de un milagro. Leí el testimonio de un hombre que solía vivir en la pobreza. Dijo: *"Cada vez que alguien me decía que podía prosperar y disfrutar de abundancia en todas las cosas, rechazaba esos pensamientos en cuanto venían a mi mente y, como resultado, vivía en la pobreza."*

Nuestro rechazo a la idea de abundancia suele ser auto-protector: No nos gusta la posibilidad de fracasar porque eso nos avergonzaría. Pensamos: *"Si los demás supieran que creo en un avance y en la abundancia, y luego no funciona y no consigo un avance, me daría vergüenza. Así que sería más seguro para mi ego rechazar la posibilidad de un avance financiero."*

No nos gusta la posibilidad de fracaso porque eso sería decepcionante para nosotros. Odiamos la sensación de decepción. Antes, nuestras esperanzas crecieron durante un tiempo, pero luego se vinieron abajo cuando no funcionó. Odiábamos que nuestras esperanzas se desinflaran. ¡Así que, curiosamente, **algunas personas sienten que es más seguro quedarse con la pobreza!**

En el capítulo 9 de Mateo, dos hombres ciegos pidieron a Jesús que sanara sus ojos ciegos. Jesús les hizo una pregunta:

Mateo 9:28 *Al llegar a la casa, se le acercaron los ciegos y Jesús les preguntó: "¿Creéis que puedo hacer esto? " Ellos dijeron: "Sí, Señor."* Entonces Jesús les dijo (y a nosotros) un principio fundamental si queremos cambiar nuestra situación financiera para mejor: ***Mateo 9:29*** *Entonces les tocó los ojos, diciendo: "Conforme a vuestra fe os sea hecho."* "Según a" significa *"en línea con"* o *"a medida de"* tu fe. En otras palabras, vivirás al nivel de tu fe. A veces digo, *"¡Tendrás en la vida con lo que puedas vivir! ¡Tendrás en la vida a lo que te conformes!"* Este principio es cierto tanto en lo positivo como en el negativo. En la Biblia, podemos ver el contraste entre quienes se conforman con la derrota y quienes creen en la victoria.

Saúl y el ejército fueron atormentados e intimidados por Goliat durante 40 días: Nada cambió y no se consiguió ninguna victoria. **1 Samuel 17:11** Al escuchar Saúl y todo Israel estas palabras del filisteo, se turbaron y tuvieron mucho miedo. Pero cuando David vio la misma situación, se negó a aceptar que el gigante debía decidir su vida. ¡Él creía que Dios era más grande que el gigante! ***1 Samuel 17:36-37 NBLA*** *"Su siervo ha matado tanto al león como al oso; y este filisteo incircunciso será como uno de ellos, porque ha desafiado a los escuadrones del Dios viviente". 37 Y David añadió: "El SEÑOR, que me ha librado de las garras del león y de las garras del oso, me librará de la mano de este filisteo". Y Saúl dijo a David: "Ve, y que el SEÑOR sea contigo!"* Porque David eligió creer en Dios, obtuvo una victoria sobrenatural. Este principio es cierto en nuestras vidas: Aceptaremos la pobreza o creeremos en Dios por la prosperidad que Él nos ha prometido.

Palabras de Pobreza

Nuestras vidas son afectadas por nuestras palabras: La Biblia nos enseña que las palabras crean cosas.

Hebreos 11:3 RV1960 *Por la fe entendemos haber sido constituido el universo por la palabra de Dios, de modo que lo que se ve fue hecho de lo que no se veía.* La palabra 'constituido' significa 'ajustado': Los parámetros de la creación se establecieron por palabras. Lo que la creación se convirtió, o los límites de la creación, fueron determinados por la palabra de Dios.

En cierto modo, nuestras palabras pueden determinar los límites de nuestras vidas (en línea con la palabra de Dios). Este principio espiritual puede ser positivo o negativo. ***Proverbios 18:21*** *La muerte y la vida están en el poder de la lengua; el que la ama, comerá de sus frutos.* Este versículo nos muestra el poder y el potencial de las palabras que hablamos:

- Estás comiendo Hoy el fruto de lo que tus palabras pasadas han producido en tu vida.
- Comerás mañana, o en el futuro, el fruto de lo que tus palabras hoy producen en tu vida.

El Lenguaje de la Pobreza

Las personas que luchan contra la pobreza hablan el lenguaje de la pobreza.

Las personas que viven en la pobreza crean fuerzas espirituales negativas con sus palabras: ***¡Hablan de pobreza!*** Ruby Payne afirma en su libro 'Un Marco para Comprender la Pobreza': *Tienes que cambiar tu mentalidad. Tienes que cambiar tu lenguaje, porque la pobreza tiene un lenguaje.*

Las personas que viven en la pobreza hacen declaraciones como:

- *Nunca me funciona. Nunca puedo avanzar. El juego está amañado. Sólo tengo mala suerte.*

- *No tengo las habilidades, la educación, las oportunidades. Toda mi familia parece seguir siendo pobre.*

Nuestras palabras tienen el poder de bloquear las bendiciones que Dios quiere darnos. ***Números 14:28*** *Diles: Vivo yo, dice Jehová, que según habéis hablado a mis oídos, así haré yo con vosotros.* ***Salmo 78:41 RVC*** *¡Una y otra vez ponían a prueba a Dios! ¡Provocaban al Santo de Israel!*

La Ley de la Atracción: ¡La pobreza tiene una dimensión sobrenatural! *¿Por qué las personas en situación de pobreza a menudo continúan en la pobreza año tras año?* La razón es más que matemáticas, es más que educación, es más que oportunidades; ¡La pobreza es sobrenatural!

Existe un principio en la vida llamado la ley de la atracción. El principio expresado simplemente dice: "***lo semejante atrae a lo semejante.***" Si alguna vez has jugado con imanes, sabes que un imán hecho de metal no atrae madera, goma ni plástico; atrae metal. ***¡Lo semejante atrae lo semejante!*** Esto es cierto en la vida en el ámbito del dinero y la pobreza debido al poder de la fe y la incredulidad. El principio bíblico de que lo similar atrae lo similar puede resumirse como: **Lo que esperas, atraes.**
Juan 5:6-7 NCV *Cuando Jesús vio al hombre y sabía que había estado enfermo durante tanto tiempo, le preguntó: "¿Quieres ser sano?" 7 El hombre enfermo respondió: "Señor, no tengo a nadie que me ayude a entrar en el estanque cuando el agua se agita. Mientras llego al agua, siempre hay alguien que entra antes que yo."* El hombre que estaba enfermo dijo, "*¡Lo sabía! ¡Eso siempre me pasa a mí! Justo lo que esperaba.*"

El principio de atracción es cierto en el ámbito del dinero y la pobreza. Los que piensan en la pobreza, esperan pobreza y hablan de pobreza desencadenan fuerzas espirituales negativas en su vida. Estas fuerzas espirituales abren la puerta y atraen fuerzas negativas que afectan a nuestro dinero. ***Mateo 9:29 RVC*** *Entonces les tocó los ojos, y les dijo: Que se haga con ustedes conforme a su fe.* Conforme...en línea con tu fe: Esto es tanto positivo como negativo

- Si crees en la bendición, en la ayuda, en la provisión, en milagros y abundancia, ¡eso es lo que te vendrá!
- Si crees en la pobreza, en la adversidad y la lucha, ¡eso es lo que te espera!

Esto es más que datos matemáticos; es una dimensión sobrenatural. En las personas que están maldecidas, la puerta de sus vidas está abierta debido al pecado y la desobediencia, ya sea por tu pecado y desobediencia, o el de tus antepasados.

Esto también se debe a nuestra incredulidad. ***Gálatas 6:7 NVI*** *No te dejes engañar: de Dios nadie se burla. Cada uno cosecha lo que siembra.* Si siembras pensamientos, expectativas y palabras de pobreza, ¡ESO es lo que cosecharemos! Alguien dijo: "Nadie ha ido nunca al asilo de pobres sin haberse ganado ese destino por su propia actitud mental de pobre."

Así que, si estas cosas son verdad: ***¡Tenemos que lidiar con nuestra mentalidad y nuestras palabras!*** Si nos arrepentimos de nuestra falsa mentalidad sobre la pobreza y de las palabras que hemos hablado contra nuestra prosperidad, Dios es misericordioso y nos ayudará. Entonces podremos creer en Dios y pronunciar palabras de fe y provisión. Esto hará que el principio de atracción se cambie para nuestro beneficio y bendición.

El pastor Chris Plummer cuenta acerca de un converso en Dili, Timor Leste, a quien Dios liberó de la pobreza. Paulus era un joven converso en Dili, Timor-Leste, cuando llegamos como misioneros. No ganaba nada de dinero. Vivía con unos amigos de la iglesia que también estaban en una pobreza extrema, bebiendo agua de un pozo exterior y viviendo de arroz que un amigo compraba para su casa cada mes. En ese entonces él decía: *"A veces podemos conseguir un poco de aceite o algo de sal para acompañar el arroz, ¡y entonces nos emocionamos por comer!"*

Poco después, enseñé sobre presupuesto, y Paulus se me acercó para decirme que Dios le había movido a diezmar, así que necesitaba encontrar un trabajo para poder diezmar. Más tarde supe que pidió prestados 50 dólares a otro discípulo, compró algunos productos y preparó sopa de *frijoles* que vendía. Se convirtió en un pequeño negocio exitoso. Le dijo a su arrendador que su negocio estaba bendecido porque honraba a Dios.

El ingreso promedio nacional era de 150 dólares al mes. En menos de un año, Paulus estaba empleando a 7 trabajadores, pagándoles unos 240 dólares al mes y llevándose a casa unos 1000 dólares al mes. Paulus ahora es pastor.

Transformados en la vida y las finanzas

Oliver y Brenda Brown

Nací en completa pobreza en Honduras. Después de venir a Estados Unidos con 4 años, mi infancia fue traumática y llena de abusos. Desde joven, me involucré en las bandas y el crimen. Fui salvo de manera radical a los 19 años y entregué mi vida a Jesús. Inmediatamente conseguí un trabajo en un restaurante de comida rápida para ganar dinero honestamente.

Escuché predicaciones sobre el diezmo y la generosidad, y empecé a obedecer a Dios con mi pequeño salario. Como nuevo converso, apenas estaba sobreviviendo, viviendo de nómina en nómina. Sin embargo, estaba emocionado de estar salvo y daba fielmente. Un hombre me ofreció un trabajo como obrero de la construcción. Fue el peor trabajo que he tenido. Pero aprendí a leer planos y, a los 25 años, obtuve mi licencia de contratista.

Me casé y tuve hijos, y financieramente, las cosas siempre estuvieron difíciles. Pero nos mantuvimos dando con fidelidad. Con el paso de los años, le pregunté a Dios: "¿Por qué todo está tan ajustado? ¿Por qué no puedo prosperar"? Dios me mostró que, aunque era fiel al dar, me faltaba disciplina y habilidades en mi vida que me mantenían en la mentalidad de pobreza en la que crecí. Tuve que arrepentirme y cambiar todo mi proceso de pensamiento. Me mostró que tenía que ser un buen administrador con lo poco que me daba para poder recibir más.

Empecé un negocio de construcción y estaba decidido a construirlo sobre los principios de Dios. Entonces Dios empezó a darme favor y empecé a conseguir contratos. Pasé de tener 3 empleados a unos 40 en dos meses. Durante el año y medio siguiente, prosperé enormemente. Aun así, empecé a tener dificultades en mi caminar con Dios porque me consumí con los negocios y el dinero. Seguía siendo fiel en diezmar y dar, pero no tenía ni idea de lo que hacía en los negocios ni de cómo manejar el dinero que conllevaba. El dinero se estaba convirtiendo en una piedra de tropiezo.

En 2020, un contratista para el que trabajaba dejó de pagarme una gran suma de dinero. Eso me puso en una situación horrible hasta el punto de estar al borde de la bancarrota. Otro contratista para el que trabajaba tuvo que pagar para terminar una casa que yo había empezado porque yo no tenía dinero. Le costó 32.000 dólares. Pero Dios me ayudó dándome algunos pequeños trabajos, y pude devolver el dinero en 3 meses. Resultó ser una bendición porque mostró a los demás que estaba dispuesto a hacer lo correcto, sin importar el costo. Ese mismo contratista ahora me utiliza para el 75% de sus trabajos. Durante los últimos 5 años, he construido más de 25 casas personalizadas de alta gama y me he convertido en un contratista muy conocido en la zona gracias a mi integridad en los negocios.

Más allá del lado empresarial, enderecé mi corazón y aprendí a mejorar mi capacidad financiera. Dios me dio el entendimiento de que este dinero no me pertenece; le pertenece a Él. Con ese entendimiento, empecé a tomarme el dinero en serio; El dinero se ha vuelto algo espiritual para mí. Pasé de ganar 75.000 dólares al año a unos 2,5 millones al año. Mi propósito y meta es ser una bendición para mi pastor, la iglesia y la comunidad. Dios me ha bendecido para que pueda traer ese río de dinero que fluye hacia Su Reino. Me recuerdo a mí mismo que esto fue obra de Dios y que me fue dado con un solo propósito: promover el Evangelio de Jesucristo.

Milagro del Diezmo - *Joe Martin*

Llevaba tres años en nuestro compañerismo. Aun así, no iba a la iglesia ni había entregado mi vida a DIOS hasta que acabé en el hospital el 22 de diciembre de 2022 por una aorta rota. Los médicos no pudieron explicar cómo sobreviví. Fue allí, en el hospital, donde un pastor del compañerismo vino a orar por mí y puso sus manos sobre mí, y fue entonces cuando decidí entregar mi vida a DIOS. Me dieron el alta el 4 de enero de 2023 y el domingo siguiente fui a mi primer servicio. Estaba ahí cuando oí hablar por primera vez del diezmo y de confiar en DIOS en tus finanzas. Aunque reacios, mi esposa y yo decidimos empezar a dar el diezmo. En abril de 2023, recibí una factura médica de 309.281,25 dólares, con el primer pago de 35.000 dólares con vencimiento el 25 de abril de 2023. En ese momento, mi esposa y yo estábamos incrédulos porque no había forma de que pudiéramos pagar esa cantidad. Después de todas las razones que se nos ocurrieron para no pagar, finalmente decidimos acudir a DIOS en oración y confianza. A la mañana siguiente, llamamos al servicio de atención al cliente para acordar un plan de pagos que pudiéramos permitirnos. Al explicarle la situación a la representante, me pidió mi número de cuenta. Luego me explicó que mi cuenta tenía saldo cero y que un donante anónimo había pagado la cantidad total. Empezamos a dar toda la gloria y las gracias a DIOS allí mismo, en nuestra cocina. Mi esposa y yo estamos completamente involucrados en nuestra iglesia local, sirviendo a Dios y agradeciéndole por su bondad.

Capítulo 6: Decisiones Financieras Equivocadas Parte 1

Las deudas son como los niños: concebidos con placer, pero criados con dolor.
Jean-Baptiste Poquelin Moliere

El hábito de endeudarse es el hermano gemelo de la pobreza.
Theodore Munger

En un trágico incidente en Gujarat, India, tres miembros de una familia murieron por suicidio debido a la gran carga de deudas y la presión de los acreedores. Una nota de suicidio mencionaba su dificultad financiera y el acoso persistente por parte de prestamistas.

Se ha demostrado que la deuda financiera aumenta el riesgo de ansiedad, depresión y pensamientos suicidas. El estrés causado por las cargas financieras también puede agravar condiciones de salud mental ya existentes. Las dificultades económicas hacen que aumente la probabilidad de suicidio porque la preocupación por el dinero puede causar niveles extremos de estrés, así como otros tipos de angustia emocional. Experimentar una crisis financiera, un bajo estatus socioeconómico o la presión de facturas que no puedes pagar puede también afectar negativamente la autoestima o producir sensación de impotencia, lo que puede aumentar la probabilidad de suicidio.

Limpieza Financiera

Si queremos que crezcan cosas buenas, primero debemos entender que no se puede plantar buena semilla en un suelo lleno de malas hierbas. La maleza impedirá que la buena semilla produzca algo bueno, así que debemos eliminar las malas hierbas antes de poder tener una buena cosecha.

Esto es cierto cuando se considera el tema de la prosperidad: Si estamos tomando decisiones financieras equivocadas que nos impiden prosperar, primero debemos hacer una pequeña limpieza financiera para preparar el terreno de nuestras vidas para la prosperidad.

En este capítulo, consideraremos uno de los obstáculos más significativos para la prosperidad: ***Deuda personal.***

Decisiones y Deuda

Es importante entender que la pobreza no es solo no tener suficiente dinero: la insuficiencia suele ser el resultado de malas decisiones. *(Por favor, ten esto en cuenta: no me refiero a quienes caen en la pobreza por una crisis, como una enfermedad que genera deudas médicas, un accidente que impide a alguien trabajar, o la muerte de un cónyuge o padre, etc.)* Si queremos entrar en la prosperidad, necesitamos analizar las raíces de las decisiones financieras equivocadas.

La pobreza implica la incapacidad de tomar decisiones correctas. A menudo, las personas que viven en la pobreza toman decisiones financieras insensatas.

Hacen compras tontas. *¡Si ya tienes problemas para pagar el alquiler, no es buen momento para comprar zapatos nuevos, una cartera, un móvil, una computadora, un auto o un barco!* A veces, en seguida que son bendecidos con algo de dinero o avanzan un poco financieramente, hacen algo insensato. La gente arruina sus propias finanzas de diversas maneras:

Pierden su dinero en estafas intentando ganar mucho dinero rápidamente. Si recibes un correo electrónico de alguien en África que necesita depositar 10 millones de dólares en tu cuenta, y solo necesitan tus datos de cuenta, ¡NO LO HAGAS! ¡Es una estafa!

Renuncian a trabajos porque están aburridos o tienen algun conflicto, sin tener otro trabajo al que ir primero.

Un espíritu de pobreza actúa en una persona, nublando el juicio y dificultando la toma de decisiones correctas. Es una fuerza espiritual que busca atrapar a quienes aún no están en la pobreza y evitar que la gente tome buenas decisiones, ¡para que sigan siendo pobres!

La pobreza y la prosperidad no son solamente cuánto dinero ganas. Algunas personas piensan de forma simplista: *"Si ganara más dinero, no sería pobre."* Pero la verdad es que *puedes ganar mucho dinero y ¡aun así estar bajo maldición!* He leído varios artículos sobre personas que tienen buenos ingresos pero les cuesta llegar a fin de mes. En un artículo, una pareja que tiene un ingreso combinado de 212.000 dólares al año ahora tiene dificultades para pagar sus facturas tras comprar su enorme 'casa de sus sueños. En otro artículo, una pareja que gana 20.000 dólares al mes (240.000 dólares al año) dice que todavía les cuesta llegar a fin de mes, porque a medida que aumentaban sus ingresos, gastaban más. Dicen que el problema es que *"ahora nuestras cuentas son más altas que cuando ganábamos menos dinero."* El Banco de la Reserva Federal de Filadelfia hizo una encuesta a quienes ganan 100.000 dólares o más al año. Más de un tercio de ellos afirman *que "les preocupa llegar a fin de mes en los próximos seis meses."*

Los que creen en el socialismo piensan que la respuesta a la pobreza es la redistribución de ingresos. Dicen: *"Si le quitamos dinero a los ricos y se lo damos a los pobres, ¡no habría pobreza!"* Pero esto es incorrecto, porque no toma en cuenta las dimensiones espirituales de la pobreza. Ha habido muchos casos en los que se han entregado sumas relativamente grandes de dinero a personas que viven en áreas de gran pobreza. Sin embargo, más tarde se descubrió que esto no sacaba a la gente de la pobreza porque no cambiaban su manera de pensar ni sus malas decisiones de gasto. En poco tiempo, todo el dinero se había acabado.

Lamentablemente, a menos que cambien las actitudes del corazón y los patrones de pensamiento destructivos, aun si tomaras todo el dinero de los ricos y se lo dieras a los pobres, no tardaría mucho tiempo antes de que los pobres volvieran a ser pobres y los ricos, de nuevo ricos.

La pobreza continúa en quienes no entienden cómo funciona el dinero

La Biblia dice que la ignorancia trae destrucción.

Oseas 4:6 NBLA *Mi pueblo es destruido por falta de conocimiento.*

Ese principio también es cierto en el dinero. ¡No entender cómo funciona el dinero te perjudicará! Un banquero dijo una vez:

> *Gente que no entiende los intereses – los pagan; aquellos que sí lo entienden, lo ganan.*

Algunos de los mayores errores de la pobreza tienen que ver con **la deuda**. *Definición: Cualquier dinero que se debe a alguien por cualquier cosa.*

La deuda es **pedir dinero prestado para comprar algo.** ¡La razón principal por la que pedimos dinero prestado es que no lo tenemos!

Fuentes de préstamo: La gente pide prestado de todo tipo de fuentes.

- Algunos pagan las compras con tarjetas de crédito.
- Algunos piden préstamos a bancos.
- Algunos consiguen un préstamo para vehículo a través de un concesionario de autos.
- Algunos recurren a préstamos con garantía de intereses altos *(usando su vehículo como garantía).*
- Algunos solicitan préstamos rápidos *(préstamos a corto plazo y de alto costo que permiten a los prestamistas acceder a tu cuenta bancaria para cobrar la cantidad total).*
- Algunos piden dinero prestado a amigos, familiares o empleadores.
- En casos extremos, algunos piden dinero prestado a usureros (criminales).

Razones para pedir prestado: Las personas piden dinero por varios motivos.

Pedir prestado para las necesidades básicas de la vida: A veces las personas piden prestado (o usan una tarjeta de crédito) para pagar cosas esenciales sin las cuales no pueden vivir. Esto incluye comida, transporte, ropa, gastos médicos, entre otros gastos. Pedir prestado para las necesidades básicas de la vida no es la voluntad de Dios: *¡Dios quiere que prosperes para que puedas pagar las necesidades básicas de la vida!* **Mateo 6:31-32** *"Por lo tanto, no os angustiéis, pues, diciendo: "¿Qué comeremos, o qué beberemos, o qué vestiremos?", 32 porque los gentiles se angustian por todas estas cosas, pero vuestro Padre celestial sabe que tenéis necesidad de todas ellas.*

Pedir prestado para cosas que no tienen utilidad: Algunas de las cosas que pedimos prestadas solo sirven para ese momento. Supongamos que pides prestado para cenar en un restaurante: la buena comida desaparece en cuanto terminas de comer (aunque luego puedas encontrarla en tu cintura). Pedir prestado para experiencias o vacaciones no nos sirve de nada después, excepto para los recuerdos.

Pedir prestado para cosas que tienen poca utilidad: La gente elige pedir prestado o pagar con tarjetas de crédito para comprar muchos regalos de Navidad. Los padres que hacen esto deben darse cuenta de que están pidiendo prestado para comprar cosas que se romperán, se perderán o serán ignoradas por aburrimiento, ¡en cuestión de días! Mucho después de cualquier alegría que haya venido al pedir prestado para una experiencia navideña, las cuentas seguirán teniendo que pagarse.

Pedir prestado para cosas con una vida útil limitada: Muchas de las cosas que decidimos comprar están diseñadas para no durar. Podemos pedir prestado para comprar ropa nueva que se gastará o pasará de moda rápidamente. Aparatos electrónicos como los teléfonos móviles y los ordenadores pronto quedan obsoletos y desechados. Incluso los vehículos, que tienen mayor utilidad, se desgastan... a veces antes de que terminemos de pagarlos.

El Costo de la Deuda

A la gente le gusta comprar a crédito porque el crédito nos permite vivir más allá de nuestros ingresos o ahorros. El problema es que muchas personas no entienden el verdadero costo del crédito. La definición de crédito: ***Alguien te presta dinero, pero debes devolverlo con intereses.*** Se estima que el 43% de todas las familias estadounidenses gastan más de lo que ganan cada año. La mayoría piensa que poder cargar la tarjeta o pedir prestado es muy útil. Podemos dar razones por las que vemos el crédito de manera favorable, tales como:

Es muy conveniente: Un antiguo eslogan publicitario, creado originalmente por el Banco Nacional Franklin en 1951 para promocionar la primera tarjeta de crédito del mundo, ha entrado en la mente de la gente; *¡Solo cárgalo a la tarjeta!*

Nos sacó de una crisis financiera: Necesitábamos neumáticos, ropa escolar para los niños, reparaciones del auto, pero no teníamos dinero – sin embargo pudimos conseguir todo eso de todos modos.

Pudimos obtener lo que queríamos sin esperar: Esta es la mayor razón por la que a la gente le gusta el crédito; lo quería, pero no tenía dinero, y no quería esperar para tenerlo, ¡así que lo cargué a la tarjeta!

Pero una comprensión más básica del dinero es: **La deuda no es tu amiga, ¡es tu enemiga**! Tengo que hacer una pausa aquí. Cada vez que hablo de los verdaderos costos y peligros de la deuda, hay gente que dice: *"Pero yo gano dinero a través de la deuda, así que la deuda es buena."* No me refiero a **deudas que generen dinero**: es posible comprar una propiedad a crédito y alquilarla. (como una casa, dúplex, tríplex, edificio de apartamentos, etc.). En ese caso, tu deuda genera ingresos por renta. Con suerte, los ingresos del alquiler pagan la deuda y el inmueble aumente de valor con el tiempo. Si esto se hace correctamente, los ingresos deberían superar el pago.

También debo aclarar que no hablo de una hipoteca o préstamo de vivienda asequible. Necesitas vivir en algún sitio, así que si puedes comprar una casa y pagar algo parecido a lo que pagarías de alquiler, no creo que eso estaría mal, de hecho, eso es útil. Pero la clave para saber si es sabio o insensato depende de ejercer sabiduría (haz los cálculos) y autocontrol al comprar una casa. Anteriormente en este capítulo, hablé de una pareja que estaba bajo presión financiera porque compraron su "casa soñada" y ahora están pasando por dificultades económicas. Aparentemente, gastaron más en la casa de lo que podían permitirse.

La Maldición de la Deuda

La Biblia habla de la deuda como una maldición: *Algo que te trae problemas o mal sobre ti.*

Deuteronomio 28:44-45 NVS *Los extranjeros te prestarán dinero, pero tú no podrás prestárselos. Serán como la cabeza, y tú serás como la cola. 45 Todas estas maldiciones caerán sobre ti. Te perseguirán, te atraparán y te destruirán, porque no obedeciste al Señor tu Dios ni cumpliste los mandamientos y leyes que Él te dio.*

¡La Biblia habla de la deuda en este versículo como una maldición relacionada con tus enemigos! Al enemigo de tu alma le encanta cuando los cristianos se endeudan, porque entiende cómo la deuda afecta negativamente la vida de las personas. Así que veamos el verdadero costo de la deuda y por qué se convierte en una maldición:

Lección sobre deudas #1: ¡La Deuda es cara! Uno de los problemas más significativos de las personas endeudadas es que nunca han hecho las cuentas ni han calculado el costo real de pedir prestado con intereses. Pongamos algunos ejemplos matemáticos de la deuda para ayudarnos a entender su costo actual.

Primero, vamos a ver un ejemplo de préstamo simple, que significa pedir prestado sin intereses.

Si pides prestados 2000 dólares y los pagas en pagos de 40 dólares al mes: *Tardará 50 meses en pagar el préstamo por completo. Eso significa que tardarás 4 años y 2 meses en pagarlo.*

Si añadieras un 20% de interés simple (eso significa un porcentaje sobre la cantidad total): *Un interés del 20% añadiría = 400 dólares en intereses. Con un pago mensual de 40 dólares, los 400 dólares adicionales tardarán 10 meses adicionales en pagar la cantidad total. Así que ahora tardaremos 5 años en total (60 meses) en pagar 2400 dólares.*

Si usas tarjetas de crédito para realizar compras: El promedio de interés de las tarjetas de crédito es del 21,39 % TPA (Tasa Porcentual Anual). Con las tarjetas de crédito, pagas lo principal (la cantidad prestada) más los intereses (las comisiones que se cobran por prestarte dinero). Pero en realidad pagas intereses compuestos: *Eso significa que pagas el costo de la compra + intereses + intereses sobre los intereses: ¡Se multiplica cada mes!*

Si cargas a una tarjeta de crédito 2000 dólares al 20% de interés (por ejemplo – para comprar un sofá nuevo): Si no añades ninguna otra deuda – y haces el pago mínimo de 40 dólares al mes, te llevará **9** años para pagarlo por completo. Pagarás **4,336.04** dólares al final. **¡Más del doble costo original!**

Comparemos estos diferentes escenarios lado a lado:

Cantidad Inicial	Tasa de Interés	Pago Mensual	Plazo de Pago	Pago Total
$2,000	0 *(Deuda Simple)*	$40	4 años, 2meses	$2,000
$2,000	20% *(Interés Simple)*	$40	5 años	$2,400
$2,000	20% *(Interés Comp.)*	$40	9 años	$4,336

Pero la deuda es una trampa aun mayor: Ese sofá se desgastará mucho antes de los 9 años, ¡y necesitarás otro! Así que probablemente tendrás que hacer un nuevo cargo para comprar un sofá nuevo, ¡antes de que el sofá viejo esté pago! La TPA (Tasa Porcentual Anual) depende de tu puntuación de crédito: Una puntuación de crédito es la probabilidad de que pagues el dinero; Cuanto más baja sea la puntuación de crédito, más alta será la tasa de interés. Así que observa cómo una tasa de interés más alta afecta a tus pagos: Si ahora cargas 2000 dólares @ 25% de interés (en lugar del 20%): Si no añades ninguna otra deuda y haces el pago mínimo al mes; Va a tomar más de **40** años para pagarlo. Y pagarás **19.597 dólares** al final. **¡Casi 10 veces el costo original!** Puedes ver: **¡La deuda no vale la pena!**

El peor tipo de deuda es algo parecido a los préstamos de día de pago: La tasa de interés es del 391% TPA – ¡SI! Lo pagas en 2 semanas Otra opción terrible es el préstamo con título de propiedad (usando tu vehículo como garantía): la TPA es del 300%

Lección de deuda #2: La deuda no resuelve tus problemas: Las personas que se endeudan a menudo piensan: "*Solo necesito un préstamo, solo necesito usar una tarjeta de crédito para cubrir esta necesidad. ¡El préstamo solucionará mi problema!*

- Pero si hay una maldición operando: *Un préstamo nunca resolverá tus problemas financieros.*
- Si no entiendes cómo funciona el dinero: *Acabarás endeudándote más.*
- Si son cosas del corazón o emocionales las que nos están empujando a endeudarnos: *¡Entonces ninguna deuda es suficiente!*

Lección sobre deudas #3: La deuda cambia tu vida: La deuda es una obligación. *Legalmente estás obligado a hacer algo.* ***Proverbios 22:7 NVS*** *Los ricos gobiernan sobre los pobres, y los prestatarios son sirvientes de los prestamistas. (La palabra sirvientes es* *literalmente ¡esclavos!)* ¿Qué harás con tu sueldo esta semana? *¡Lo que diga tu deuda!*

La deuda exige servicio: *¡Ella controla tus decisiones!* Un hombre dijo, *"Muchos elevan su estilo de vida usando deudas, solo para descubrir que el peso de la deuda controla su estilo de vida."*

La deuda limita tus opciones:

- Me gustaría tener esto. Me gustaría vivir allí, ¡pero no puedo! La deuda determina estas opciones.
- Me gustaría dar a Dios en ofrendas, en conferencias o para el evangelismo mundial, ¡pero no puedo! Tengo que pagar mis deudas.
- Me gustaría ayudar a la gente con sus necesidades financieras: ¡Pero no puedo! Tengo que pagar mis deudas.
- Me gustaría responder al llamado de ser pastor o de ir al extranjero como misionero: Pero no puedo estar en el ministerio.

Las personas que actualmente pastorean pero están endeudadas tienen que trabajar tanto que acaba perjudicando el ministerio y su llamado.

Mateo 22:14 *...pues muchos son llamados, pero pocos son escogidos.*

La deuda puede afectar tu salvación: Algunas personas se ven obligadas a tomar decisiones financieras que perjudican su salvación. Esto puede ocurrir a través de sus trabajos: *Pueden sentir que necesitan aceptar un trabajo mejor pagado que les hace faltar a la iglesia. Puede que tengan que hacer horas extra para ayudar a pagar sus deudas. Algunos acaban trabajando en segundos o terceros empleos para intentar pagar sus deudas.*

Lección sobre deudas #4: La deuda te hace miserable. ¡La Biblia muestra que el dinero afecta nuestras emociones!

2 Reyes 4:1 NVS *La esposa de un hombre de la compañía de los profetas clamó a Eliseo: "Tu siervo mi marido ha muerto, y sabes que él adoraba al Señor. Pero ahora su acreedor viene a llevarse a mis dos hijos como esclavos."*

La deuda causa estrés. La deuda provoca falta de sueño. La deuda puede provocar enfermedades: El estrés y la preocupación liberan sustancias químicas nocivas en tu sangre que pueden causar enfermedades. En un estudio de 2014 para la Biblioteca Nacional de Medicina titulado: "El Alto Precio de la Deuda: La Deuda Financiera Familiar y su Impacto en la Salud Mental y Física", se encontró que una alta deuda relativa (deuda contra activos) está correlacionada con una mayor percepción del estrés, más depresión, peor estado de salud auto evaluado y presión arterial diastólica más alta. Los autores sostienen que la sensación de estar endeudado puede ser especialmente importante para la salud cardiovascular.

El dinero afecta nuestras relaciones: *¡El dinero suele ser la fuente principal de conflicto en el matrimonio y la causa principal de divorcio!* El estrés por las finanzas nos pone irritables, ¡lo que provoca peleas! Los padres bajo el estrés de las deudas pueden acabar desquitándose con los hijos.

Lección sobre deudas #5: La deuda bloquea la bendición de Dios. Si nuestra deuda se basa en violar la sabiduría de Dios en la Biblia o en motivos equivocados en nuestro corazón: *¡Dios no está complacido!*

Mateo 6:24 *"Nadie puede servir a dos señores, porque odiará al uno y amará al otro, o estimará al uno y menospreciará al otro. No podéis servir a Dios y a las riquezas."*

¡No puedes violar los principios espirituales y esperar bendiciones espirituales! Muchas de las parábolas que contó Jesús eran sobre el dinero. Un tema común habla de sirvientes que usaron el dinero de su señor de forma imprudente. En cada una de esas parábolas, quienes usaban imprudentemente el dinero de su señor, o no recibieron la bendición que el señor quería darles, o enfrentaron juicio de su señor. Debemos asegurarnos de solucionar nuestros problemas del corazón para poder experimentar la bendición de Dios y la prosperidad.

Convirtiéndose en Buenos Administradores

Robert e Imelda Díaz

Aquí está nuestro testimonio sobre cómo Dios transformó nuestras finanzas cuando decidimos convertirnos en buenos administradores y obedecerle cuando Él nos desafió a salir de deudas, incluso cuando nuestra situación parecía abrumadora.

Mi esposa y yo nos casamos en marzo de 2006. A los pocos meses de casarnos, nos dimos cuenta de que teníamos más de 20.000 dólares de deuda. Yo trabajaba en un empleo sin futuro y mal pagado, y ella trabajaba para el Gobierno. El peso de esta carga creó más tensión en nuestro matrimonio. Cuando nos casamos, mi esposa tenía una niña de cuatro años y yo estaba tratando de ver cómo ser padre y nuevo marido, y ahora estábamos endeudados. Le dije abiertamente a mi esposa que no tenía intención de pagar esa deuda jamás, ya que la mayoría era suya, incluso algunas de su matrimonio anterior. Realmente nos sentíamos atrapados y sin esperanza.

Pero un domingo por la mañana, todo cambió. Durante el servicio de alabanzas, mientras cantábamos y levantábamos las manos hacia Dios, Dios me habló con claridad. Él dijo: *"¡Vas a encargarte de esa deuda!"* En ese momento, no estaba seguro si Dios me trataba porque yo me portaba mal con mi esposa, o porque a Dios no le gustaban las deudas. Sabía que teníamos que cambiar.

Empecé a tomar el control de nuestras finanzas. Creamos un presupuesto y dejamos de gastar de más. Mi esposa y yo hablamos de la importancia de gastar solo en lo necesario, y ella aceptó de mala gana un presupuesto de 20 dólares a la semana, aunque tenía un mejor trabajo que yo. (Todavía me da vergüenza el presupuesto que le impuse). Las cosas no mejoraron; ¡Fueron a peor! Poco después, mi esposa se enteró de que estaba embarazada y, poco después, empezó a sentirse mal y tuvo que dejar su trabajo. Le dije que no se preocupara; Yo resolvería las cosas. Fue entonces cuando Dios empezó a moverse.

Dos cosas ocurrieron casi simultáneamente. Primero, empezaron a abrirse puertas para ingresos adicionales y mayores recursos financieros, algo que antes no era posible. En segundo lugar, contacté con nuestros deudores y, sorprendentemente, estuvieron dispuestos a reducir drásticamente la cantidad total adeudada. Cuando nació mi hijo en mayo de 2007, estábamos completamente libres de deudas. También me habían ascendido a un nuevo puesto que me permitía ganar cuatro veces más ingresos que mi esposa y yo ganábamos juntos, y ahora ella puede ser madre y quedarse en casa con nuestro hijo recién nacido.

La Libertad Cambia el Matrimonio - *Doug y Anita Ponder*

He estado entrando y saliendo de deudas durante más de 30 años, principalmente entrando. Cuando mi esposa y yo nos casamos, estuvimos sin deudas durante aproximadamente un mes, y luego, durante los siguientes nueve años, estuvimos endeudados y discutíamos por dinero casi todos los días. Esta deuda puso una gran tensión en nuestro matrimonio, así que sabíamos que teníamos que hacer algo. Nos costó desarrollar y aplicar un presupuesto. En ese momento, teníamos 30.000 dólares de deuda, por el uso de tarjetas de crédito, ingresos fluctuantes y simplemente mala administración.

El pastor Chris Plummer hizo una serie sobre administración financiera. Recibimos a los Plummer en casa, y ayudaron a poner en marcha el presupuesto. El pastor oró por nosotros y rompió maldiciones. (Sentimos que algo se rompía). Utilizamos dos citas del pastor Plummer para inspirarnos y mantenernos en el buen camino: *"Vive en prosperidad en lugar de en pobreza"* y *"Sé diligente en conocer el estado de tus rebaños."*

Dios empezó a darme milagros y, por sugerencia del pastor Plummer, acudimos a un acreedor y le ofrecimos un pago. Ofrecimos menos de la mitad de lo que debíamos y lo aceptaron. En 9 meses, habíamos pagado 30.000 dólares en deudas. Luego, en los siguientes 9 meses, ¡ahorramos 30.000 dólares! ¡Usamos eso como depósito para comprar una casa!

Algunos de los beneficios de salir de deudas:

- No más discusiones sobre dinero.
- No más discusiones sobre dinero!!
- Se abrieron oportunidades para ministerio.
- Favor con pastores, personas en la iglesia y favor en el trabajo.
- Relaciones nuevas y más profundas
- Me convertí en líder de estudio bíblico, edifiqué las bases y luego me enviaron a predicar. Todo esto ocurrió muy rápido, pero todo después de salir de deudas.
- Personas con las que normalmente teníamos relaciones limitadas en la iglesia se hicieron buenos amigos.
- Hemos entrado en nuevas posibilidades financieras.
- Comenzamos a vivir en prosperidad.
- Recibimos una parte de una herencia. Ese dinero fue directamente a nuestra hipoteca.

Provisión Inesperada - *Jack y Niccolene Mefford*

En mayo de 2025, quedó claro que dejaría mi trabajo en junio. Mi jefe había sido despedido unos meses antes y mi puesto estaba siendo eliminado. Aunque hice una entrevista para otro puesto recién creado en la misma organización, pero no lo conseguí. Mi esposa y yo, junto con nuestros cinco hijos, teníamos siete años como pioneros en ese momento. Fue una época de dificultades financieras. Cuando dejamos nuestra iglesia madre para ser pioneros, acepté una reducción de sueldo y, en los últimos siete años, fueron raros los meses que no terminábamos con deudas. Habíamos conseguido mantenernos a flote por varios medios, pero siempre era una lucha y una ansiedad persistente. Para la primavera de 2025, teníamos unos 35.000 dólares en deuda de tarjetas de crédito y un préstamo hipotecario con garantía hipotecaria al límite (segunda hipoteca) de 100.000 dólares. Empecé a buscar trabajo, pero al llegar el mes de julio seguía sin encontrar nada a pesar de haber completado varias solicitudes y entrevistas.

Durante esos meses, hablé con frecuencia con mi pastor. Durante una conversación, entre otros temas, sintió que necesitábamos un avance financiero. Dijo que necesitábamos ordenar la liberación de la provisión financiera y mencionó un sermón del pastor Greg Mitchell que había visto recientemente en línea. Oramos juntos por teléfono y reclamamos la provisión de Dios para nuestra familia, la iglesia y el llamado. Esa noche de domingo, nuestra familia vio el sermón del pastor Greg sobre el avance financiero y oramos.

La semana siguiente, nos reunimos con un agente inmobiliario para hablar de vender nuestra casa y posiblemente mudarnos de nuevo a nuestra iglesia madre. Una hora después de esa reunión, mi esposa recibió un correo electrónico para crear un "portal de pagos". No teníamos ni idea de a qué se refería. Tras investigarlo, nos sorprendió descubrir que la empresa farmacéutica que el padre de mi esposa había fundado años atrás estaba siendo adquirida por el gigante farmacéutico Eli Lilly por 1.000 millones de dólares, y que estaban pagando dividendos a todos los accionistas. El padre de mi esposa había fallecido nueve años antes, y como parte de su herencia, ella había recibido parte de esas acciones. Hasta la adquisición, no valía nada, y prácticamente habíamos olvidado que las teníamos. Dos semanas después de ese correo, recibimos casi 700.000 dólares en dividendos de las acciones de su padre, más que suficientes para saldar todas nuestras deudas y darme tiempo para seguir buscando trabajo y encontrar la dirección de Dios en esta nueva etapa de nuestras vidas. En septiembre, ya estaba empleado a tiempo completo y seguimos pastoreando nuestra iglesia pionera.

Nuestro Dios Fiel - *Brandon y Elizabeth Kwesiga*

Me salve en la Casa del Alfarero en Wandsworth, Inglaterra. Mi infancia fue dura. El crimen era normal. Crecí en ese barrio del sur de Londres donde se entierran amigos por guerras de códigos postales. Cuando le entregué mi vida a Cristo, era un joven típico de mi zona, atrapado en un trabajo sin futuro y tomando decisiones que solo llevaban a la cárcel o a un ataúd.

Cuando me salvé, me tomó un tiempo empezar a dar con fidelidad. El diezmo era una batalla personal. Pero una vez que me rendí en ese ámbito, mis finanzas se convirtieron en un torrente de milagros. El primero llegó rápido: Yo era consultor de ventas junior, el puesto más bajo en una empresa de baños, pero me ascendieron a gerente de sucursal, saltándose varios puestos sin que yo siquiera solicitara plaza. Y por un fallo de informática, me pagaban el sueldo más alto para ese puesto, igual que los empleados con más de 10 años de experiencia.

Al mismo tiempo, oraba por el matrimonio. De repente, el banco me envió un reembolso de unas 2,000 libras. Usé ese dinero para comprar el anillo de compromiso y cubrir algunos gastos de la boda. Después de 18 meses de matrimonio, respondimos al llamado para ser pioneros en nuestra primera iglesia.

En ese momento, me despidieron. Oré y sentí que Dios me decía que no solicitara un trabajo y que Él proveería. No tenía sentido, pero obedecí. Pasaron dos meses. Los ahorros se estaban acabando. Estaba nervioso pero seguía creyendo. Luego el banco volvió a contactarme y me dijo que me debía la cantidad que habría ganado si hubiera seguido empleado.

Poco después, me llamaron para una entrevista y me ofrecieron un trabajo con un auto de la empresa. Más tarde, descubrí que mi antigua jefa sabía que fui despedido y había contactado a todos sus contactos empresariales para contarles sobre mí. Yo ni lo sabía.

Durante ese trabajo, mi esposa y yo estábamos pionando, y ahora, con tres hijos, necesitábamos más ingresos. Oré de nuevo. Poco después, el director general de una empresa de informática, un incrédulo completo, tuvo un sueño real después de conocerme. Dijo que me veía liderando su empresa y veía una bendición en mi vida. Me ofreció el doble de mi salario y un trabajo al instante, sin entrevista.

El siguiente trabajo volvió a duplicar mi salario. Luego me convertí en líder en la mayor empresa de Europa en mi sector. Mi esposa y yo también dirigíamos un par de negocios, pero nos estaban agotando el tiempo y nos alejaban del ministerio. Ella me desafío a darle prioridad el reino por encima de la comodidad que esos negocios nos daban. Los cerramos.

A finales del año pasado, el mercado cambió y perdí mi trabajo. La misma convicción volvió a invadir mi corazón: no solicites un trabajo y confía en Dios. Esta vez fue más difícil. Tenía entre treinta y tantos años, cuatro hijos y grandes responsabilidades económicas. Pero obedecí. El mismo mes en que mis ahorros estaban a punto de agotarse, me ofrecieron un puesto de Director General supervisando varios negocios, con la libertad de mantener mi iglesia en primer lugar y un salario alto de seis cifras.

Fui salvo a los 20 años en Wandsworth, como padre soltero endeudado. Desde entonces, he sido pionero en dos iglesias, he servido a mi iglesia madre como pastor asistente, me he convertido en una de las figuras más reconocidas de mi industria y ahora lidero mi segunda iglesia. Por las decisiones que tomé antes de la salvación, debería estar muerto o en prisión. Pero Dios ha sido fiel en cada paso del camino.

Capítulo 7: Decisiones Financieras Equivocadas Parte 2

Adquirir deudas es agradable, pero pagarlas no lo es.
Ogden Nash

La deuda es normal. Sé raro.
Dave Ramsey

Un hombre con más de 70.000 dólares de deuda clamó a Dios por un milagro y por la sabiduría para saber cómo salir de la deuda. Dios sí le ayudó a salir de deudas gracias a varios milagros, pero me gusta lo que dice sobre el cambio que ha provocado en su vida. Dijo: "Mi viaje desde la desesperación financiera hasta la provisión de Dios me enseñó lecciones más allá de la administración del dinero. El camino de tres años en el desierto desde el ahogamiento en deudas hasta la libertad financiera cambió nuestras cuentas bancarias y nuestra relación con Dios."

Las Raíces de la Deuda

Es fundamental entender la raíz de la deuda. Debes poder responder a esta pregunta por ti mismo: ***¿Cómo te endeudaste?*** Si no entiendes cómo o por qué te endeudaste, ¡cualquier solución será temporal! *Leí sobre una pareja que tenía una deuda de tarjeta de crédito de 40.000 dólares. Pudieron pagarla, pero ahora están pagando su segunda ronda de deuda de 40.000 dólares.*

Nuestro problema no es cuánto dinero tenemos o ganamos. **¡La cura para la deuda no es más dinero!** Hay un viejo dicho: *Más dinero entra, más dinero sale.* Debes entender un peligro sencillo de ganar más dinero: cuanto más ganas, más deudas calificas. Esto es cierto porque el crédito se basa en tu nivel de ingresos. Así que si ganas más ingresos, en lugar de tener dos tarjetas de crédito con un límite total de 2.000 dólares, ahora podrás tener 15 tarjetas de crédito con un límite total de 40.000 dólares. Cuando la gente gana más dinero, se engaña pensando que puede tener muchas más cosas, y que puede tener otras más caras. ¿Qué es lo primero que hace la gente cuando consigue un trabajo bien remunerado? ¡Compran cosas! ¡Piden prestado para comprar cosas! ¡Compran cosas con tarjetas de crédito! La deuda tiene raíces: eso significa que es un producto de cosas que actúan dentro de las personas.

Raíz de la deuda #1: Ignorancia financiera. (Esto es lo que discutimos en el capítulo anterior.) Si no entendemos cómo funcionan los intereses, podemos caer fácilmente en deudas. Las tarjetas de crédito usan intereses compuestos, así que lo que debes no solo crece, sino que se multiplica.

Raíz de la deuda #2: Pensamiento mágico. Aparentemente, algunas personas deben creer en un hada de la deuda con una varita mágica, porque piensan vagamente: *"¡De alguna manera pagaremos nuestra deuda!"* Pero en realidad no tienen un plan para lograr ese objetivo.

Proverbios 28:19 NVT *El que se esfuerza en su trabajo tiene comida en abundancia, pero el que persigue fantasías termina en la pobreza.* Conocí a una familia que esperaba una herencia, así que se endeudaron. Ellos dijeron: "Está bien, lo pagaremos cuando nos den la herencia del abuelo." Pero más tarde, alguien más de la familia hizo que el abuelo cambiara el testamento, así que no recibieron nada, ¡pero aún tenían la deuda!

Cualquiera que no tenga un plan o estrategia real para salir de deudas suele seguir añadiendo deudas. ***Gálatas 6:7 NVT*** *No se* *dejen engañar: nadie puede burlarse de la justicia de Dios. Siempre se cosecha lo que se siembra.*

El Corazón de la Deuda

La Biblia enseña que la deuda es un asunto del corazón. No es solo un tema de matemáticas. No es solo un problema de ingresos o costes. Las decisiones y acciones de nuestras vidas fluyen desde el corazón. ***Proverbios 4:23 NVT*** *Sobre todas las cosas cuida tu corazón, porque este determina el rumbo de tu vida.* Esto significa que todo lo que hay en nuestro corazón determina cómo vemos las cosas y determina nuestras decisiones. Debemos entender que la deuda no es el problema; Es un síntoma del verdadero problema en nuestro corazón. Veamos algunos problemas del corazón que afectan a la deuda.

El corazón del orgullo: La Biblia nos dice que nuestra batalla constante, y el enemigo de los creyentes, es el mundo. Cuando la Biblia habla "del mundo", se define como "La sociedad organizada sin Dios." El mundo tiene que ver con los valores y prioridades de las personas no salvas: *Lo qué es importante o valioso para los no creyentes.* ***1 Juan 2:15-16 NVT*** *No amen a este mundo ni las cosas que les ofrece, porque cuando aman al mundo no tienen el amor del Padre en ustedes. 16 Pues el mundo solo ofrece un intenso deseo por el placer físico, un deseo insaciable por todo lo que vemos, y el orgullo de nuestros logros y posesiones. Nada de eso proviene del Padre, sino que viene del mundo.* Estamos constantemente expuestos a los valores del mundo a través de la publicidad y los medios de comunicación. Nos traen una avalancha constante de imágenes y mensajes. El mensaje constante del mundo es que tu valor y tu importancia dependen del dinero y las posesiones: *Lo que tenemos, lo que vestimos, lo que conducimos y dónde vivimos determinan nuestro valor.* Nos dicen qué es lo que está bien, lo que es aceptable y lo que está de moda. El objetivo de la publicidad es decirnos lo que simplemente debemos tener. Su objetivo es despertar un deseo dentro de nosotros para que finalmente lleguemos a la conclusión: "*¡Lo necesito!*"

Debido a mensajes mundanos, la gente compra cosas creyendo que están comprando valor, estatus, aprobación o amor. Por eso la gente está obsesionada con las marcas famosas. No quieren simplemente una prenda que les quede bien, o una cartera o bolso funcional; ¡quieren una marca famosa claramente estampada en ella porque quieren que los demás vean que tienen valor como seres humanos! El viejo dicho habla de esta tendencia:

Compramos cosas que no necesitamos, con dinero que no tenemos, para impresionar a la gente que no nos gusta.

El pastor Adam Porter solía trabajar en una tienda de Louis Vuitton en la isla de Guam. Cuenta sobre turistas japoneses que solían venir a comprar muchos productos de Louis Vuitton, y cómo algunos empezaban a llorar al darse cuenta de que ya no había espacio en sus tarjetas de crédito para comprar otra cosa. No estaban comprando un bolso ni una cartera, *¡estaban comprando autoestima!*

Personas a las que otros han rechazado en el pasado se les transmite el mensaje de que no tienen valor o que valen menos. Las personas rechazadas son especialmente susceptibles a la tendencia equivocada de intentar comprar valor interior. Así que se sienten tentados a usar el dinero como medicina: *Comprando cosas para intentar sanar una emoción negativa en su interior.* Las personas rechazadas a veces compran cosas para intentar generar una sensación de valor. Se equivocan en pensar que ropa, zapatos, bolsos, joyas o vehículos valiosos les hacen valiosos como seres humanos. La necesidad de valor y importancia interior es tan desesperada en las personas que gastarán de más y se endeudan para intentar comprar valor y importancia. ***Lucas***

12:15 NVI *¡Tengan cuidado! —advirtió a la gente. —"Absténganse de toda avaricia; la vida de una persona no depende de la abundancia de sus bienes."*

El Corazón de la Avaricia

La Biblia utiliza la palabra codicia, que a menudo se traduce como "avaricia". ***Colosenses 3:5 NBLA*** *Por tanto, ejecutad a vuestros miembros que están en la tierra: fornicación, impureza, pasión, deseo maligno y codicia, que es idolatría.* La palabra codicia en el idioma original significa: El deseo de más, o literalmente la lujuria de más. La marca de la lujuria y la avaricia es la impaciencia: Tenemos prisa por conseguir más/por conseguir cosas buenas. ***Proverbios 28:22 NVS*** *Las personas egoístas tienen prisa por hacerse ricas y no se dan cuenta de que pronto serán pobres.* La deuda es prueba de que no estamos dispuestos a retrasar la gratificación hasta el momento adecuado. La sabiduría dice que si quieres algo, ahorra hasta que lo puedas pagar en efectivo. Así, no hay una carga continua. Aquí tienes algunos dichos sabios sobre la deuda y la avaricia:

La deuda está financiando nuestra avaricia ahora, en lugar de nuestras necesidades.
La avaricia captura al mono. La deuda es prueba de la avaricia humana, y atrapa con la misma seguridad.
El mundo lleva a la gente a creer que se les debe o tienen derecho
a un estilo de vida que supera lo que pueden tener.

Si eres cristiano, debes entender que la deuda no agrada a Dios porque es idolatría: *Estamos adorando a un dios falso.*

Colosenses 3:5 NBLA *Por tanto, consideren los miembros de su cuerpo terrenal como muertos a la fornicación, la impureza, las pasiones, los malos deseos y la avaricia, que es idolatría.*

Sanando la Deuda

Sin duda, hay personas que están endeudadas ahora mismo leyendo o escuchando este libro. Has empezado a entender el verdadero costo de la deuda, las razones por las que te endeudaste, y esa deuda no agrada a Dios. Así que puede que te preguntes: "*¿Cómo puedo salir de deudas?*"

Paso #1: Liberarse de la deuda comienza con el arrepentimiento. El arrepentimiento significa que cambias de opinión sobre la deuda y la ves cómo la ve Dios. ¡Para Dios, la deuda no es una forma aceptable de vivir! Nuestro arrepentimiento puede implicar algunas cosas específicas de las que nos arrepentimos y de las que decidimos alejarnos.

Puede que tengamos que arrepentirnos de nuestra mala administración. No hemos planeado ni administrado bien el dinero que Dios nos ha dado. Puede que necesitemos arrepentirnos de las actitudes del corazón que han alimentado nuestras malas decisiones financieras. Algunos necesitan arrepentirse de su pensamiento mágico. Otros necesitan arrepentirse de orgullo. Algunos necesitan arrepentirse de su avaricia e impaciencia. Te ayudaré a orar para que Dios te ayude a salir de deudas, pero si no te arrepientes primero, la oración no ayudará a solucionar tu problema de deudas. Ni siquiera dar ofrendas solucionará tu problema de deudas sin arrepentimiento.

Paso #2: ¡Deja de añadir deudas! Hay un sabio dicho antiguo que podemos aplicar al problema de la deuda: *Si ves que estás en un agujero – ¡DEJA DE CAVAR!* Esto incluye todas las formas de deuda, ya sean deudas de tarjetas de crédito, préstamos bancarios o préstamos de amigos, familiares o empleadores. Si dejas de añadir deuda, no soluciona el problema de la deuda existente, pero evita que empeore. Eso te permitirá empezar a pagar deudas. Para mucha personas, recomiendo mucho la cirugía plástica (¡no de un médico)! Si las tarjetas de crédito fueron lo que te metió en problemas, córtalas y deshazte de ellas. Si quieres conservar una tarjeta de emergencia, algunos asesores de deudas recomiendan guardarla en el congelador, congelada en un bloque de hielo. La idea es dificultar su uso, solo en caso de emergencia.

Paso #3: Comienza a pagar la deuda acumulada. Aumenta los pagos, es decir, primero pagas tu deuda más pequeña y con intereses más altos. Esto crea un efecto bola de nieve: Una vez pagada esa tarjeta, se aplica todo el dinero que iba a pagarla la otra deuda. ¿Por qué pagar primero la deuda más pequeña? Porque sentirás la recompensa y la sensación de logro. Te hace sentir que estás avanzando.

Paso #4: Cree en Dios por milagros que te ayuden a pagar las deudas. Debes entender que Dios está dispuesto a ayudar a las personas endeudadas que quieren salir de ellas. Hay varios ejemplos en la Biblia de Dios ayudando a las personas a pagar sus deudas mediante su ayuda milagrosa. En **2 Reyes capítulo 4**, leemos sobre la viuda de un profeta. El murió y la dejó endeudada. ¿Por qué estaban endeudados? ¿Por qué su marido no planeó mejor? La Biblia no nos lo dice. Pero cuando ella fue a ver a Eliseo y pidió ayuda a Dios porque sus hijos iban a ser tomados como esclavos de deudas, Dios hizo un milagro multiplicando la pequeña cantidad de aceite que ella tenía en la casa para poder venderlo y pagar la deuda.

2 Reyes 4:7 NBLA *Entonces ella fue y se lo contó al hombre de Dios. Y él le dijo: "Ve, vende el aceite y paga tu deuda, y tú y tus hijos pueden vivir de lo que quede."*

En **Mateo capítulo 17**, vemos que, aparentemente, ni Pedro ni Jesús habían pagado aún el impuesto del templo. Jesús le instruye a dar un paso de obediencia para que Dios pueda hacer un milagro financiero. ***Mateo 17:27 NVS*** *Pero no queremos disgustar a estos recaudadores de impuestos. Así que ve al lago y pesca. Después de atrapar el primer pez, abre su boca y encontrarás una moneda. Toma esa moneda y dásela a los recaudadores de impuestos por ti y por mí."*

¡Salir de deudas cambiará tu vida! Podrás dormir por la noche. Ayudará a tu matrimonio. Bendecirá a tu familia. No faltarás a la iglesia por trabajo. Podrás participar. Serás capaz de hacer la voluntad de Dios. Si todo eso es cierto, seguro que tu Padre celestial le encantaría hacer un milagro para ayudarte a salir de deudas.

La Liberación Llegó más Rápido de lo que Pensábamos

Reuben y Danielle Ricciardi

Aproximadamente un año después de casarme, supe que necesitaba ayuda con nuestras finanzas. Si queríamos hacer la voluntad de Dios, necesitábamos salir de las deudas. Teníamos varias deudas, principalmente tarjetas de crédito o préstamos personales, que sumaban aproximadamente 27.000 dólares. Nos reunimos con el pastor Chris y Skye Plummer para sentarnos y elaborar un presupuesto. Al final de los cálculos, concluimos que tardaría 7 años estar libres de deudas pagando al máximo ritmo de pago que pudiéramos permitirnos. Oramos y creímos en Dios por un avance financiero.

Decidimos que nos apegaríamos a un presupuesto estricto, pero no dejaríamos de diezmar ni dar lo que pudiéramos. También presupuestamos para dar promesas, así como una ofrenda voluntaria cada semana.

En ese tiempo, compartí nuestros planes con un compañero de trabajo. Me dijo que tenía una cantidad de deuda similar y que estaba desesperado por salir de ellas. Me dijo que también estaba haciendo presupuestos y planificando.

Pero Dios nos bendijo sobrenaturalmente con finanzas. Conseguí trabajos extra como fontanero y favor sobrenatural con los empleadores. A mi esposa le dieron la oportunidad de trabajar por una temporada corta, y once meses después, ¡estábamos a solo dos pagos de estar libres de deudas! En ese momento, le dije a mi compañero de trabajo que me quedaban solo dos pagos más para pagar la deuda de 27.000 dólares. Se quedó atónito. Le pregunté cómo iba con sus deudas, y me dijo que estaba en la misma situación que antes. Ninguna de sus deudas se había saldado, aunque él decía que lo estaba intentando.

Dios borró sobrenaturalmente nuestras deudas en 11 cortos meses, y al año siguiente pasamos a servir como Directores de Evangelismo en la Iglesia, ¡y luego nos enviaron a pastorear!

Dios Habla su Voluntad - *Pat y Mariah Brick*

Me llamo Pat Brick. Era un alcohólico de las calles de Brixton, Reino Unido. Me enviaron a Norwich para hacer servicio comunitario cuando tenía 17 años. Mi esposa Vicky y yo nos salvamos en 1992, cuando yo tenía 24 años. El día que fui salvo, fui liberado del alcoholismo. Nunca volví a beber alcohol.

Pero yo era jugador. Tenía 15.000 libras *esterlinas* de deuda cuando fui salvo. Tuvimos la primera Conferencia Bíblica en el Reino Unido en 1993. Durante la conferencia, aposté mal y perdí todo el dinero del hotel, el dinero del alquiler; lo perdí todo. Me arrepentí en la conferencia un viernes por la noche de noviembre de 1993. Nunca volví a jugar, pero seguía teniendo las deudas. Una deuda de 15.000 libras hoy sería como 40.000 libras o alrededor de 60.000 dólares. Seguí pagando esa deuda hasta mayo de 1998. Me estaban quitando dinero de mi sueldo. En ese momento todavía tenía una deuda de 14.000 libras.

Dios me habló para que diera una ofrenda que se tomó para la iglesia en Sierra Leona. Luego, cinco semanas antes de la conferencia de mayo, Dios me dijo: *"Confía en mí y da un paso de fe."* Ahora, no se supone que se debe dar mientras estás endeudado. Pero yo di más de 1000 libras. Cuando di el dinero a Dios, luego pagué el alquiler y todas mis facturas, me quedaron 100 libras para ir de compras. En ese momento teníamos un hijo recién nacido y una hija de 8 años. Yo ponía 90 libras en efectivo en la ofrenda y me quedaba solo 10 libras para las compras. Mi pastor me preguntó por el dinero que estaba dando. Me pidió que no hiciera esto. Pero le dije que Dios me había hablado y me dijo: *"Yo pagaré todas tus deudas antes de la conferencia."*

Así que fui de compras con las 10 libras que nos quedaban. Llevé 60 latas de frijoles al horno (una marca muy barata) y 25 barras de pan barato, que puedes congelar para que duren mucho tiempo. Así que, básicamente, íbamos a vivir de frijoles y tostadas durante los próximos 2 meses. Mi esposa empezó a llorar y preguntó: *"¿Qué has hecho?"* Le dije: *"Quiero liberarme de esta deuda."* Ella dijo: *"Vale. Confío en ti."* Oramos por la lista de la compra que había escrito mi esposa. Quería mostrarle mi fe en que Dios es proveedor.

Luego, una hora después de orar, una señora apareció en la puerta con 30 bolsas de comida. Yo no le había contado a nadie lo que había hecho ni cuánto había dado, porque no quería que la gente sintiera lástima por nosotros. La mujer con esta comida dijo: *"Dios me dijo que te bendijera a ti y a tu familia con comida."* ¡La comida era de mejores marcas que las que normalmente compraríamos!

Luego mi esposa se dio cuenta de que no teníamos pañales. Le dije que podíamos orar por pañales en ese mismo momento. No estaba contenta conmigo. Oró a regañadientes: *"Señor, oro por pañales."* Llamaron a la puerta. Un hombre dejó una silla alta para bebé que le prestamos hace unos años. Nos dio 10 libras, pero yo (le) dije: *"Lo siento, no aceptamos dinero."* Cuando se fue, ¡mi mujer estaba muy enfadada conmigo! Ella dijo: *"¡Ese era el dinero para los pañales!"* Le dije: *"¡No, necesitamos que Dios nos dé pañales!"* Diez minutos después, el hombre volvió y le entregó a mi mujer dos bolsas de pañales. Dijo que Dios le había dicho que nos comprara pañales con ese dinero.

Antes de la siguiente conferencia del Reino Unido, un familiar murió y nos dejó 20.000 libras en su testamento. Fue bastante sorprendente, ya que me dijo específicamente que no nos dejaría nada en su testamento, pues no estaba de acuerdo con que yo fuera cristiano. Pude llevarlo a Cristo 3 meses antes de que muriera. De alguna manera, cambió de opinión sobre el testamento. No sabíamos nada del testamento hasta que un abogado nos llamó para decirnos que nos había dejado dinero.

¡Las 20.000 libras fueron maravillosas! Dimos el 20% como diezmos de inmediato, ¡y luego saldé las deudas!

¿Debería haber dado mientras estaba endeudado? Quizá no, pero mi fe loca desató un milagro de Dios. Te animo, como dice la escritura, ***Lucas 6:38*** *Da, y te será dado.*

Dios Dice la Verdad - *Ed y Socorro Kidwell*

Cuando estábamos en la congregación de Tempe, Arizona, estábamos muy endeudados. Queríamos ser pastores, pero nuestra deuda lo hacía imposible. Fuimos retados a honrar a Dios en el diezmo y en las ofrendas. A veces, elegíamos diezmar en lugar de hacer la compra. Dios nos dio algunos milagros de provisión con comida y víveres.

Durante un tiempo de ayuno y oración al comienzo del año, Dios me habló y me dijo: *"Este año estarás libre de deudas."* Tenía miedo de contarle a mi esposa lo que Dios me había dicho. Dios me habló de nuevo mientras volvía a casa de la oración: *"¡Dile a tu esposa!"* Finalmente se lo dije. Simplemente se quedó en silencio. En agosto de ese año, fui al arrendador de los apartamentos donde vivía para ver si había alguno en venta. Pensé que si ya estaba endeudado, mejor intentaba comprar un apartamento porque estaría aquí un tiempo. Mi crédito era terrible y ya me habían denegado por una solicitud de preaprobación. Mi arrendador, que no era salvo, descubrió que tenía uno de los últimos préstamos "Asumibles No Calificables" del *planeta.* Dijo: *"Si pagas las tasas de transferencia de 250 dólares, la casa es tuya."*

¡Inmediatamente teníamos 14.000 dólares en acciones! Vendimos el piso en menos de un mes y saldamos todas nuestras deudas antes de que acabara el año. ¡Así se cumplió la promesa que Dios me hizo en víspera de Año Nuevo! En la siguiente conferencia nos enviaron a pastorear una iglesia.

Dios sabe nuestra necesidad - *Mike y Valerie Gomez (Deuda)*

En 1996, sufrimos una crisis financiera, en parte porque mi vida pasada me estaba alcanzando. Me impusieron un fallo financiero en mi contra, y llegó en el peor momento posible. En mi trabajo, despedían a la gente, y yo era el siguiente en la lista por falta de antigüedad.

Además, nuestro único auto se descompuso por completo y tenía que pedir aventones para ir al trabajo. Cuando llegó la sentencia, me quitó casi todo el sueldo, dejándome con menos del 15% de mi salario. Esto fue devastador para nuestra joven familia.

En ese momento, yo era el líder de alabanza en nuestra iglesia, y teníamos un avivamiento con Dennis Wright. Había pedido prestado un auto y pasé a recoger a alguien para la iglesia. Esa noche, el hermano Wright dijo: *"Hay dos personas aquí que necesitan un milagro financiero, un hombre y una mujer."* Sabía que el hombre era yo y empecé a caminar hacia adelante. Para mi sorpresa, el hombre que recogí para traer a la iglesia también iba caminando hacia adelante. Pensaba para mis adentros que sería mejor que se sentara, ¡porque el que tenía la necesidad era yo! Al acercarnos al frente, Dennis Wright miró al otro hombre y le dijo que oraría por él, luego me miró a mí y dijo que yo era por quien Dios quería que orara. Entonces me dio una palabra que decía que Dios iba a hacer un milagro en un año. Yo pensaba para mis adentros: necesito un milagro ya, pero recibí la palabra y volví a mi asiento. Más tarde esa semana, el evangelista Wright desafió a toda la iglesia a duplicar el diezmo durante tres meses. Cuando mi esposa y yo oímos eso, nos miramos en silencio y estuvimos de acuerdo sin decir palabra. Después del doble diezmo, nos quedamos sin dinero, pero durante ese tiempo todas nuestras necesidades estaban cubiertas; nos dieron víveres y, de alguna manera, el alquiler se pagaba. Pude conseguir un ajuste en el fallo de la corte, lo que me permitió hacer pagos razonables. Conseguí un nuevo trabajo (para el que no cumplía los requisitos) por el doble de mi salario anterior. Pude comprar un coche de segunda mano muy por debajo del valor de mercado. Creo que Dios me dio favor en el juicio en mi contra, sabiduría para afrontar las dificultades y me bendijo con un mejor trabajo por haber aceptado el reto de duplicar el diezmo.

Capítulo 8: Presupuesto Sagrado

Si dominamos nuestra riqueza, seremos ricos y libres.
Si nuestra riqueza nos domina, seremos pobres de verdad.
Edmund Burke

Un buen mapa te llevará a tu destino.
Floyd Talbot

Dave Ramsey ha ayudado a miles de personas a salir de deudas. Pero salir de la deuda comienza estableciendo un presupuesto, y los resultados de presupuestar van más allá del dinero. Una mujer cuenta el impacto que tuvo establecer un presupuesto juntos en su matrimonio. Ella dice: "Hacer el presupuesto juntos y estar en la misma sintonía marcó una gran diferencia en nuestro matrimonio. Siento que estamos mucho más unidos en cuáles son nuestros objetivos y cuál es nuestro plan. Es una libertad enorme saber dónde estamos y que podemos avanzar—juntos. Nuestro matrimonio está mejor ahora." En este capítulo, seguiremos analizando las decisiones financieras erróneas que nos impiden prosperar financieramente. Además de la deuda, no planificar nuestras finanzas con anticipación causa los mayores problemas en la vida de la mayoría de las personas. Aprenderemos en este capítulo que un plan financiero se llama presupuesto, ***¡y que presupuestar es sagrado para Dios!***

Planeando Fracasar

Nuestro futuro financiero se determina por decisiones tomadas de antemano. Si quieres un futuro financiero mejor, debes establecer un plan. Un plan significa que tomas decisiones organizadas con anticipación, basándote en el resultado final que quieres o necesitas. ***Lucas 14:28 NVI*** *"Supongamos que alguno de* *ustedes quiere construir una torre. ¿Acaso no se sienta primero a calcular el costo para ver si tiene suficiente dinero para terminarla?"* En este pasaje, Jesús muestra algunos aspectos sencillos de la planificación: ¿Cuánto cuesta lo que quiero? ¿Tengo suficiente dinero ahora para conseguirlo? **¿Entonces, cómo empezamos a planificar?**

Planificar implica pensar: *¡No puedes tener éxito financiero si no piensas!* ***Lucas 14:31 NVS*** *"Si un rey va a pelear contra otro rey, primero se sentará y planeará. Él decidirá si él y sus diez mil soldados pueden derrotar al otro rey que tiene veinte mil soldados.* Esta es una historia de batalla antigua, pero algunos elementos que aplican a las finanzas. El rey empieza a pensar en lo que se le acerca. Según lo que se le acerca, elabora un plan para enfrentarlo. Si aplicamos eso a nuestras finanzas, debemos pensar en lo que nos viene a nivel financiero: *¡Hay gastos que nos llegan! ¡Así que* ***planifica*** *para ellos!* Debemos planear con anticipación para estar preparado para los gastos que nos están llegando.

El mayor error que cometen las personas en finanzas es la falta de planificación. La mayoría de la gente responde más que planifica. Respondemos a la publicidad, respondemos a la familia y amigos, respondemos a nuestras emociones en lugar de planificar nuestros gastos.

Las mujeres compran artículos de forma sensible: *Zapatos, carteras, ropa y joyas.*

Los hombres compran artículos de forma sensible: *Armas, autos, electrónicos, equipos deportivos y barcos.*

Si compramos de forma sensible, acabamos gastando dinero que no tenemos o gastando más de lo que podemos. No puedes gastar más de lo que ganas: *¡Tus gastos deben estar determinados por tus ingresos!* Hay un viejo dicho que escuché mi padre decir cientos de veces: ***Si tus gastos superan tus ingresos, entonces tu mantenimiento será tu perdición.***

La Biblia es clara: El resultado de la falta de sabiduría y de la falta de planificación siempre será la pobreza, o la falta financiera. ***Proverbios 6:6-11 NVS*** *Ve a mirar las hormigas, vago. Observa lo que hacen y sé sabio. 7 Las hormigas no tienen comandante, ni líder ni gobernante, 8 pero almacenan comida en el verano y recogen sus provisiones en la cosecha. ¿Cuánto tiempo vas a quedarte ahí acostado, vago? ¿Cuándo te levantarás de dormir? 10 Duermes un poco; Echa una siesta. Cruzas las manos y te acuestas a descansar. 11 Así serás tan pobre como si te hubieran robado; Tendrás tan poco como si te hubieran asaltado.* Las lecciones que Dios nos muestra en estos versículos: La hormiga es sabia por su planificación futura. El plan de la hormiga es almacenar comida para el invierno que se avecina. La pobreza llega cuando no planificamos con anticipación. *(¡Así que no dejes que una hormiga sea más lista que tú!)* **Si no tienes un plan financiero, entonces estás planeando fracasar.**

¡La planificación es importante para Dios porque Dios es un planificador! Dios planeó el universo, que funciona según planes. Los planes de la naturaleza son en realidad leyes. Una ley es algo que siempre es cierto. El mundo funciona con leyes como sembrar y cosechar, tiempo de siembra y tiempo de cosecha, y Dios planeó todas estas leyes. ***Génesis 8:22 NBLA*** *"Mientras la tierra permanezca, La siembra y la siega, El frío y el calor, El verano y el invierno, El día y la noche, Nunca cesarán."* Si Dios es un Dios de planificación, y si queremos su favor, también debemos planificar en las finanzas.

Tener un Plan

Un plan financiero se llama **presupuesto**, o **plan de gastos**: *Un presupuesto, o plan de gastos, es simplemente un plan escrito para tu dinero. (Ya sea escrito en papel o electrónicamente)* Un presupuesto controla el flujo de nuestro dinero o su asignación. Asignar significa reservar una parte de nuestro dinero para un propósito específico. Los sistemas más antiguos y sencillos eran el sistema de presupuesto con frascos o sobres: *Ahorrabas dinero en frascos o sobres marcados para cada coste o necesidad que tengas en tus finanzas.* Cada frasco o sobre estaría marcado: Alquiler, combustible, servicios, etc.

Un presupuesto le dice a tu dinero a dónde ir en vez de preguntarse a dónde ha ido.

Hay dos aspectos de la elaboración de presupuestos:

Determinar de antemano a dónde necesitas que vaya el dinero. Esto nos lleva a lo que dijimos en un capítulo anterior: iNo puedes tener éxito financiero sin pensar! Tienes que pensar en cuáles son tus gastos y cuánto dinero necesitas para cubrir esas necesidades.

Decide de antemano cómo vas a asignar tu dinero a donde debe ir. Alguien dijo: *"Un presupuesto es un policía de tráfico diciéndole a tu dinero dónde ir; iNo es un rastreador para decirte a dónde fue!"*

El presupuesto es bíblico, iasí que eso significa que Dios lo bendecirá de forma sobrenatural! ***Génesis 41:33-36 NVS*** *"Que el rey elija a un hombre muy sabio y entendido, y lo ponga al mando de la tierra de Egipto. 34 Que el rey también nombre oficiales sobre la tierra, que tomen la quinta parte de todos los alimentos que se cultiven durante los siete años de abundancia. 35 Que recojan todos los alimentos que se produzcan durante los años de abundancia que se aproximan, y bajo la autoridad del rey que almacenen el grano en las ciudades y lo guarden. 36 Esos alimentos se deben guardar para utilizarlos durante los siete años de hambruna que vendrán sobre la tierra de Egipto. Así, el pueblo de Egipto no morirá durante los siete años de hambruna."* Aquí vemos la sabiduría de José en la planificación. Él sabía cuántos años de abundancia venían (siete años), y él sabía cuántos años de hambruna seguirían a eso (siete años). Sabiendo lo que se aproximaba, planeó con anticipación guardar comida para el momento de hambruna. El plan de José era presupuestar el excedente de grano en los años de abundancia para asegurar que tuvieran suficiente comida para sobrevivir a los años de hambruna. ¡José presupuestaba el suministro de alimentos! El resultado fue el favor sobrenatural de Dios. ***Génesis 41:37-38*** *Esto le pareció una muy buena idea al rey, y todos sus oficiales estuvieron de acuerdo. 38 Y el rey les preguntó: "¿Podemos encontrar un hombre mejor que José para ocupar este puesto? ¡El espíritu de Dios está verdaderamente en él!"* El resultado de su presupuesto sagrado fue que Dios le ayudó. La nación de Egipto fue salvada, su familia fue salva, y mucho más allá de eso, se preservaron los propósitos de Dios.

Haciendo un Presupuesto

Para quienes nunca han establecido un presupuesto en el pasado, veamos los pasos prácticos implicados en elaborar un presupuesto.

Paso #1: Haz un seguimiento de tus gastos durante un mes. Simplemente lleva un registro y apunta todo lo que gastas durante 30 días. Esto no es un presupuesto; simplemente te dice dónde fue tu dinero y, por lo tanto, te da una idea de dónde estás financieramente. Cuando era un joven discípulo de diecisiete años, tenía un compañero de piso que ganaba más de cinco veces más dinero a la semana que yo, pero él siempre se quejaba de que no tenía dinero. ¡No lo podía creer! ¿Tienes cinco veces más dinero que yo cada semana? *(En aquel entonces, no podía imaginar cómo sería ganar tanto dinero!)* Así que le pregunté: *"¿Cómo que no tienes dinero?"* (esto fue solo unos días después de que le pagaron). *"¿Dónde se ha ido tu dinero?"* Él dijo: *"No tengo* *ni idea."* ¡Por eso él no tenía dinero! Cuando registras tus gastos durante un mes, verás áreas de gasto que son innecesarias o un derrochador. Verás dónde deben cambiar tus hábitos de gasto. Cuando la gente empieza a hacer un presupuesto por primera vez, a menudo evita que hagan compras poco sensatas y desperdicien dinero. ***Proverbios 24:3*** *Con sabiduría se edifica la casa, con prudencia se afirma*

Paso #2: Determina tus ingresos. Esto debería ser bastante sencillo, pero mucha gente tiene ingresos fluctuantes: *No ganan exactamente lo mismo cada semana, debido a horarios, horas extra, bonos, gastos, etc.* Así que, la respuesta a los diferentes importes de ingresos es **el promedio**. Si sumas tus 4 semanas de salario o ingresos para obtener un total, divides la cantidad entre cuatro. Por ejemplo, si tu salario es de 1000 dólares por semana, sumas cuatro semanas de salario en conjunto: $1000 + $1000 + $1000 + $1000 = $4000. O multiplicar $1000 por 4 = $4000. Para obtener el ingreso medio semanal, se divide el total por el tiempo o la frecuencia: $4000 ÷ 4 = $1000. Eso es fácil, porque todas las cantidades semanales son iguales. Pero si ganaste cantidades diferentes, sigue funcionando igual. $1000 + $700 + $1400 + $1300 = $4400 de ingresos totales. Luego se divide por 4: 4400 $ ÷ 4 = 1100 $ de salario semanal promedio.

Si eres autónomo o subcontratista: *Tus ingresos están después de gastos (herramientas, materiales, etc.)*

Asegúrate de anotar todas las formas de ingresos: *Salario, intereses, dividendos, etc.*

Paso #3: Determina tus gastos.

Determina la cantidad del gasto: En otras palabras, toma un gasto y calcula con qué frecuencia ocurre. Por ejemplo, el alquiler es de 1600 dólares, una vez al mes.

Determina el intervalo del gasto (con qué frecuencia ocurre): *Semanal, mensual, cada 3 meses, cada 6 meses, etc.* Haz un promedio de la factura según la duración del presupuesto:

Semanal o mensualmente. Si el alquiler es de 1600 dólares al mes, divides 1600 dólares entre 4. \$1600 ÷ 4 = \$400. *Eso significa que debes reservar 400 dólares a la semana para pagar el alquiler de 1600 dólares al mes.*

Averigua qué gastos no son negociables: *Eso significa que la cantidad no se puede cambiar ni reducir.* Si eres cristiano, el diezmo (10% de tus ingresos) no puede reducirse. No se pueden reducir los impuestos. No se puede reducir una factura de cantidad fija. *(como el alquiler, los servicios, etc.)*

Determina qué gastos son negociables: *Eso significa que la cantidad puede ajustarse.* Si compras comida: ¿puedes comprar filete o carne molida? *(eso depende de tus ingresos)* Comer en restaurantes: ¿Eliges un restaurante caro o comes comida rápida?

Suma tus gastos totales y réstalos de tus ingresos: Esa cifra te indica dónde estás. Si tienes dinero extra o sobrante tras pagar todos tus gastos, puedes elegir guardarlo, invertirlo, gastarlo o regalarlo.

Si gastas más de lo que ganas: *¡Estás financieramente en problemas!* Algo tiene que cambiar: Eso suele ser tus gastos negociables.

La posibilidad difícil: *Reducción.* Eso significa reducir gastos eliminando gastos innecesarios, o comprando un auto más barato, vivienda más barata, etc.

Recuerda los desastres programados: Todo auto necesita mantenimiento regular. Esto no es una sorpresa; Sabes que tienes que hacerle mantenimiento al auto cada 5.000 millas (o 8.000 kilómetros) aproximadamente. Tus hijos necesitarán zapatos, ropa y material escolar con regularidad. Para presupuestar esto, determina la cantidad necesaria y el tiempo que pasa hasta que se necesite. Luego divide la cantidad por el tiempo, y debes apartar esa cantidad semanal o mensualmente para poder pagarlo cuando el tiempo llegue.

Ningún presupuesto tiene éxito a menos que incluya ahorros: Si no tienes ahorros, la primera vez que surja una emergencia, el presupuesto ya será ineficaz. *¡Un presupuesto sin ahorros es un presupuesto a punto de explotar!* El punto de partida absoluto al que quieres aspirar para reservar ahorros para emergencias es lo equivalente a **un mes de sueldo.** A medida que Dios empiece a bendecirte, acabarás con muchos más ahorros que eso, pero esto es un comienzo. La mayoría de los expertos financieros dicen que deberías intentar tener entre tres y seis meses de gastos de manutención y un fondo de emergencia. Así, si pierdes tu trabajo temporalmente o la lavadora se estropea, tienes un margen de seguridad que te evita tener que endeudarte para sobrevivir.

Dios bendice la planificación y el presupuesto.
Proverbios 10:4 NVI *Las manos ociosas conducen a la pobreza; las manos diligentes atraen riquezas.* Presupuestar es más que simples matemáticas; hace que Dios se involucre en tu vida en una dimensión sobrenatural de bendición. Un presupuesto te hace como Dios, que es un planificador. Un presupuesto es una revelación de tu carácter actual: Demuestra que puedes controlar tus tendencias poco sanas. Con el tiempo, un presupuesto ayuda a desarrollar el carácter. Cambiarás a medida que aprendas a controlar tus tendencias carnales: Cambiarás si empiezas a presupuestar tus finanzas. A lo largo de los años, muchas personas que empiezan a hacer presupuestos han hablado del cambio que esto trae a su vida espiritual, su matrimonio y su felicidad personal. Te animo a que empieces a hacer el presupuesto hoy.

Para ayudar a quienes empiezan a presupuestar, les recomendaré algunas herramientas para ayudaros.

Sitio web

https://gatewaypeople.com/resources/stewardship Este sitio web de Gateway Church tiene varias herramientas útiles. No necesitas pertenecer a su iglesia para aprovechar las herramientas de este sitio.

Aplicaciones de Presupuesto:

Para quienes prefieren hacer las cosas de forma electrónica, hay varias aplicaciones útiles de presupuesto que puedes descargar y que te ayudarán a planificar el presupuesto. ¡Son extremadamente útiles para cualquiera que tenga dificultades con las matemáticas!

Aplicaciones gratuitas:

Panel de Control Personal Empower *(Empower Personal Dashboard)*
Nerdwallet
Dinero Cohete *(Rocket Money)*
Buen presupuesto *(Goodbudget)*
Fudget
Cada dólar *(Every Dollar)*

Aplicaciones que cuestan dinero:

Cada dólar *(Every Dollar - Dave Ramsey)*
YNAB - You Need a Budget (Necesitas un presupuesto)
Cartera de BudgetBakers *(Wallet by BudgetBakers)*
Dinero Cohete *(Rocket Money)*
Monarca *(Monarch)*
Qicken Simplifi

Tendrás que investigar y encontrar cuál funciona mejor para ti.

Asombrado por los Milagros - *James y Liz Wilson*

Debíamos 97.000 dólares de nuestra primera hipoteca a un banco, y yo ya me estaba retrasando con esa hipoteca. También debíamos a otro banco 23.000 dólares en una segunda hipoteca y 21.000 dólares en una tarjeta de crédito. Había estado saltándome pagos en una factura para poder pagar la otra. Recibía llamadas, correos electrónicos y cartas amenazantes por correo. Nuestra hipoteca ya había sido entregada a una agencia de cobros y la situación se estaba volviendo desesperada. También tenía una factura médica de 11.000 dólares que intentaba pagar mensualmente. Además de todo eso, también debíamos un total combinado de 5.000 dólares en tarjetas de crédito pequeñas con intereses altos y préstamos personales pequeños. Intentaba 'estratégicamente' saltarme los pagos de cada uno cada dos meses para no enviarlos también a una agencia de cobro.

Teníamos una deuda total de 157.000 dólares (60.000 dólares no garantizados (sin respaldo)), y yo no ganaba muy bien (buen) dinero. Estábamos en serios problemas. Era terriblemente opresivo, y nos estábamos hundiendo. Mi deuda estaba generando más deudas. Mi mujer (esposa) y yo nos estábamos poniendo enfermos (enfermando), perdiendo el sueño, ansiosos, deprimidos, y al final nos cansamos de ello (finalmente nos cansamos de esa situación).

Ambos empezamos a orar con sinceridad para que Dios nos ayudara a salir de las deudas. Sabíamos que era culpa nuestra, y fui muy transparente con mi pastor Jonathan Heimberg sobre nuestra crisis financiera. Las cosas estaban tan ajustadas que una semana, le dije a mi pastor que tenía que pagar un diezmo de 2 dólares en monedas. ¡Pero lo pagué!

Ese fue el comienzo, y mis milagros venían en camino. Esto fue lo que pasó:

Primero, sentí a Dios diciéndonos que era hora de vender la casa. El problema era que Nuevo México seguía recuperándose de la recesión nacional del mercado inmobiliario que comenzó en 2008-2011, y nosotros aún sentíamos los efectos en 2012. El agente inmobiliario con el que íbamos a anunciar nos dijo claramente: *"Ahora NO es en absoluto el momento para vender. Es un mercado competitivo para compradores. Nuestras casas no se han estado vendiendo, por favor, espera."* Pero realmente sentimos que necesitábamos ponerlo en la lista. Así que lo hicimos, y lo pusimos a la venta por 10.000 dólares más de lo que ella recomendaba. En menos de 2 semanas, nuestra casa se vendió exactamente por lo que pedíamos y cerramos en menos de 4 semanas.

Esa única venta pagó nuestra primera hipoteca, nuestra segunda hipoteca y los 5.000 dólares de tarjetas de crédito y préstamos pequeños.

Sabíamos que algo sobrenatural estaba ocurriendo. Diezmamos la pequeña ganancia de esa venta, y añadimos una pequeña pero significativa ofrenda en agradecimiento además del diezmo.

Esa misma semana, el gobierno local llamó a mi esposa y le informó que le habían pagado 11.000 dólares de factura médica. Ella preguntó: "*¿Por qué? ¿Qué pasó y por qué nuestra factura?*" La señora del gobierno dijo: "*Cada año, si tenemos dinero extra en el presupuesto del condado, se destina a nuestro fondo de indigentes.*" Dijo que nos habían seleccionado y que la factura del hospital se pagó íntegramente con ese fondo. ¡Wao!

Esos 10.000 dólares extra en el precio de venta de nuestra casa iban a importar más de lo que pensaba. Recuerda: todavía debía al banco 21.000 dólares en mi tarjeta de crédito, y solo nos quedaban 10.000 dólares después de pagar todo lo demás. Esta factura de la tarjeta de crédito nos resultaba abrumadora. Solo el interés era de alrededor del 21%. Esta fue la más agresiva. Me acosaban a diario. Yo estaba tratando de negociar la deuda de 21.000 dólares con el banco para no seguir debiendo 11.000 dólares después de pagarles los 10.000 restantes de la venta de la casa.

Así que llamé al banco y dije: "*Nos quedan 10.000 dólares de la venta de mi casa. Si les mandamos los 10.000 dólares, ¿estarías dispuesto a cancelar la deuda restante de esta tarjeta de crédito? Si no, nos quedaremos con los 10.000 dólares y empezaremos a pagarles el mínimo a partir de ahora.*" (Cada mes, después de pagar el mínimo, solo 7 dólares iban para el capital). Iba a ser un proceso muy largo para pagar esa tarjeta de crédito. El banco no aceptó de inmediato; en su lugar, me dijeron que solicitara formalmente ayuda por dificultades mientras revisaban mi oferta. Mientras esperábamos respuesta del banco, reservamos esos 10.000 dólares en efectivo específicamente para la oferta de acuerdo. Pero nuestros verdaderos ahorros de emergencia eran solo 1.000 dólares en efectivo que guardaba en el cajón de la cómoda. Nuestro milagro final estaba a la vuelta de la esquina, pero aún no lo sabía. Un día, estaba hablando con un amigo y me contó sobre su deuda, cómo se estaba atrasando y no tenía comida, etc. En ese momento, sentí que Dios me dijo que le diera 100 dólares a ese hermano porque estaba desesperadamente necesitado. (Más que nosotros, al parecer). Fui a casa y se lo conté a mi esposa, y ella lloró, pero se los dimos.

Al día siguiente, el banco de la tarjeta de crédito envió un correo electrónico diciendo que perdonaban la deuda restante de 11.000 dólares. ¡Gloria a Dios! ¡NUESTRA DEUDA SE HABÍA ACABADO! Al mismo tiempo, me ofrecieron el trabajo de mis sueños como director con un salario increíble, ¡y ahora mi casa estaba incluida además en mi salario como un bono adicional!

Hasta hoy, seguimos tan abrumados por esos milagros. ¡Nuestro Dios es tan, tan bueno!

Libertad de Deudas - *Brett y Tina Knitter*

Durante los primeros 15 años de mi salvación, siempre tuve problemas financieros, nunca tenía suficiente dinero para pagar las facturas a tiempo. Siempre me preguntaba por qué; en minúscula dando el diezmo y las ofrendas, pero aun así no veía un verdadero avance viviendo semana a semana.

Un día, el pastor Chris Plummer comenzó a impartir una serie de estudios bíblicos para adultos sobre finanzas. Cómo hacer un presupuesto, cómo se ve un presupuesto. Desde ese momento, me di cuenta de que necesitábamos un presupuesto. Teníamos una deuda de unos 22.000 dólares. Le pregunté al pastor Plummer si podía ayudarnos con un presupuesto. En esa reunión, el pastor Plummer nos guio en una oración de arrepentimiento por ser malos administradores de lo que Dios nos había dado y por ser complacientes con los demás, porque siempre nos gustaba entretener y bendecir a los demás, pero lo hacíamos con dinero que realmente no era nuestro para gastar.

Corté mi tarjeta de crédito, cancelé suscripciones y me di cuenta de que estábamos alquilando una casa que no podíamos permitirnos, así que decidimos buscar un alquiler más barato. Después de esa oración, creíamos que Dios nos había perdonado y confiamos en que nos ayudaría. Recibí un aumento de sueldo. Nuestro viejo vecino compró la casa de al lado. Nos llamó y nos pidió que nos mudáramos, diciendo que no teníamos que pagar depósito ni adelanto de renta. El alquiler era de una casa mejor y más barata que en la que estábamos viviendo.

Empecé a conseguir más trabajo, lo que ayudó a pagar nuestras deudas más rápido. Encontramos joyas en la nueva casa a la que nos mudamos. El dueño nos dijo que las conserváramos. Queríamos ser irreprensibles, así que las llevamos a la policía. Tres meses después, dijeron que eran legalmente nuestras con papeles que lo demostraban. Luego vendimos esas joyas por 3.600 dólares, que se fueron directamente para pagar nuestra deuda. Trabajé para una empresa donde reparaba electrodomésticos y, gracias a eso, empecé un negocio paralelo fabricando fogones de exterior con lavadoras viejas, obteniendo un 100% de beneficio, vendiendo más de uno al día por 60 dólares cada uno.

¡Después de 18 meses, estábamos libres de deudas! Pude llevar a mi familia a nuestras primeras vacaciones juntos. Incluso nos dieron 1.000 dólares por nuestras vacaciones. Estar libre de deudas ha bendecido mi matrimonio; Ya no discutimos por las finanzas. Mi esposa ya no estaba estresada pensando cómo llegar a fin de mes. Me convertí en líder de la iglesia de niños y de estudio bíblico, e hicimos seguimiento de nuevos conversos. Estar libre de deudas hizo que hacer todas esas cosas fuera libre de estrés; nos liberó. Así pudimos recibir nuevos conversos y otros cada domingo sin culpa, sino con puro gozo.

¡Mi esposa Tina y yo somos ahora misioneros en Nueva Zelanda!

Aprender a Confiar en Dios - *Adrianne Tegegne*

Mi primer milagro financiero llegó de inmediato. Fui a una clase para nuevos conversos, ni siquiera podía permitirme comprar una Biblia. Cogí prestada una Biblia de estudio que alguien había traído para poder leer mis escrituras, y esa noche oré y le dije a Dios: "(Realmente me gustaría tener) esa Biblia." Unas noches después, oí un ruido de crujido y alguien había dejado una Biblia nueva en mi porche. Ni siquiera se lo había contado a nadie.

El segundo llegó un año después de m) salvación. Asistía a la iglesia en Yuma, Arizona, y el pastor predicó un sermón sobre la generosidad. Me había endeudado mucho antes de ser salva. Yo había estado en una relación en la que él robó dos de mis tarjetas de crédito y las usó principalmente para adelantos en efectivo (con un tipo de interés más alto para devolver). Tenía una tarjeta de crédito con un límite máximo de 1.500 dólares y otra con un límite máximo de 5.000 dólares, así que debía 6.500 dólares. Apenas podía hacer los pagos mínimos. Cuando el pastor predicaba sobre dar ofrendas por encima del diezmo, sentí que Dios me decía que también diera ofrendas. Estaba muy asustada en ese momento, y recuerdo temblar al poner mi cheque en la ofrenda. Esa noche, una compañera de trabajo me llamó y me preguntó si quería empezar a compartir auto para ahorrar gasolina, pero ella me recogía y me llevaba a trabajar en cada turno y pagaba la gasolina. ¡Me sentí tan aliviado (aliviada) que dije que sí! Al día siguiente, otra compañera me dijo que iban a empezar a hacer barbacoas para comer todos los días para todo el personal. Pero, como estaba en la universidad, no tendría que aportar. Luego me dio una caja de uniformes de enfermería nuevos que había comprado y no le gustaron. ¡Dios me alimentó inmediatamente, me vistió y se encargó de mi gasolina!

A raíz de esa generosidad, escribiría mis facturas cada nómina, y realmente no podía con todas. Los números no cuadraban. Pero no dejé de dar mi ofrenda, y cada vez que una factura y esas deudas de tarjetas de crédito, tenía suficiente dinero. Había firmado un contrato de cinco años con los cobradores de deudas para no pagar intereses si hacía mis pagos a tiempo. Hice todos los pagos, e incluso saldé mis deudas 2 años y medio antes. Fue un milagro salir de esa deuda.

También nos ocurrió un gran milagro financiero mientras aún vivíamos en Tennessee y conducíamos a Prescott para la conferencia en julio de 2022. Había obtenido mi licenciatura en enfermería en Tennessee cuando nos casamos. Pero tuve varios problemas con la administración de la escuela que me impidieron tomar mi última clase por más de un año. Cuando me gradué en 2018, había dejado mi carrera a un lado para criar a mis hijos. Estábamos trabajando para pagar la deuda universitaria cuando el gobierno lanzó un programa llamado Borrower's Defense Application (Solicitud de Defensa para Prestatarios), que decía que si tenías problemas administrativos con universidades específicas, podías solicitar que el gobierno perdonara y pagara tu matrícula universitaria. Había ido a una de las escuelas que mencionaron. Ayele y yo ayunamos y oramos para que aceptaran mi solicitud, pero el gobierno seguía retrasando el programa. Cada vez que ayunábamos y orábamos, presentábamos esta petición. Durante esa semana de la Conferencia, recibí una carta del gobierno en la que se comunicaba que habían aceptado mi solicitud y pagado mis préstamos.

Había pedido prestados 12.447 dólares, y con intereses, era más cerca de 15.000. El gobierno pagó mi préstamo y luego devolvió todo el dinero que ya habíamos pagado en pagos, así que también pude terminar de pagar mis préstamos de título de asociado. A muchas personas que conozco se les denegó este programa, y se presentaron muchas demandas contra el gobierno por denegar sus solicitudes. La nuestra se aprobó y recibimos el dinero inmediatamente después de recibir la carta. Esto lo relacionamos directamente con nuestro dar continuo, oración y ayuno, y con la petición a Dios de que respondiera a esa oración.

Administración Recompensada - *Nigel y Carol Brown*

En la iglesia de Waltham Forest, Reino Unido, que pastoreo, intento ser un buen administrador. Sin embargo, hubo un momento a principios de 2025 en el que las finanzas de la iglesia parecían cada vez más difíciles de gestionar. ¡Había demasiadas cosas pasando y en demasiados frentes! Más personas, mayores necesidades, más gente tomando decisiones, etc. Convoqué una reunión con el contable de nuestra iglesia y uno de los miembros del concilio (que dirige una empresa de contabilidad muy exitosa) para ver si podíamos hacerlo mejor. Revisamos las cuentas punto por punto. En menos de una semana (ni siquiera habíamos tenido tiempo de implementar algunos cambios que habíamos identificado), la iglesia recibió de la nada la donación más grande hecha por una persona en nuestra historia. £150,000. Creo que Dios respondió a nuestro deseo de ser mejores administradores. No creo que el momento haya sido una coincidencia

Hasta los Resbalados Ayudan a Proveer

Silvestre y Liz Pegues III

Mi esposa y yo fuimos enviados a la zona de Oklahoma City, Oklahoma, para pionar una iglesia. Dios milagrosamente abrió una puerta para que alquiláramos un edificio. Al principio, el edificio y la ubicación eran decentes, pero en los años siguientes el barrio se volvió cada vez más duro. Además, las finanzas se convirtieron en un reto mientras intentábamos mantener todo en la dirección correcta.

Empezamos a sentir firmemente que Dios quería que nos mudáramos, pero la realidad financiera lo hacía difícil. La mayoría de las ubicaciones disponibles eran más caras de lo que ya estábamos pagando, aunque había opciones.

Durante ese tiempo, asistí a un rally de pioneros donde nos retaron a dar. Hice una ofrenda en nombre de nuestra iglesia—una ofrenda sacrificial—sabiendo que realmente necesitábamos empezar a ahorrar para un nuevo local. En el rally, también tuve la oportunidad de preguntar a uno de nuestros líderes del compañerismo, durante una sesión de preguntas y respuestas, si era más sensato quedarnos donde estábamos o mudarnos, teniendo en cuenta el creciente peligro de la zona y la presión financiera. Nos animaron a confiar en Dios, buscar consejo con mi pastor y empezar a buscar un nuevo edificio.

Tres días después de dar esa ofrenda sacrificial para el Evangelismo Mundial, recibí una llamada de un resbalado diciéndome que Dios había puesto en su corazón la voluntad de reunirse conmigo y dar a la iglesia. Cuando nos reunimos, me entregó un cheque de 10.000 dólares.

Fue más que suficiente para que dejáramos nuestro edificio actual y nos mudáramos a un lugar mejor. ¡Dios es fiel!

Provisión Invisible - *Ron y Kerry Chisholm*

Mi esposa y yo tomamos la iglesia en Midland, Australia Occidental, en 2013. Un par de meses después de hacernos cargo, empezamos a trabajar en las ventanas frontales de la iglesia para renovar la publicidad con carteles de vinil muy grandes. Cuando quitamos el cartel antiguo, descubrimos que la ventana de cristal se había agrietado de una esquina a otra y necesitaba ser reemplazada. Presenté una reclamación al seguro, pero la compañía de seguros dijo que el daño no se debió a vandalismo o daños maliciosos, sino a un movimiento natural, causado por el hecho de que el cristal no había sido bien colocado durante la instalación. Ellos No cubrirían ese "movimiento natural", así que no teníamos reclamo. El costo de reemplazar el cristal superaba los 2400 dólares, lo cual en ese momento era una suma considerable para una iglesia pequeña.

Oramos: *"Dios, necesitamos tu ayuda. Creemos que tú puedes ayudarnos."*

Dos días después, una de las señoras de la iglesia estaba limpiando y vio un sobre empujado hacia la parte trasera del buzón. El buzón está montado de lado, así que era difícil ver al estar en el fondo. Ella me trajo el sobre. Cuando lo abrí, había 4000 dólares en efectivo dentro. Eso fue suficiente para cambiar la ventana y reparar también la otra puerta enrollable lateral. Dios es bueno, y claramente fue Dios quien cuidó de las necesidades de Su iglesia como lo hace, porque suplió la necesidad, ¡y más!

Capítulo 9: La Fuente de Suministro

Dios nunca dejará de ayudarnos hasta que dejemos de necesitar.
C.H. Spurgeon

Linda, que ministra a mujeres drogadictas en California, enfrentó una grave crisis financiera cuando su esposo quedó discapacitado y sus ingresos cayeron casi a cero. Linda y su esposo sintieron que debian dar sus últimos 5 dólares como un paso de fe. Poco después, recibieron inesperadamente 5.000 dólares por correo. Más tarde, una mujer por la que Linda oraba en la iglesia, pasó a formar parte de una familia que empezó a apoyarlos generosamente, incluso les dio un regalo de 20.000 dólares. Linda cree que Dios usó su pequeño acto de obediencia para abrir la puerta a una provisión continua de su ministerio y su hogar. Esto fue una señal clara de que Dios era la fuente de su provisión.

Comenzamos el libro analizando los aspectos negativos: Las cosas que pueden impedirnos alcanzar la prosperidad. Ahora empezaremos a mirar los aspectos positivos: Las cosas que nos ayudarán a alcanzar la prosperidad. Es importante entender correctamente los fundamentos de la prosperidad. El reino de Dios se edifica sobre el orden y la progresión. ***Marcos 4:26-29*** *Jesús dijo también: "El reino de Dios es como cuando un hombre arroja semilla sobre la tierra:27 ya sea que él duerma o esté despierto, de día y de noche la semilla brota y crece, sin que él sepa cómo.28 Y es que la tierra da fruto por sí misma: primero sale una hierba, luego la espiga, y después el grano se llena en la espiga;29 y cuando el grano madura, enseguida se mete la hoz, porque ya es tiempo de cosechar."*

Este pasaje explica cómo crecen las cosas en el Reino de Dios: ¡En orden! El orden que se ve aquí es: primero la semilla, luego el tallo, después la espiga y finalmente el grano. Si quieres una cosecha, no puedes empezar con el grano; Empiezas con la semilla. Cuando deseas prosperar financieramente, no empiezas con oraciones, ni con una fórmula de confesión, ni con la provisión: ¡Empiezas con Dios! Necesitamos entender la fuente de provisión si queremos prosperar, ¡y ***la fuente de provisión es Dios!*** Este libro no es un libro de fórmulas ni de confesiones positivas; es un libro sobre Dios. Cuando sabes quién es Dios, puedes pasar a la provisión milagrosa de Dios.

La Naturaleza del Proveedor

La provisión financiera y la prosperidad se basan en el carácter de Dios. El carácter es lo que eres por dentro, o lo que te sale de forma natural. No hace falta que le ruegues a un mentiroso que mienta: *¡Ya lo trae dentro!* No hace falta que le ruegues a un ladrón que robe: *¡Ya lo trae dentro!* No hace falta que le ruegues a un pervertido que sea perverso: *¡Ya lo trae dentro!* Y no tienes que suplicar a una persona fiel que sea fiel: *¡Ya lo trae dentro!* La gente siempre acabará haciendo lo que les sale de forma natural.
Esto es especialmente cierto en cuanto al carácter de Dios. La Biblia habla mucho sobre el nombre de Dios. ***1 Crónicas 16:10 NVI*** *¡Gloríense en su santo nombre! ¡Alégrese el corazón de los que buscan al SEÑOR!* En la Biblia, un nombre es igual a carácter, o lo que lo respalda. Si recibes un cheque de alguien, ¡el nombre que aparece en el cheque hace toda la diferencia! ¿De quién preferirías recibir un cheque, Juanito Pérez o Elon Musk? ¡Hay mucho más dinero detrás del nombre de Elon Musk!
Salmo 9:10 NVI *En ti confían los que conocen tu nombre, porque tú, SEÑOR, jamás abandonas a los que te buscan.*

Los Nombres de Dios: La Biblia habla de los diferentes nombres de Dios. Dios se revela a sí mismo con muchos nombres diferentes, y cada uno muestra q**uién es Dios, cómo es su carácter y lo qué hará.** La Biblia enumera más de **900** nombres o títulos diferentes de Dios. ¡Dios es tan grande! ¡Puede hacer tanto! Un solo nombre o descripción de Dios no es suficiente. En cada situación que enfrentamos en la vida, el nombre específico con el que Dios se revela a nosotros está hecho a medida según nuestras necesidades. Si estás en una batalla en la vida, no necesitas saber que Dios es justo; ¡tienes que saber que Él es el Señor de los Ejércitos, lo que significa que es el Dios de los ejércitos de ángeles! Ese nombre es relevante para tu necesidad.

Los Nombres de Dios Relacionados con la Provisión: Dios revela Su carácter en la provisión mediante tres nombres distintos que debemos entender. Si sabes quién es Dios respecto a la provisión, podrás creerle por la provisión que Su nombre nos promete.

Nombre de Provisión #1: El-Elyón (Dios Altísimo).

Génesis 14:19 *y le bendijo, diciendo: Bendito sea Abram del Dios Altísimo, creador de los cielos y de la tierra;*

En español, nuestro texto dice que el nombre de Dios es **el Dios Altísimo**. Pero en el hebreo original dice El-Elyón. En hebreo, *Elyón* significa el más alto, y *El* significa Dios. Así que, Su nombre es el Dios Más Alto. Pero después de decir el nombre de Dios, Melquisedec explica lo que ese nombre significa para Abram (¡y para nosotros!). *¡Dios posee todo, porque Él lo creó todo!* Si ese es Dios en Su poder y carácter, la aplicación práctica es la provisión: ***Entonces podemos confiar en el Dios que posee todo para que nos dé finanzas.***

Abram respondió de inmediato a esta revelación de Dios de una manera practica cuando el rey de Sodoma le ofrece quedarse con todo el dinero. ***Génesis 14:22-23 NVI*** *Pero Abram contestó: "He jurado por el SEÑOR, el Dios Altísimo, Creador del cielo y de la* *tierra, 23 que no tomaré nada de lo que es tuyo, ni siquiera un hilo ni la correa de una sandalia. Así nunca podrás decir: 'Yo hice rico a Abram.'* Abram dice que ni tú (ni ningún otro ser humano) son la fuente de mi provisión financiera. Mi fuente de provisión es el Dios que creó todo y lo posee todo.

Nombre de Provisión #2: El-Shaddai (Dios Todopoderoso).

Génesis 17:1 NVS *Cuando Abram tenía noventa y nueve años, el Señor se le apareció y le dijo: "Yo soy Dios Todopoderoso. Obedece y haz lo correcto.* En español, el nombre de Dios es "Dios Todopoderoso". Pero en el hebreo original dice El-Shaddai. *El* significa Dios, y *Shaddai* proviene de la raíz de una palabra hebrea que significa "el pecho". Esta es una imagen de una madre que provee las necesidades nutritivas de un bebé a través de la lactancia materna. En otras palabras, *"Dios suplirá tus necesidades."* Pero algunos estudiosos dicen una traducción aún más precisa es: "Muchos pechos." No quiero ser grosero, pero para los bebés, ¡con dos es suficiente! ¡Pero Dios **es más que lo que necesitas**! ¡Nuestro Dios es **más que suficiente**!

Nuestra fe en la provisión de Dios suele ser situacional: Eso significa que pensamos que la capacidad de Dios para proveer depende de la situación. En otras palabras, si la necesidad es pequeña, si la economía está bien y si la inflación no es alta, ¡entonces Dios puede proveer! Pero Dios quiere que entendamos que no importa el tamaño de la necesidad, ni ningún otro factor. ***¡Dios es más que suficiente!***

Nombre de Provisión #3: Jehová-Jiré (Dios proveerá).

Génesis 22:14 *Y llamó Abraham el nombre de aquel lugar, Jehová proveerá. Por tanto se dice hoy: En el monte de Jehová será provisto.*

La versión Reina Valera da el nombre de Dios en hebreo: Jehová-Jiré. Jehová significa "el Dios del Pacto", o "el Dios Autoexistente". Jiré significa "proveerá" y la raíz de la palabra significa "ver". Abraham necesitaba un sacrificio (en lugar de su hijo). Es entonces cuando Dios entró en su necesidad: ***Génesis 22:13 NVS*** *Entonces Abraham levantó la vista y vio a un carnero atrapado en un arbusto por los cuernos. Así que Abraham fue, tomó la oveja y la mató. La ofreció entera como un holocausto a Dios, y su hijo fue salvo.* La respuesta de Abraham tras ver la provisión de Dios se encuentra en el siguiente versículo: ***Génesis 22:14*** *Y llamó Abraham el nombre de aquel lugar, Jehová proveerá. Por tanto se dice hoy: En el monte de Jehová será provisto.* Él dijo: "¡El Señor ve lo que necesito y provee lo que necesito!" Esos dos aspectos del carácter de Dios en la provisión animan a todo cristiano que enfrenta una necesidad financiera:

1. **¡Dios ya ve lo que necesitas!** Ve tus facturas, tus deudas, tu trabajo, tu situación de vivienda, tu auto, las necesidades del local de tu iglesia; ¡Dios ve toda necesidad!
2. **¡Dios ya está trabajando para proveer tus necesidades**! Ahora mismo, Dios ya está trabajando y organizando cosas en viviendas, ofertas de empleo, propietarios y cualquiera que pueda ser usado por Dios para satisfacer tus necesidades.

Aplicando la Provisión

El punto de que Dios nos revele estos nombres es encender la fe en nuestros corazones. Él quiere que nuestra confianza esté en Dios. ***2 Timoteo 1:12 NVI*** *Por ese motivo padezco estos sufrimientos. Pero no me avergüenzo, porque sé en quién he creído, y estoy seguro de que tiene poder para guardar hasta aquel día lo que le he confiado.*

Pablo no dice: "Conozco algunos hechos y doctrinas interesantes sobre Dios", él dijo: *"¡Yo sé en Quién he creído!"* ¡Una persona: El Dios Todopoderoso! La fe tiene un fundamento, y ese fundamento es el carácter de Dios. Así que, cuando nos enfrentamos a necesidades financieras o a una crisis de provisión, miramos a Dios, que es un proveedor. **La provisión no es lo que Dios hace: ¡la provisión es quién es Dios!**

El Amor del Proveedor

Algunas personas están en desventaja cuando están en necesidad financiera porque tienen conceptos equivocados de quién es Dios. Quizá en el pasado tuvieron padres que no podían cubrir o no querían cubrir sus necesidades. Quizá te dijeron: *"No quiero malcriarte ayudándote", o "Crecí sin nada, así que tú también puedes arreglártelas."* El problema es que, incluso después de ser salvos, siguen viendo a Dios de esta manera: *A Dios realmente no le importan mis necesidades. Dios quiere que sufra por alguna razón misteriosa. ¡No puedo molestar a Dios con mis problemas cuando Él está tan ocupado dirigiendo el universo!* La provisión de Dios para nuestras necesidades materiales se basa en su amor por sus hijos. La Biblia dice que cuando nacemos de nuevo, ¡somos hijos de Dios! ***1 Juan 3:1 NVI*** *¡Fíjense qué gran amor nos ha dado el Padre, que se nos llame hijos de Dios! ¡Y lo somos!* En un hogar sano, ser un niño significa que eres favorecido. Eres visto bajo una luz especial. Dios quiere ayudar a Sus hijos, y más que querer ayudar, ¡a Dios le encanta ayudar a Sus hijos! ***Mateo 7:11 NVT*** *Así que si ustedes, gente pecadora, saben dar buenos regalos a sus hijos, cuánto más su Padre celestial dará buenos regalos a quienes le pidan* ***Juan 21:5-6 RVC*** *Y él les dijo: "Hijitos, ¿tienen algo de comer? " Le respondieron: "No".6 Él les dijo: "Echen la red a la derecha de la barca, y hallarán. " Ellos echaron la red, y eran tantos los pescados que ya no la podían sacar.*

Romanos 8:32 *El que no escatimó a Su propio Hijo, sino que lo entregó por todos nosotros, ¿cómo no nos dará también con él todas* *las cosas con él?* Cuando nació nuestra hija Emily, estábamos tan felices que nos encantaba comprarle cosas bonitas. Mi esposa llegaba a casa con un regalo para Emily emocionada de haber encontrado algo bueno para darle. Yo viajaba a algún lugar del mundo y encontraba un vestido bonito para llevarle a casa a mi niña hermosa. Emily no tenía que suplicar ni presionarnos para que le diéramos buenos regalos; *¡Nos encantaba darle regalos!* Esa es una ilustración completamente inadecuada del amor de Dios por ti. Como dijo Jesús en ***Mateo 7:11,*** *¿cuánto más su Padre celestial dará buenos regalos a quienes se lo pidan?* Si entiendes cuánto Dios te ama, es natural confiar en Él para provisión, pedirle provisión, pedirle más.

Josué 15:18-19 NVI *Cuando ella llegó, convenció a Otoniel de que pidiera un terreno a su padre. Al bajar Acsa del asno, Caleb preguntó: "¿Qué te pasa?" 19 "Concédeme un gran favor" —respondió ella. "Ya que me has dado tierras en el Néguev, dame también manantiales." Fue así como Caleb dio a su hija manantiales en las zonas altas y en las bajas.* Otoniel se casó con la hija de Caleb. Ellos recibieron tierras como herencia propia. Pero Acsa entendía que su padre la amaba y quería bendecirla. ¡Así que audazmente pide más! La tierra no es suficiente, danos agua también. Ella juzgó bien el amor de su padre, ¡porque Caleb le dio más!

La Fuente de Nuestra Provision

Al buscar la prosperidad de Dios, podemos cometer errores sobre quién es la fuente de nuestra provisión. **Nuestra Fuente** significa *a quién recurrimos, en dónde depositamos nuestra confianza, para satisfacer nuestras necesidades.*

Mucha gente busca la fuente equivocada. Ellos piensan: *"Mi trabajo es mi fuente. Mi jefe es mi fuente. Mis padres son mi fuente.*

La economía es mi fuente. El presidente es mi fuente." Pero ninguna de esas es nuestra verdadera fuente de provisión. Si miras la fuente equivocada, puedes llegar a conclusiones equivocadas.

Podemos perder la fe o deprimirnos basándonos en esas fuentes poco fiables cuando las cosas van mal.

Cuando la bolsa de valores se desploma, la gente se suicida: *¡Piensan erróneamente que las acciones son su fuente!* Pueden dejar de creer en Dios como su fuente basándose en sus circunstancias, porque están mirando a la fuente equivocada: *No me puedo creer para provisión con un empleador como el mío. No puedo creer para provisión con este presidente, ni con estos políticos al mando. No puedo creer para provisión en esta economía, ni en estas circunstancias.*

Podemos acabar honrando la fuente equivocada porque pensamos que nuestra vida depende de ella.

Cristianos piensan: *¡Tengo que faltar a la iglesia para que mi empleador no se enfade!*

Cristianos dejan que personas impías les digan qué hacer en la vida o con su dinero: *No quiero molestarles, o no me ayudarán con mis necesidades financieras.*

¡La Biblia es clara en que Dios es nuestra fuente de provisión!

Génesis 14:19 *Y le bendijo, diciendo: Bendito sea Abram del Dios Altísimo, creador de los cielos y de la tierra;*

Dios es Altísimo: Eso significa que está por encima de todo; No se ve afectado por nada de lo que ocurra en la tierra. Él lo posee todo porque Él lo creó todo. Eso también significa que puede crear más, si es necesario.

Génesis 14:22-23 NVT *Abram le respondió al rey de Sodoma: "Juro solemnemente ante el SEÑOR, Dios Altísimo, Creador de los cielos y la tierra, 23 que no tomaré nada de lo que a ti te pertenece,* *ni un simple hilo ni la correa de una sandalia. De otro modo, podrías decir: 'Yo soy quien enriqueció a Abram.'* Parece que Abraham recibió una oportunidad increíble por un rey impío: ***Génesis 14:21 NVT*** *El rey de Sodoma le dijo a Abram: "Devuélveme a mi pueblo, el cual fue capturado; pero puedes quedarte con todos los bienes que recuperaste."*

Él le hace una oferta financiera increíble: ¡Puedes quedarte con todo el dinero y las posesiones de dos ciudades enteras! ¡Tendrás la vida resuelta! ¡Serás rico! Esta es siempre la mentira del enemigo: si miras a las personas y a los métodos del mundo, te irá bien financieramente.

Pero Abram responde correctamente, porque Dios le mostró su nombre y su carácter a través de Melquisedec. ¡Abram se negó porque reconoció que la gente no es mi fuente! ¡Las circunstancias no son mi fuente! Él dijo: ¡Yo puedo soltar las finanzas, porque el dueño de todo me ayudará! ***Génesis 14:20 NVT*** *Y bendito sea Dios Altísimo, que derrotó a tus enemigos por ti". Luego Abram dio a Melquisedec una décima parte de todos los bienes que había recuperado*

Reconociendo nuestra Fuente

Dios quiere que lo reconozcamos y lo aceptemos como la fuente de nuestra provisión. Hay algunas preguntas que cada persona debe responder sobre el origen de su provisión:

¿Quién es <u>tu</u> fuente en la vida? ¿En quién confías para satisfacer tus necesidades? La forma en que respondas a esas preguntas determinará tu futuro financiero.

Dios Provee a Través de Extraños - *Joe Campbell*

Estábamos pionando en Marion, Illinois, y después de la oración de la mañana, paré en un restaurante para tomar una taza de café. Estaba sentado allí tomando café. Una familia estaba sentada frente a mí: Un padre, una madre y dos adolescentes. Podía ver que hablaban, luego me miraban, hablaban un poco más y me miraban de nuevo. Pensé: *"Dios, no quiero ningún problema esta mañana. Solo quiero irme a casa. ¡Connie mi esposa, me ama!"* Había estado predicando en la calle afuera del instituto de secundaria cuando los niños salían. Pensé: *"Probablemente sea eso. Estos chicos le están diciendo a sus padres, ese es el tipo que está ahí fuera predicando todo el tiempo."* Simplemente no quería problemas esa mañana.

Efectivamente, el padre vino caminando hacia mí y pensé: *"Oh, no."* Simplemente mantuve la cabeza baja. Él dijo: *"¿Señor?"* y yo dije: *"¿Sí?"* Él dijo: *"Mi familia y yo somos cristianos. Estamos de vacaciones, camino a Nueva Orleans, y Dios nos habló a mi esposa, mis hijos y a mí para que le diéramos esto."* Metió la mano en el bolsillo y sacó un montón de dinero, "billetes grandes". Lo dejó sobre la mesa y se fue. Dios me dijo: *"Yo puedo hacer eso cuando quiera."* Eso es bíblico. Dios dijo en ***Lucas 6:38 RV1960*** *Dad, y se os dará; medida buena, apretada, remecida y rebosando darán en vuestro regazo; porque con la misma medida con que medís, os volverán a medir.*

Eso se convirtió en un punto de referencia.

Dios Habla a los que no Quieren

Mark y Michelle Aulson

En 1995, regresamos de Filipinas tras 9 años como misioneros. Volvimos a nuestra iglesia madre en Prescott, Arizona. El plan era que yo sirviera como evangelista desde la congregación de Prescott. Necesitábamos encontrar una casa para alquilar. Mi pastor, Wayman Mitchell, nos advirtió que el alquiler había subido drásticamente y que probablemente no pudiéramos permitirnos una casa en Prescott (que tiene más montañas), pero que probablemente tendríamos que alquilar en Prescott Valley (que es más llano). Le conté a mi esposa, Michelle, lo que dijo nuestro pastor, pero ella dijo que oraría para que Dios nos ayudara. Ella oraba para que Dios nos diera una casa en las montañas con paisajes hermosos para que pudiera disfrutar de la vista.

Encontré una casa en las montañas, en la zona de Prescott. A Michelle le gustó la casa cuando la vio, justo por lo que había orado. Cuando llamé al dueño, me preguntó a qué me dedicaba. Le dije que era evangelista. Dijo: *"Una vez alquilé a un cristiano y no pagaron el alquiler."* Le aseguré que no éramos así. Me preguntó cuánto era mi ingreso, y le dije que era difícil de decir, ya que dependía de las ofrendas de amor que se daban cuando predicaba en varias iglesias. No estaba impresionado. Luego preguntó cuántos hijos teníamos. Cuando le dije que teníamos tres hijos, dos de ellos adolescentes, no estaba nada impresionado. Él dijo: *"La última vez que alquilé a alguien con adolescentes, faltaban a la escuela, fumaban marihuana y destrozaron mi casa."* Dije que lamentaba oír eso, pero mis hijos no eran así. Me dijo: *"Voy a pensarlo. Tengo otras personas que han llamado y están interesadas, así que voy a tomar mi decisión. Si te elijo, te llamaré,* ***¡no me llames a mí!"***

Necesitábamos desesperadamente una casa, así que al día siguiente le llamé cuatro veces. No venía al teléfono porque estaba trabajando en su camión. En la última llamada, hablé con su hija, así que le supliqué: *"Siento molestarle, pero tengo que saber su decisión. Nos estamos quedando en un motel y tengo que encontrar un sitio donde vivir."* Él tomó el teléfono y no le hizo ninguna gracia que lo molestara. Mientras hablaba con él, Michelle entró en la habitación del motel. Me vino la inspiración, así que le dije: *"¡Señor, mi esposa quiere hablar con usted!"* Le pasé el teléfono y ella le dijo: *"Señor, su casa es exactamente por lo que he orado a mi Padre Celestial, tiene un paisaje hermoso y me encanta que la ventana de la cocina esté hacia el este, así que cuando me levanto y hago café por la mañana tengo luz y luego, cuando preparo la cena, está en el lado más fresco de la casa."* Luego me devolvió el teléfono. El hombre hizo una pausa y luego dijo: *"Si te dejo la casa, ¿prometes cuidarla bien? Esa casa será mi residencia de jubilación en 5 años."* Le dije: *"Señor, si nos permite vivir allí, cuidaré su casa como si fuera mía."* Hizo una pausa y luego dijo: ***"No sé por qué voy a hacer esto****, pero voy a dejarte la casa por un alquiler de 750,00 dólares."* Esa fue precisamente la cantidad que necesitaba que fuera. Hizo los trámites necesarios para conseguirnos las llaves y poder mudarnos, y para reunirse con nosotros en la casa.

El lunes siguiente, le invité a almorzar y el aceptó. Al sentarnos, el hombre me miró fijamente y dijo: *"Predicador, quiero que sepas algo. Ya había decidido que* ***no ibas a quedarte con la casa****, ya que tenía otra pareja que ambos tenían trabajos profesionales y no tenían hijos. Pero* *cuando tu esposa dijo que había orado a su Padre Celestial, oí una voz dentro de mí que decía: "**¡Será mejor que les alquiles o vas al infierno!**"*

Me quedé atónito, pero con gran asombro, ante la bondad de Dios hacia nuestra familia. Vivimos muy felices en ese lugar durante el año que fui evangelista.

Un Milagro de Edificio - *Paul y Renee Stephens*

El Paso, Texas

A principios de los 2000, queríamos dejar de alquilar el edificio de nuestra iglesia. Queríamos comprar un edificio existente o construir uno nuevo. En ese tiempo, Ernie Lopez administraba una fábrica de pantalones Levi's en El Paso. Levi's estaba cerrando toda la producción en EE. UU., y su fábrica se cerraba en noviembre de 2002. Ernie le dio un recorrido por el edificio y las maquinarias a una persona que fabricaba uniformes militares. Al final, él compró todo el edificio y todo el equipo, y contrató a Ernie como su director de operaciones.

El edificio de Levi's resultó demasiado pequeño para el aumento de pedidos de uniformes que recibían del gobierno de Estados Unidos. Así que el edificio quedó vacío, y Ernie empezó a presionar a su jefe para que vendiera el edificio a la Iglesia. Me reuní con él unas cuantas veces y nunca aceptó venderlo. Así que el concilio de la iglesia y yo decidimos seguir adelante.

La semana siguiente, el jefe de Ernie lo llamó a su despacho y le dijo que le dijera al *'Predicador'* que le hiciera una oferta por el Edificio Levi's. Ernie vino a mi despacho y redactamos una oferta. Nunca pregunté cuánto valía el edificio ni cuánto su jefe esperaba obtener por él. Me guie por lo que podíamos permitirnos. (En ese momento, el edificio estaba valorado en 2,7 millones de dólares.). Ofrecí 1,2 millones de dólares, sin pago inicial (necesitaba el dinero que habíamos ahorrado para la remodelación), sin pagos durante 6 meses, y la hipoteca no podía ser más de 10 mil dólares al mes, con un 4% de interés, y él se haría cargo de la nota. Llamé a mi abogado de bienes raíces y me dijo: *"No lo hagas. Ven a mi despacho y haremos una oferta más razonable."* Dije: *"Vamos a hacer esta oferta."* Simplemente me sentí bien con ella. Ernie la llevó a la oficina de su jefe. Ernie dijo que el jefe la miró unos 30 segundos, y dijo: *"¡Ok!"* Así que conseguimos el edificio; sin bancos, sin préstamos sin comprobar nuestro crédito. Así que, cuando nos mudamos, teníamos 1,5 millones de dólares en capital. El edificio ahora tiene un valor de 8-10 millones de dólares.

La historia de fondo de este milagro: Cuando Richard Rubi compró el edificio de su iglesia en los años 90, él tenía a dos hombres judíos mayores que lo financiaron y ayudaron a conseguir el edificio. Lo financiaron durante 2 años, y para ese entonces Richard había conseguido un préstamo bancario. Él tuvo un servicio en el que agradeció a estos hombres ante la Iglesia por su ayuda. Cuando Richard me dijo eso, empecé a orar: *"Dios, dame a alguien que nos ayude, y lo honraré ante la iglesia."* Esa oración fue respondida específicamente a través del jefe de Ernie. Cuando celebramos nuestro servicio de inauguración en diciembre de 2004, le invité al servicio y le entregué una placa expresando nuestro agradecimiento, y él dijo unas palabras a nuestra Iglesia.

Mi aliento para otros es: "¡Dios tiene edificios milagrosos! ¡Obedece a Dios, haz lo correcto, ten fe, y Dios proveerá!"

UN MILAGRO DE EDIFICIO

Ayudamos con un Milagro y Recibimos un Milagro

Albert y Narcie Berkeley

En 2014, Albert y Narcie Berkeley sufrieron un terrible accidente de auto. En ese momento estaban resbalados. Como resultado del accidente, regresaron a la iglesia de McAllen, Texas, y se arrepintieron. En 2016, Román Gutiérrez *tomó* la primera ofrenda para la construcción de un nuevo edificio. Albert y Narcie acababan de recibir el pago de indemnización por su accidente. Se sintieron movidos a dar 300.000 dólares. El pastor Román Gutiérrez acababa de dar una ofrenda sustancial en la Conferencia Bíblica de Tucson con el dinero que habían ahorrado para construir el nuevo edificio. Cuando Dios lo movió para dar, sintió que le decía: "*Si das lo que te digo, me moveré de forma sobrenatural para ti en tu edificio."* Solo unas semanas después de obedecer y dar, los *Berkeley* recibieron su indemnización y dieron los 300.000 dólares.

En 2018, Narcie quedó embarazada y tuvo un bebé, Aaliah, prematuramente con solo 25 semanas. La bebé pesaba 1 libra y 5 onzas y acabó recibiendo 17 transfusiones de sangre. El pastor Román fue a orar por ella, y la bebé sobrevivió. En 2025, Aaliah tiene 7 años. Los *Berkeley* le dijeron al pastor Román que sentían que su obediencia a Dios y su ofrenda a la promesa del edificio salvaron a su bebé.

En 2020, Albert y Narcie fueron enviados a pastorear en el Bronx, New York.

AYUDAMOS CON UN MILAGRO Y RECIBIMOS UN MILAGRO

Capítulo 10: El Dios de la Abundancia

Cuanto más vivimos arraigados en la fidelidad de Dios, más experimentamos la abundancia presente de Dios.
Jodi Harris

Cuando vislumbres la abundancia de Dios, creada para ti, nunca volverás a ser el mismo.
Benson Andrew Idahosa

La obra de Dios hecha a Su manera nunca faltará de Su suministro.
Hudson Taylor

La camarera de un restaurante en Virginia Occidental recibió una propina que le cambió la vida. Manhattan Deming estaba atendiendo a una pareja mayor en el Restaurante DaVinci, y empezaron a preguntarle sobre su vida. Compartió algunas de las dificultades que había estado experimentando, como su auto y su teléfono, que no tiene cobertura. No se puede contactar con nadie a menos que esté conectada a Wi-Fi. Esto le dificulta comprobar cómo está su hija de tres años cuando está en el trabajo. Cuando pagaron la cuenta de 148,41 dólares, añadieron 2000 dólares extra como propina. Deming dijo: "Cuando me devolvió el recibo, le dije: '*¿Qué? ¿Qué es esto? ¿Qué pone aquí?*", y él dijo: *"Dice 2000 dólares."* Empecé a llorar. No pude aguantarlo. Eso es algo que ocurre una vez en la vida. El resto del día me sentí diferente, como, ¿qué acaba de pasar aquí? Nunca lo esperé." ¡Su vida cambió gracias a un regalo abundante!

Estamos mirando el tema de la **prosperidad**. La definición de prosperidad en el diccionario es: *Una condición próspera o en crecimiento, especialmente en lo que respecta a las finanzas.* Será difícil creer en unas finanzas 'prósperas o en crecimiento', a menos que comprendamos la abundancia de Dios. ¡La Biblia nos dice que Dios es un Dios de abundancia!

El Dios de la Abundancia

Quienes lo necesitan pueden equivocarse sobre la capacidad de Dios para proveer. A menudo miramos las cosas equivocadas, y eso acaba desanimando nuestra fe. ***Juan 6:8-9 NTV*** *Entonces habló Andrés, el hermano de Simón Pedro: 9 "Aquí hay un muchachito que tiene cinco panes de cebada y dos pescados. ¿Pero de qué sirven ante esta enorme multitud?"*

Andrés empezó tan bien: En respuesta a la necesidad de alimentar a la multitud, fue y encontró una posible respuesta en un chico dispuesto a darle su pan y pescado. Pero entonces empezó a fijarse en la pequeña cantidad de comida comparada con la enorme cantidad de gente. Cuando miro lo incorrecto, llego a la conclusión equivocada; ¡Es imposible! Él dijo: "¿Pero de qué sirven ante esta enorme multitud?"

Esto es lo que hacemos cuando nos enfrentamos a nuestras necesidades financieras. Necesitamos un milagro, pero empezamos a mirar nuestras circunstancias: nuestros bajos ingresos, la falta de educación, las facturas elevadas, la gran inflación, una economía difícil, las altas tasas de interés y los altos costos en nuestra zona. Cuando hacemos esto, nuestra fe se desanima y llegamos a la misma conclusión que Andrés: ¡Es imposible! No podemos mirar a lo incorrecto y llegar a la conclusión correcta. Cuando Andrés miró la pequeña cantidad de comida y el tamaño de la multitud, le dijo a Jesucristo, quien es Dios en la carne; *¡El suministro es imposible!*

Cuando nos enfrentamos a nuestra necesidad, deberíamos mirar a Dios. El suministro financiero y la prosperidad se basan en el carácter y el poder de Dios. ¡Es absolutamente crucial ver que **Dios es el Dios de la abundancia!** Dios no es el Dios de menos que suficiente. No es el Dios de apenas suficiente. No es el Dios de 'solo si las cosas son fáciles habrá suficiente'. ***¡Dios es más que suficiente!***

¡La naturaleza y el poder de Dios son abundantes! Abundante significa *'disponible en grandes cantidades, más que suficiente'.* ¡Todo lo que Dios es, y todo lo que hace, es abundante! ***1 Timoteo 1:14*** *Y la gracia de nuestro Señor fue más que abundante, con la fe y el amor que se hallan en Cristo Jesús.*

La palabra abundante aquí significa 'abundar en exceso, o ser super abastecido, más de lo necesario.' La abundancia es la verdadera esencia del carácter y del poder de Dios. ***Génesis 17:1 NVS*** *Cuando Abram tenía noventa y nueve años, el Señor se le apareció y le dijo: "Yo soy el Dios Todopoderoso. Obedece y haz lo correcto.* En un capítulo anterior dije que Dios mostró a Abraham su nombre como El-Shaddai, Dios Todopoderoso. La raíz de Shaddai es 'el pecho', y algunos traductores dicen que significa 'de muchos pechos'. Dios le está diciendo a su pueblo que Él es más que suficiente. Él tiene más de lo que jamás necesitarás. ***Génesis 14:19*** *y le bendijo, diciendo: Bendito sea Abram del Dios Altísimo, creador de los cielos y de la tierra;*

Ya demostramos antes que el 'Dios Altísimo' en el hebreo original es el nombre El-Elyón, y Dios mismo nos muestra lo que eso significa para nosotros: El posee todo, porque lo creó todo. Las preguntas para nosotros no son: "¿cuánto cuesta?" o "¿cuán grande es la deuda?" Las preguntas que deberíamos hacernos son: "¿Cuánto dinero tiene Dios?" y "¿Cuántos recursos tiene Dios?" o "¿Cuánto poder tiene Dios?"

¡Los recursos de Dios son abundantes! ¡Dios posee todo porque Él lo creó todo!

Salmo 24:1 NVI *Del SEÑOR es la tierra y todo cuanto hay en ella, el mundo y cuantos lo habitan;*

Salmo 89:11 NVI *Tuyos son los cielos, Tuya también la tierra; El mundo y todo lo que en él hay, Tú lo fundaste.*

Hageo 2:8 NVI *'Mía es la plata y mío es el oro', declara el SEÑOR Todopoderoso.*

Salmo 50:10 NVI *pues míos son todos los animales del bosque, y mío también el ganado de miles de colinas.*

Así que, para nosotros, la verdad práctica que debería fomentar nuestra fe es: ***¡Dios tiene mucho dinero!*** Dios no está limitado por las circunstancias, porque Él tiene tanto dinero, Él tiene tantos recursos, Él tiene tanto poder. Nos cuesta incluso comprender cuánto tiene Dios. Veamos una analogía humana y consideremos la riqueza de un ser humano: Elon Musk. **Elon Musk ganó 203.000 millones de dólares en 2024.** Tanto dinero nos cuesta entenderlo. *¡Ganó 556.163.384 dólares AL DÍA! ¡Ganó 23.173.474 dólares CADA HORA! ¡Ganó 386.224 dólares CADA MINUTO! ¡Ganó 6437 dólares POR SEGUNDO!*

¿Crees que a Elon Musk le preocupa que el alquiler suba 500 dólares al mes? ¡*Eso es menos de 1 segundo! ¿Él está perdiendo el sueño por el alto mercado inmobiliario? ¿1000 dólares en reparaciones de auto? ¿Costes de la educación? ¿Facturas médicas? Absolutamente no: ¡Él tiene más que suficiente!*

Imagina si tu conocieras a Elon personalmente, o que fueras pariente suyo y te dijera: "*Si alguna vez necesitas dinero, yo te ayudaré.*" ¿Tendría sentido entonces que pierdas el sueño por precios altos y las facturas? Qué tontería decir: **"¡Espero que Elon pueda pagarlo!"**

¡Pero si eres nascido de nuevo, eres hijo del Rey!

Juan 1:12 NVI *Mas a cuantos lo recibieron, a los que creen en su nombre, les dio el derecho de ser hechos hijos de Dios.* Eres hijo de Dios, no solo seguidor de Dios. Un hijo tiene acceso a los recursos de su Padre. Entonces, *¿por qué deberías preocuparte y* *estresarte por el dinero cuando tienes acceso a tu Padre Celestial, que tiene mucho dinero?*

Dios da Abundancia

La fe no solo se basa en el carácter de Dios, sino también en Su historial. Historial es un término que proviene de las carreras de caballos. Si quieres apostar en un caballo, revisas su historial: ¿Cómo se comportó en una cierta pista? ¿Cómo se comportó en ciertas condiciones (calor, frío, lluvia o seco)? ¿Cómo se comportó contra otros caballos? Conocer el historial de un caballo puede dar confianza en el desempeño futuro.

La Biblia da el historial de Dios en dar y proveer las necesidades de su pueblo: **¡Dios da en abundancia!** Mira algunos ejemplos de la generosidad y la abundancia de Dios. ***Gênesis 13:2*** *Abram era riquísimo en ganado, y en plata y oro.* No dice: "Abraham apenas sobrevivió financieramente de nómina en nómina." ¡Dice riquísimo! ***Gênesis 26:12-13 NTV*** *Cuando Isaac sembró sus cultivos ese año, cosechó cien veces más grano del que había plantado, porque el SEÑOR lo bendijo. 13 Se hizo muy rico, y su riqueza siguió aumentando.*

No dice: "Isaac lo hizo bien hasta que el tiempo empeoró – entonces realmente le costó como a todos los demás." Dice: "El Señor lo bendijo. Se hizo muy rico y su riqueza siguió aumentando." Por favor, ten en cuenta: Al contarte que Abram e Isaac se hicieron 'muy ricos', no estoy diciendo que todos los cristianos vayan a hacerse muy ricos. No soy un predicador de televisión que promete que serás millonario si envías dinero. (¡Ni mi pelo ni mis dientes son lo suficientemente buenos para ser predicador de televisión!) Te cuento estos ejemplos para inspirar tu fe a creer en la abundancia de Dios.

Éxodo 12:35-36 E hicieron los hijos de Israel conforme a la orden de Moisés, y pidieron a los egipcios alhajas de plata y de oro, y vestidos. 36 Jehová hizo que el pueblo se ganara el favor de los egipcios, y estos les dieron cuanto pedían. Así despojaron a los egipcios. No dice: *"se fueron solo con la ropa que llevaban puesta."* Dice que los egipcios querían bendecirles, y se marcharon de Egipto con toda la riqueza que tenían los egipcios.

Lucas 5:5-7 *Respondiendo Simón, le dijo: "Maestro, toda la noche hemos estado trabajando y nada hemos pescado; pero en tu palabra echaré la red." 6 Cuando lo hicieron, recogieron tal cantidad de peces que su red se rompía. 7 Entonces hicieron señas a los compañeros que estaban en la otra barca para que acudieran a ayudarlos. Ellos vinieron y llenaron ambas barcas, de tal manera que se hundían*

No dice: "Jesús les ayudó a pescar un par de peces." Dice que pescaron tantos peces que sus barcos empezaron a hundirse. ¡Más que suficiente!

Mateo 14:19-21 NVS Luego dijo a la gente que se sentara en la hierba. Jesús tomó los cinco panes y dos peces, miró hacia el cielo y los bendijo. Luego, partiendo los panes en trozos, dio el pan a los discípulos, que lo repartieron al pueblo. 20 Todos comieron todo lo que quisieron y, después, los discípulos recogieron doce cestas de sobras. 21 ¡Ese día se alimentaron unos 5.000 hombres, además de todas las mujeres y niños!

No dice: "Jesús les dio lo justo para que cada uno comiera un pequeño bocado de pescado y unas migas de pan." Dice que todos comieron todo lo que querían, y después quedaron doce cestas de pan. ¡Más que suficiente!

La Biblia nos muestra el principio de la justicia o imparcialidad de Dios: ***¡Dios no tiene favoritos! Hechos 10:34 NVI*** *Pedro tomó la palabra y dijo: "Ahora comprendo que en realidad para Dios no hay favoritismos,*

Dios no tiene favoritos: ¡Si lo hizo por los judíos, lo hará por los gentiles! Si Dios proveyó para alguien en la Biblia, ¡Él proveerá para ti! Si Él proveyó para alguien sobre quien lees en este libro, ¡Él lo hará por ti! Ese es el punto de Dios al registrar todas las historias de milagros de la Biblia: ***¡Si Dios lo hizo por ellos, Él puede hacerlo por ti!***

Fe para la Abundancia

Si Dios es el Dios de la abundancia, si tiene mucho dinero, si Él da abundantemente, si es imparcial, *¿cómo deberíamos actuar en relación con esas verdades?*

Clave de la provisión #1: Debemos confiar en Dios. La confianza habla de una actitud de confianza y seguridad. ***Mateo 6:31-32*** *"No se angustien, pues, diciendo: '¿Qué comeremos, o qué beberemos, o qué vestiremos?', 32 porque los gentiles se angustian por todas estas cosas, pero vuestro Padre celestial sabe que tienen necesidad de todas ellas.* Si nuestro Padre Celestial sabe lo que necesitamos, tiene todo el poder y nos ama: Entonces, venga lo que venga, sea lo que sea que enfrentemos, podemos tener confianza en que nuestro Padre Celestial nos proveerá; ***¡abundantemente!***

Clave de la provisión #2: Debemos enfocarnos en Dios. En lo que te enfoques es en lo que creerás. Si te enfocas en el problema, las dificultades, los obstáculos, entonces creerás en la falta de suministro y en el desastre.

Mateo 14:30 NVS *Pero cuando Pedro vio el viento y las olas, se asustó y empezó a hundirse. Gritó: "¡Señor, sálvame!"* Nuestro enfoque debe estar en Dios, en su palabra y en sus promesas.
Salmo 123:1-2 NVI *Hacia ti dirijo la mirada, hacia ti, cuyo trono está en el cielo. 2 Como dirigen los esclavos la mirada hacia la*

mano de su amo, como dirige la esclava la mirada hacia la mano de su ama, así dirigimos la mirada al SEÑOR nuestro Dios, hasta que tenga misericordia de nosotros. En el pasado, siempre que me enfrentaba a una necesidad financiera, recurría a la Biblia y encontraba promesas e historias sobre la provisión de Dios. Las he escrito, he orado sobre ellas, las he estudiado y he pasado tiempo pensando en ellas. Esto me ayuda a poder creer.

Clave de la provisión #3: Debemos creer y esperar una provisión abundante. En última instancia, la fe se basa en el amor de Dios por nosotros. ***Lucas 12:32*** *"No teman, manada pequeña, porque a vuestro Padre le ha placido darles el Reino.* Si a Dios disfruta darnos, debemos creer y esperar que provea en abundancia.

George Mueller dirigió un orfanato en Bristol, Inglaterra, en el siglo XIX. Nunca envió solicitudes de dinero para financiar el orfanato; simplemente oraba y creía en Dios para obtener un suministro milagroso. Una mañana, la madre del orfanato se le acercó y le dijo: "Los niños están vestidos y listos para ir al colegio. Pero no hay comida para que coman." George simplemente le pidió que llevara a los 300 niños al comedor y que se sentaran a las mesas. Él le dio gracias a Dios por la comida y esperó. George sabía que Dios proveería comida para los niños, como siempre hacía. En cuestión de minutos, un panadero llamó a la puerta. Dijo: "Señor Mueller, anoche no pude dormir. De alguna manera, sabía que esta mañana necesitarías pan. Así que me levanté y horneé tres tandas para ti. Lo traeré." Poco después, llamaron de nuevo a la puerta. Era el lechero. Su carro se había dañado frente al orfanato. La leche se echaría a perder para cuando arreglaran la rueda. Le preguntó a George si podía usar un poco de leche gratis. George sonrió mientras el lechero traía diez latas grandes de leche. Era justo lo suficiente para los 300 niños sedientos.

Clave de la provisión #4: Debemos pedir a nuestro Padre Celestial provisión abundante:

Mateo 7:7-8 "Pedid, y se os dará; buscad, y hallaréis; llamad, y se os abrirá, 8 porque todo aquel que pide, recibe; y el que busca, halla; y al que llama, se le abrirá. ¿Qué necesitas que Dios provea? ¡Entonces pídeselo a él! Creo que deberías pedirle a Dios específicamente lo que necesitas.

Hace algunos años, prediqué sobre el versículo anterior de pedirle a Dios lo que necesitas. Poco después, recibí este testimonio: Estimado pastor Greg, quería hablarle del milagro que Dios hizo para proveer nuestra necesidad. Mi auto se descompuso e iba a costar mucho dinero arreglarlo, así que lo deseché y compré un VW Passat de gasolina usado que parecía un poco maltratado y viejo. No me gustaba conducirlo a la iglesia y buscar conversos, pero pensé: "alabado sea Dios, tengo un auto", y había orado por "CUALQUIER" bendición. Pero no estaba contento, porque: 1. Un motor de gasolina me acaba el dinero y 2. El auto era tan feo. Pero el pastor Greg predicó y dijo que fuéramos específicos con Dios en la oración. Así que dije: "Dios, quiero que busques una forma de yo tener un Passat diésel para ahorrar dinero y más bonito." Hoy, una familia que vive a unas cuadras de nosotros llamó a nuestra puerta y dijo que Dios les había llamado a ser misioneros a la India, y dijeron que Dios les dijo que me dieran su auto GRATIS. ¡Era un PASSAT DIÉSEL de 2007! Mi esposa lloró, porque le había contado antes sobre mi oración. Les ofrecí dinero, pero dijeron que no; Dios les dijo que se supone que debe ser gratis. Ni siquiera me conocen, nunca han estado en nuestra iglesia. Van a una iglesia de 600 personas y sabían que yo vivía cerca. Nos dijeron que Dios les dijo que me lo dieran específicamente a mí. ¡UAU! es todo lo que puedo decir. ¡Dios es fiel!

Dios Habló con el Dueño - *Mike y Liza Major*

Quiero compartir un testimonio poderoso de lo que Dios ha hecho en el proceso de asegurar nuestro nuevo edificio de iglesia. Durante tres años, había estado haciendo llamadas y buscando un edificio. Un día, contacté a un propietario por una propiedad que quería alquilar, pero le dije que estaba interesado en comprarla. Esa llamada nos llevó a reunirnos en persona y, tras varias reuniones, empezamos a discutir las posibilidades. Era propietario de un edificio de 5.000 pies cuadrados en una ubicación privilegiada en una esquina, con más de 100.000 autos pasando cada día.

Durante ese tiempo, ayunaba, oraba y buscaba consejo de otros pastores de nuestro compañerismo. En nuestra última reunión, le dije: *"Tienes que hacer financiación por parte del propietario."* Para mi sorpresa, él estaba dispuesto. De hecho, me contó que cuando me conoció, llamó a su mejor amigo y le dijo: *"Frank, Dios me dijo que le construyera a este hombre una iglesia pentecostal."* No solo aceptó la financiación por parte del propietario, sino que también hacer todas las obras de acondicionamiento sin costo para nosotros. Incluso nos permitió usar todo el primer año de pagos como pago inicial para la compra del edificio.

Antes de que todo esto ocurriera, nuestra iglesia había completado un ayuno de 30 días. También dimos una gran ofrenda en nuestra conferencia, así como en la conferencia de Prescott. Creo sinceramente que, de ese ayuno de 30 días y esas ofrendas sacrificiales, Dios liberó un edificio sobrenatural para nuestra iglesia. ¡Dios es fiel, y esto es solo el comienzo de lo que va a hacer!

Dios Preparó la Vivienda con Anticipación

Adam y Jennifer Porter

Cuando nos mudamos a San José, California, necesitábamos un lugar donde vivir. Buscamos por todas partes, pero por una razón u otra cada casa que veíamos no funcionaba. Tras dos semanas a puerta cerrada, Jennifer y yo empezamos a contender en oración, pidiendo a Dios que abriera una puerta para un hogar.

Una tarde, mientras conducía por varios vecindarios, entré en un hermoso callejón sin salida, y una casa impresionante llamó mi atención. Era una calle tranquila, un barrio estupendo, y tenía un parque enfrente, justo lo que necesitábamos. La puerta principal estaba abierta, así que entré y encontré todo el lugar en reformas. Pintura nueva, suelos nuevos, trabajadores por todas partes. Le pregunté a uno de los hombres: *"¿Esta casa está en alquiler?"* Él dijo: *"Sí. La estamos reformando para quien se mude. Adelante, rellena una solicitud. Mucha gente ya lo ha hecho."* Señaló una pila de solicitudes sobre una mesa.

Cogí un formulario, lo rellené y lo puse encima del montón. Le pregunté si podía recorrer la casa y aceptó. Después de mirar a mi alrededor, bajé de nuevo y encontré al hombre mirando mi solicitud con expresión de sorpresa. Me miró y me preguntó: *"¿Eres pastor?"* Respondí: *"Sí."* Tragó saliva y dijo: *"Espera. Necesito hacer una llamada."* Unos minutos después, volvió, me dio la mano y dijo: *"Felicitaciones. La casa es tuya."* Me quedé atónito. *"¿Qué quieres decir? Ni siquiera has comprobado mis referencias."* Dijo: *"Hace seis meses nos mudamos de esta casa porque mi madre tuvo un sueño. En el sueño, Dios le dijo que un pastor y su familia debían mudarse a esta casa, y que necesitábamos renovarla y prepararla. Sinceramente, pensábamos que estaba loca, pero es una católica devota e insistió tanto que lo hicimos de todos modos. Y ahora tú entraste por la puerta. ¡No podemos creer que esto esté pasando de verdad!"* Justo ahí, en medio de ese salón (esa sala) a medio terminar, Dios se nos había adelantado. Había preparado una casa, movido a una familia, hablado a través de un sueño y orquestado cada detalle —mucho antes de que llegáramos a San José.

La Bendición de Daniel - *Trevor Kopp*

Entregué mi vida a Dios cuando tenía 19 años. Había sentido Su llamado en mi vida, y quería todo lo que Él tenía para mí. Quería casarme y tener hijos. Quería un apartamento, un auto y un trabajo estable. Pero yo estaba en mi segundo año de universidad, y para ganar experiencia en mi campo de estudio, había dejado un trabajo que ganaba 12 dólares la hora y trabajaba casi 50 horas a la semana para un trabajo a tiempo parcial en el servicio de ayuda informática de mi universidad. Ganaba 8 dólares la hora, solo trabajaba 20 horas a la semana y seguía viviendo en casa de mis padres. Es un salario duro en cualquier sitio, pero en Nueva Jersey, con esos ingresos, es imposible pagar una cuota de auto, y mucho menos un apartamento y una boda.

Empecé a orar para que Dios me abriera una puerta para encontrar un trabajo a tiempo completo: uno que me permitiera seguir sirviendo en los ministerios en los que participaba en la iglesia y que también me preparara para establecer mi vida. Sabía que las bendiciones de Dios abrirían puertas para el destino, no me alejarían de él. Así que le prometí a Dios que no aceptaría ningún puesto que me hiciera faltar a la iglesia o me apartara de mis ministerios.

Por esa época, mi pastor predicó un sermón sobre Daniel Capítulo 1. Animó a la iglesia a orar por nuestro trabajo y a luchar para que Dios nos bendiga como bendijo a Daniel. Después de ese servicio, cada día que conducía al trabajo, oraba: *"Dios, hazme diez veces mejor que mis compañeros."* Con el menor ingreso que había tenido en mi vida, pagaba mis diezmos, hacía ofrendas y daba para el evangelismo mundial, y oraba con confianza para que Dios honrara mi generosidad y obediencia.

Dios honró mis oraciones. Un día, mi jefe me apartó y me preguntó cuándo me graduaba. Le dije que me quedaban dos años más, y me pidió perdón. Había sido autorizado para abrir otro puesto en el departamento y quería que yo solicitara, pero requería un título universitario y no podía esperar tanto. Cuando me giré para salir de su despacho, estaba molesto y recuerdo sentir que Dios presionaba sobre mi corazón: Esta era mi bendición, y nadie me la iba a quitar. Así que volví a la oficina de mi jefe y le dije que no me importaban los requisitos ni quién se había presentado. Iba a luchar por ese puesto, y sería el mejor candidato que entrevistara. Se rio, negó con la cabeza y dijo: *"Está bien. Te enviaré algunas cosas para estudiar para la entrevista."*

Yo era el solicitante más joven con diferencia. Incluso personas de mi edad que aplicaron tenían dos o tres años más de experiencia que yo. Algunos eran hombres con familias y una docena de años en el campo. Más tarde supe que fui el único candidato que eligieron para entrevistar sin un título. De hecho, en un momento dado, a mi jefe le dijeron directamente que no entrevistara a nadie sin uno. Pero nada de eso importaba, porque tenía las promesas de Dios por delante. Una de mis profesoras de secundaria resultó ser la esposa del presidente de la universidad, y la había puesto como referencia en mi solicitud. Aunque dijo que no podía mostrar parcialidad en situaciones así, intervino en privado. Le pidió a mi jefe que me diera la entrevista como un favor personal, aunque fuera solo por la experiencia.

Cada día oraba: *"Dios, hazme diez veces mejor."* La entrevista pasó y, aunque al principio me sentía confiado, empecé a oír rumores de que no estaba calificado y que no podían considerarme para el puesto. Seguí orando. Una semana después, mi jefe me llamó a su despacho, y nunca olvidaré lo que dijo: *"El trabajo es tuyo. Entrevisté a más de una docena de personas y no hubo comparación. Eras fácilmente diez veces mejor que los demás."* Cuando salieron esas palabras de su boca, mi mandíbula debe haber caído al suelo. ¡Dios había respondido a mi oración y confirmado Su obra con las mismas palabras de mi jefe! Más tarde, la universidad intentó decirme que no podía ser contratado por mi título. Aun así, sin importar qué situaciones surgieran o qué autoridades intentaran detener mi contratación, Dios intervenía. Ese trabajo pagó el resto de mi carrera y me permitió ahorrar lo suficiente para comprar un auto y dar el depósito para un apartamento.

Un año después, mis padres se mudaron a otro estado. No habría tenido dónde vivir, pero gracias a la provisión milagrosa de Dios, tenía todo lo que necesitaba para mudarme y establecer mi vida, justo a tiempo. Él me había traído a la iglesia, y cuando más lo necesitaba, me proporcionó todo lo necesario para mantenerme arraigada en esa iglesia.

La Bendición Llega Plantando Semillas - *Geoffrey Gersten*

Como artista, estoy representado por un agente que tiene una galería en San Francisco. Durante la primera parte del año, San Francisco es muy frío y lluvioso. Dependo mucho de la actividad turística para vender. Así que, durante este periodo lento, ninguna de mis pinturas se había vendido en más de 30 días. El sábado 31 de marzo de 2012, hablé por teléfono con mi agente. Dijo: *"Hace tanto frío y está tan muerto esto; No hay nadie aquí. Si logramos pasar este mes y llegar a mayo, estaremos bien."*

El 1 de abril de 2012, al final del servicio del domingo por la mañana se hizo el llamado para ofrendas y renovaciones de promesas. Mi monto mensual para promesa había sido el mismo durante año y medio. Durante el llamado de ofrendas, Dios me habló muy claramente de una nueva cantidad para mi promesa mensual, que era casi el doble de mi ofrenda actual. Sabía que podía permitirme el aumento de dinero; ¡La dificultad era soltarlo!

Mientras escribía el número en la hoja de promesas, sentí que Dios me tocaba, como si de repente me llenara del Espíritu Santo. Eso fue al mediodía. A las 14:30, sonó mi teléfono. Mi agente me dijo: *"¡Felicitaciones, acabo de vender ocho de tus cuadros! Una pareja entró aquí y compró toda una pared con tus obras."* Naturalmente, estaba celebrando.

El lunes por la tarde, recibí otra llamada. Una pareja de Londres entró y compró otro cuadro que tenía un precio alto. Dijeron que ambos trabajan en la Universidad de Oxford y que se llevaban la pintura para colgarla allí. Si llegara a pisar los escalones de esa universidad histórica, la seguridad me sacaría, ¡pero mi pintura está colgada allí!

El sábado, el dueño de la galería decía: "Está muerto, no hay nadie aquí." El lunes por la tarde, me exclamó: "¡Eres la nueva estrella de San Francisco!"

Finalmente, el domingo siguiente, me detuve en el banco de camino al servicio del domingo por la mañana. Retiré la nueva cantidad de mi promesa y, como tenía algo de dinero extra disponible, añadí un 30%. Durante los cinco minutos en coche desde el cajero automático hasta el parqueo de la iglesia, temprano el domingo por la mañana, recibí un correo electrónico de un cliente local. Decían que querían seguir adelante con la compra de una pintura nueva a un precio muy alto.
Todo este cambio en una semana simplemente porque sacrifiqué más.

Ser artista es lo que me apasiona y todo lo que quiero como profesional. Al dar para el evangelismo mundial y la gran bendición de Dios, Él ha hecho posible mi sueño.

Ayuda Milagrosa - *Diego y Kelly Galvan*

En 2011, acabábamos de tomar la iglesia de Casa Grande, Arizona. Nos enfrentábamos a una deuda valorada en más de 218.000 dólares; nuestra casa en Las Vegas, Nevada, estaba a punto de ser embargada por un valor de 170.000 dólares; tuvimos una factura hospitalaria anterior de 13.000 dólares sin pagar, y Kelly tenía un tumor potencialmente maligno que necesitaba cirugía para extirparlo. Esa cirugía iba a costar más de 35.000 dólares. En la primera semana de 2012, decidimos dar nuestro primer cheque (del año) como ofrenda de primicias, creyendo que Dios bendeciría ese año. Asistimos a la Conferencia Bíblica de enero en Prescott, y el jueves por la noche dimos como promesa 500 dólares para el evangelismo mundial porque Dios nos desafió a dar.

De regreso a casa desde la conferencia, una mujer que hasta el día de hoy aún no hemos conocido y que había estado tratando de ayudarnos a vender la casa nos llamó, diciéndonos que había podido vender la casa ese viernes y que estaban enviando un cheque de 1.000 dólares. Así que pudimos dar nuestra promesa a Prescott y tener extra. Ese año, Dios nos ayudó de forma sobrenatural con todas nuestras deudas: encontramos un programa que pagó la cirugía de Kelly en su totalidad, el hospital de Las Vegas perdonó nuestra deuda anterior y pudimos evitar el embargo un día antes de que el banco nos quitara la casa. Ocho años después, en el mismo mes que dimos esa ofrenda, Dios nos bendijo sobrenaturalmente con una casa aquí en Prescott Valley, y un factor clave para que el banco siquiera considerara aprobar el préstamo fue el hecho de que no perdimos nuestra casa hace ocho años. ¡Estamos agradecidos por la provisión sobrenatural de Dios!

Dios Proveyó un Edificio - *Carlos y Carmen Morales*

La iglesia de Norfolk, Virginia, había superado la capacidad de su edificio rentado debido al maravilloso crecimiento que Dios les había estado dando. El pastor Carlos Morales estaba creyendo y pidiendo a Dios que les diera un edificio. En 2010 puso un anuncio en el periódico preguntando si alguien estaba dispuesto a donar un terreno o un edificio a su iglesia. No recibió respuesta.

En 2011 encontró lo que parecía el edificio perfecto: una bolera vacía. Localizó la información del propietario y presentó una oferta de 2 millones de dólares, pero no obtuvo respuesta. En 2013, el propietario de ese edificio apareció en el edificio de su iglesia. Miró a su alrededor, y Carlos pudo explicarle acerca de su iglesia, nuestro compañerismo y nuestra visión.

Le pidió a Carlos que fuera a su despacho para una reunión. En lugar de vender el edificio a la iglesia, propuso donarlo gratuitamente como deducción fiscal. Preguntó si eso sería aceptable para el pastor Morales. La respuesta, obviamente (y al instante), fue: "¡SÍ!" Luego le dijo a Carlos que sabía que el edificio necesitaría muchas reformas para prepararlo para convertirse en iglesia, así que también donó 100.000 dólares para ayudar con los honorarios de abogados y los costes de construcción.

La mañana de Pascua de 2015, celebraron su primer servicio en su preciosa instalación de 40.000 pies cuadrados que puede albergar a 1.000 personas.

DIOS PROVEYÓ UN EDIFICIO

Capítulo 11: Un Pacto de Honor

Hemos aprendido en casa que la bendición de Dios sobre los nueve décimos, cuando diezmamos,
ayuda a que llegue más allá de diez décimas, sin la bendición de Dios.
Billy Graham

El diezmo es una puerta abierta a la riqueza.
Lailah Gifty Akita

William Colgate, famoso fabricante de jabón, se comprometió desde joven a diezmar todos sus ingresos, haciendo de la dadiva fiel un principio rector de su carrera. A medida que su empresa crecía, aumentó sus dadivas al 20%, 30% y finalmente al 50%. Colgate atribuyó su éxito a honrar primero a Dios. Su principio: *"Paga su parte primero a Dios, y el resto siempre se extenderá."*

Hemos aprendido que Dios es la fuente de toda prosperidad. Si necesitamos la ayuda de Dios para prosperar, es esencial ver que debemos empezar por honrar a Dios.

Una Relación de Pacto

Cometemos un error si pensamos que la prosperidad es simplemente una fórmula: Algunas personas creen que solo tienen que decir una oración y hacer una ofrenda, y millones de dólares vendrán automáticamente a nuestro retorno, como una máquina tragamonedas sagrada.

Pero, en verdad, la prosperidad está ligada a una relación con Dios. Esto es como cualquier relación: *¿Qué sientes respecto a Dios? ¿Cómo haces sentir a Dios?* Las relaciones humanas sufren cuando no mostramos amor ni respeto. En el matrimonio, las esposas pueden quejarse: *"No me quieres—quieres una criada, una cocinera y una amante; Me siento usada."* Los maridos pueden quejarse: *"Para ti solo soy un sueldo."* Quizá hayas tenido personas en tu vida de las que nunca tienes noticias hasta que quieren algo de ti o necesitan dinero. Su trato hacia ti te deja ofendido.

Pero estamos en una relación con Dios, y en cierto modo Dios es igual: cuando le tratamos como si tuviera poco o ningún valor, Él no quiere ayudarnos. ***Malaquías 1:14 NVI*** *"¡Maldito sea el tramposo que, teniendo un macho aceptable en su rebaño, se lo dedica al Señor y luego le ofrece un animal mutilado! Porque yo soy el gran Rey" —dice el SEÑOR de los Ejércitos— "y mi nombre es temido entre las naciones.*

En este versículo, Dios expresa su queja a las personas con las que tiene relación (el pueblo judío). Él dice, cuando me das algo, das cosas defectuosas, o cosas que no querías. Eso es ofensivo porque tu don no está en línea con quién soy Yo (un gran Rey), y demuestra que realmente no Me valoras.

Revelación de la Relación

Una relación con Dios comienza con revelación. Empieza con Dios revelándose y mostrándonos quién Él es. ***Génesis 28:13*** *Jehová estaba en lo alto de ella y dijo: "Yo soy Jehová, el Dios de Abraham, tu padre, y el Dios de Isaac; la tierra en que estás acostado te la daré a ti y a tu descendencia.* En este versículo, Dios revela quién es a Jacob: el Dios de sus antepasados y el Dios de pacto que hace grandes promesas a su pueblo. Cuando Dios se revela a nosotros, nuestra parte es <u>responder</u> a la revelación de quién es Dios. ¡Tenemos que hacer algo! ***Génesis 28:18-19 NVI*** *A la mañana siguiente, Jacob se levantó temprano, tomó la piedra que había usado como almohada, la erigió como monumento y derramó aceite sobre ella. 19 Llamó a ese lugar Betel (Casa de Dios)*

En este versículo, Jacob responde a la revelación de quién es Dios con **un pacto**, que significa "promesa o un voto". ***Génesis 28:20-21*** *Allí hizo voto Jacob, diciendo: "Si va Dios conmigo y me guarda en este viaje en que estoy, si me da pan para comer y vestido para vestir 21 y si vuelvo en paz a casa de mi padre, Jehová será mi Dios.*

Cuando dice "Jacob hizo un voto", significa que hizo un **pacto**: en tiempos antiguos, dos personas podían hacer un pacto. Era muy serio: matabas un animal, lo cortabas por la mitad y caminabas entre las dos piezas mientras hacías tu voto. Cada uno decía: "Yo haré mi parte, y tú harás la tuya." Hacer un pacto mientras caminabas entre los fragmentos de un animal muerto mostraba que no eran palabras ligeras basadas en un impulso repentino y aleatorio, sino que te tomabas en serio tu relación de pacto.

El pacto de Jacob era un pacto de honor: El honor significa respeto, valor y dignidad. Jacob decía: *"Reconozco el gran valor y dignidad de Dios."* Las obligaciones de Jacob en esta relación de pacto tenían varios aspectos:

Honraré a Dios con mi vida: Honrar significa literalmente: *"Poner en alto, dar importancia o mostrar valor."* Así que Jacob le decía a Dios: *"Eres valioso para mí y digno de respeto."*

Obedeceré a Dios con mis decisiones: Génesis 28 comienza con Jacob honrando a Dios en las relaciones: *No me casaré con un incrédulo, porque Tú no apruebas hacer eso.* Jacob eligió obedecer a Dios poniendo la voluntad de Dios por encima de sus propios deseos y necesidades.

¡No puedes prosperar si no obedeces a Dios!

Yo pondré a Dios primero en mi vida: *Por encima de todo y por delante de todo.* ***Mateo 6:33 NVI*** *Más bien, busquen primeramente el reino de Dios y su justicia, entonces todas estas cosas les serán añadidas.*

El Señal del Pacto

Jacob hizo un voto de honrar a Dios, pero fíjate que hizo algo para demostrar la decisión de su corazón. ***Génesis 28:22 NVI*** *Y esta piedra conmemorativa que yo erigí será casa de Dios y de todo lo que Dios me dé, le daré la décima parte."* Cuando Dios le reveló a Jacob quién es, la respuesta de Jacob fue: *¡Te daré el 10% de todo lo que me des! La palabra diezmo = diez, o 10%.* Jacob le dijo a Dios que le daría el 10%, pero Dios mismo pone su aprobación en el principio del diezmo: ***Malaquías 3:10*** *Traed todos los diezmos al alfolí...* Algunos cristianos tienen una idea equivocada sobre el diezmo. Lo ven simplemente como un programa de financiamiento de la iglesia: Es una forma de pagar las facturas. El diezmo ayuda a pagar las facturas, pero pagar las facturas de la iglesia es el factor menos importante del diezmo.

¡El diezmo es honrar a Dios! Es reconocer quién es Dios, en Su grandeza y valor. ***Proverbios 3:9 NVS*** *Honra al Señor con tu riqueza y los primeros frutos de todas tus cosechas. Esta escritura habla de los* *primeros frutos, que es otra palabra para el diezmo, y dice que cuando diezmas, honras a Dios: ¡Ese es el verdadero propósito del diezmo!*

- **El diezmo es una forma visible de demostrar que reconoces el gran valor de Dios.**
- **El diezmo es una forma visible de demostrar que reconoces la propiedad de Dios sobre tu dinero y tus posesiones:** Desde el principio de los tiempos, Dios siempre ha tenido una porción reservada incorporada en la relación con él. En el jardín, Dios le dijo a Adán: *"Puedes comer de cualquier árbol, excepto de uno"*. ¿Por qué? Dios no explicó por qué. Era un árbol reservado; Dios decía: *"es mío."* Era una forma visible de mostrarle a Dios que estás de acuerdo en que Él es Dios y tú no. Sabemos que Adán y Eva comieron de ese árbol por la idea de *"pueden ser como dioses"*. Cualquiera que no diezma le muestra a Dios que él se cree que es Dios, y Dios no lo es. Cualquiera que diezma le muestra a Dios que reconoce que Dios es Dios, y él no lo es. Por eso quienes no dan el diezmo no les va bien espiritualmente, porque están rechazando quién es Dios.
- **El diezmar es confiar en Dios:** Es el método visible para mostrar que confías en Dios. Estás diciendo: "Me irá mejor con el 90% de mis ingresos con la bendición de Dios que si me quedo con el 100% sin la bendición de Dios."

Malaquías 3:10 NVI *"Traigan íntegro el diezmo a la tesorería del Templo; así habrá alimento en mi casa. Pruébenme en esto" dice el SEÑOR de los Ejércitos, "y vean si no abro las compuertas del cielo y derramo sobre ustedes bendición que no tendrás espacio suficiente para ella."*

Elementos de la Dádiva de Pacto

Observa los elementos de la dádiva de pacto:

La dádiva de pacto implica una cantidad fija: Tenemos una idea equivocada si creemos que la cantidad que damos a Dios depende del individuo. Muchos cristianos dicen: "Mientras yo le dé algo a Dios, está bien." La idea moderna contra el diezmo se llama Generosidad de

Gracia. La idea es que, como ahora estamos bajo gracia, puedes dar lo que quieras. Pero de alguna manera, quienes han experimentado la abundante gracia de Dios acaban dando menos que quienes estaban bajo la ley. Charles Wesley dijo: ***"Si damos menos bajo gracia que ellos bajo la ley, es una vergüenza."*** Pero Dios es muy claro sobre con cuánto debemos empezar en una relación de pacto: ¡La cantidad depende de Él, no de nosotros! ***Malaquías 3:10 NVI*** *Traigan íntegro el diezmo a la tesorería.* Dios dice que todo el diezmo, que es el 10%. No parte del diezmo, que es menos del 10%. Si fijamos la cantidad, entonces somos Dios (lo que anula el sentido de diezmar).

La dádiva de pacto implica un lugar fijo: A lo largo de muchos años pastoreando, he tenido gente que me dice: *"Doy el diezmo aquí y allá; doy a la caridad, a la familia y a los vecinos."* Otros cristianos envían su diezmo a predicadores de televisión o ministerios online. Pero si envías tu diezmo a donde tú quieras, ¡eso te convertiría en Dios! Dios nos dice dónde debemos diezmar: ***Malaquías 3:10 NLT*** *Traigan todos los diezmos al depósito...* El "deposito" hace referencia a las salas de tesoro construidas a cada lado del templo. El templo era el lugar donde el pueblo de Dios podía encontrarse con Dios. ¡Así que Dios les instruye a llevar su diezmo *al lugar donde se encuentran con Dios!* Nuestro equivalente moderno es la iglesia. Tu iglesia local es donde te alimentan y te ayudan. Tu iglesia local es donde puedes reunirte con Dios en reuniones de oración, adoración, sermones y llamados al altar. Tu iglesia local es donde puedes recibir consejo y orientación para tu vida. Tu iglesia local es donde puedes casarte y realizar funerales para tu familia. Son los pastores y la gente de tu iglesia local quienes te visitarán y orarán por ti y tu familia en el hospital. La próxima vez que estés en el hospital, llama a tu predicador favorito de la tele y pídele que te visite y ore. A ver qué tal te va.

La dádiva de pacto implica un tiempo determinado: Otro error que pueden cometer los cristianos es pensar: *"Pagaré el diezmo cuando tenga la oportunidad."* Pero un mandato clave sobre el diezmo es el principio de las **primicias**. ***Éxodo 23:19*** *Las primicias de los primeros frutos de tu tierra traerás a la casa de Jehová, tu Dios.* En tiempos antiguos de la Biblia, quienes se dedicaban a la agricultura debían traer las primicias. Eso significaba que la primera porción (y sabemos que es del 10%) debían llevarla a Dios y ofrecérsela. Dios no solo quiere el diez por ciento de tus ingresos – eventualmente; ¡Él lo quiere primero! Este es un principio bíblico que vemos: Dios habla de Sus derechos y demandas sobre el primogénito y las primicias. Cuando diezmamos primero, es una forma real y visible de mostrarle a Dios que le pones a Él primero. ***1 Corintios 16:2*** *Cada primer día de la semana, cada uno de vosotros ponga aparte algo, según haya prosperado, guardándolo, para que cuando yo llegue no se recojan entonces ofrendas.* Esta escritura enseña que debían dar en "el primer día de la semana", o domingo! Para nosotros, el principio sería: "en cuanto cobres" o "la primera vez que vas a la iglesia después de que cobres".

Deshonrando a Dios

Si estás leyendo o escuchando este libro, es porque de alguna manera quieres o necesitas que tus finanzas prosperen. Si es así, debes entender que **no puedes prosperar si no pagas el diezmo.** Si no tienes una relación de pacto con Dios, que se demuestra con el diezmo, estás deshonrando a Dios. ***¡Dios no bendice a quienes lo deshonran!***
Malaquías 3:8-9 NVI *"¿Acaso robará el ser humano a Dios? ¡Ustedes me están robando! "Y todavía preguntan: '¿En qué te robamos? '. "En los diezmos y en las ofrendas. 9 Ustedes —la nación entera—, están bajo gran maldición, pues es a mí a quien están robando*

Este versículo explica que los judíos de aquella época estaban sufriendo pérdidas financieras en su agricultura y sus campos (que era su ingreso). ¡Dios dice que eso es resultado directo de que le deshonran al no dar el diezmo! Si tuvieras a alguien en tu vida que te dijera constantemente: *"Creo que eres tonto, feo y no me gusta mucho estar contigo"*, y luego te preguntara si le prestarías dinero, ¿lo aceptarías? No, ¡porque te están deshonrando! Entonces, ¿por qué debería ser diferente con Dios? A lo largo de los años, varias personas me han contado que en algún momento dejaron de dar el diezmo y luego les ocurrieron diversas catástrofes financieras. En algunos casos, el coste de las catástrofes financieras fue igual al diezmo que deberían haber pagado: *¡Al céntimo!* No es casualidad; es un mensaje de Dios.

Las Bendiciones del Pacto

Lo asombroso de Dios es Su disposición a bendecirnos por nuestra obediencia. Esto es sorprendente: ¿Por qué Dios debería bendecirnos por obedecerle? Si nos bendice por pagar el diezmo (que le pertenece), ¡nos está recompensando por no robar! ¿Hacemos eso en nuestra vida? ¿Le pagamos un bono a los ladrones por no entrar en nuestra casa? ¿Damos una recompensa a los ladrones por no robarnos? Pero, sorprendentemente, ¡eso es lo que hace Dios! Dios es muy decidido en su disposición a bendecir nuestra obediencia en el diezmo.
Malaquías 3:10 *Traed todos los diezmos al alfolí y haya alimento en mi Casa: Probadme ahora en esto," dice Jehová de los ejércitos, "a ver si no os abro las ventanas de los cielos y derramo sobre vosotros bendición hasta que sobreabunde.* ¿Por qué Dios bendeciría nuestra obediencia cuando simplemente estamos haciendo lo correcto? ¡Porque estamos en una relación! Cuando decimos, Dios ve que le amamos, que le honramos y confiamos en Él. Dios también nos bendice cuando diezmamos porque Su honor y reputación están en juego. En ***Malaquías 1:14,*** *Dios declara que "Soy un gran rey..." Imagina si decimos a otros que Dios es un gran Rey en carácter y poder, pero que El no hace nada para ayudarnos. ¡Eso es inaceptable para Dios! Su nombre está en juego.* La promesa de Dios es que si su pueblo le honra y obedece en el diezmo, Él *"abrirá las ventanas del cielo."* ***Malaquías 3:10*** *Traed todos los diezmos al alfolí y haya alimento en mi Casa: Probadme ahora en esto," dice Jehová de los ejércitos, "a ver si no os abro las ventanas de los cielos..."* Se ven tres dimensiones de la bendición si hay ventanas abiertas en el cielo:

Las ventanas abiertas en el cielo traen una dimensión sobrenatural positiva del favor de Dios. Esto habla de una dimensión sobrenatural de la oración respondida. Puedes llevar tus necesidades a Dios en oración y pedirle Su ayuda sobrenatural. Cuando oras y estás diezmando, estás en favor con Dios porque le honras por quien es Él.

Deuteronomio 14:29 *...para que Jehová, tu Dios, te bendiga en toda obra que tus manos hagan.* El contexto de Deuteronomio 14 está escrito para personas dedicadas a la agricultura. Si Dios bendice todo el trabajo de sus manos, serían fructíferos: las cosechas crecerían bien. Para los cristianos modernos, podemos aplicar esto en el ámbito de la fecundidad, o ganar almas para Dios. Dios bendecirá nuestro trabajo de dar testimonio a los no creyentes, o nuestras acciones. Se añadirá algo más a nuestro trabajo y a las palabras que pronunciamos, lo que hará que nuestras palabras sean efectivas.

Las ventanas abiertas en el cielo traen una dimensión sobrenatural que supera los ataques demoníacos. ***Malaquías 3:11*** *Por ustedes reprenderé al devorador, para que no les destruya los frutos del suelo, ni su vid en el campo sea estéril", dice el SEÑOR de los ejércitos.*

Los campesinos o agricultores a veces tenían problemas con factores naturales que bloqueaban o destruían sus cultivos: sequía o infestaciones de insectos. Dios dice que El "reprenderá al devorador", lo que significa que evitará que esas cosas se coman sus cosechas. Esto es lo que les pasa a la gente hoy en día. El enemigo de nuestras almas ataca nuestras finanzas para hacernos miserables, consumir nuestras energías e impedir que invirtamos en la obra de Dios. Pero cuando diezmamos, Dios dice que nos ayudará a superar ataques demoníacos que dañarían nuestras finanzas. En Génesis 28, Jacob prometió diezmar, y entonces vemos cómo se desarrollaron en su vida las bendiciones de su pacto de honor con Dios. Labán intentaba hacerle trampa cambiando su salario, pero Dios se involucró. ***Génesis 31:7-9*** *y que su padre me ha engañado, pues varias veces me ha cambiado la paga. Pero Dios no le ha permitido hacerme daño.8 Si él decía: 'Te voy a pagar con los pintados', entonces todas las ovejas parían corderos pintados; y si decía: 'Te voy a pagar con los listados', entonces todas las ovejas parían corderos listados.9 Así Dios le quitó al padre de ustedes el ganado, y me lo dio a mí* Las trampas no funcionaron porque Dios superó esas estrategias contra las finanzas de Jacob.

Las ventanas abiertas en el cielo traen una dimensión sobrenatural positiva de bendición financiera. ***Malaquías 3:10*** *Traed todos los diezmos al alfolí y haya alimento en mi Casa: Probadme ahora en esto," dice Jehová de los ejércitos, "a ver si no os abro las ventanas de los cielos y derramo sobre vosotros bendición hasta que sobreabunde.*

Analizaremos esta dimensión de bendición en capítulos posteriores, pero la bendición que se derrama *"hasta que sobreabunde"* habla de la promesa general de *"¡más que suficiente!"* Dios no quiere que sus hijos vivan con *"menos que suficiente"* o *"apenas suficiente"*. Quiere que su pueblo y sus iglesias tengan *"¡más que suficiente!"*

El Propósito de la Bendición

Si queremos que Dios nos prospere, debemos asegurarnos de entender el verdadero propósito de la prosperidad. El error de muchos llamados "Predicadores de la Prosperidad" es el énfasis incorrecto en el propósito de la prosperidad. A menudo se presenta simplemente como: *"Dios quiere que vivas la buena vida"* o, *"Dios quiere que vivas como el hijo de un rey."* El énfasis suele ser egoísta: *"Si Dios te prospera, puedes conducir un buen auto, vivir en una buena casa, tener buenas joyas, salir de vacaciones agradables..."* A Dios no le importa que seas bendecido y disfrutes de cosas buenas. Sé que algunas personas dicen que está mal tener más de lo que necesitas, y que deberías darlo todo a los pobres, pero eso no coincide con el registro de Abraham, Isaac y Job, de quienes Dios nos dice específicamente que eran muy ricos.

¡El propósito principal de la prosperidad es promover los propósitos de Dios! Desde el inicio de la relación de Dios con Abraham, Dios promete que le bendecirá. Más adelante podemos ver que la 'bendición' incluía sus finanzas. Pero al mismo tiempo que Dios promete bendecir a Abraham, le dice el propósito de la bendición:

Génesis 12:2-3 *Haré de ti una nación grande, y te bendeciré, engrandeceré tu nombre, y serás bendición. 3 Bendeciré a los que te bendigan, y al que te maldiga, maldeciré. En ti serán benditas todas las familias de la tierra."*

En última instancia, el propósito de Dios bendecir a Abraham era cumplir los propósitos de Dios:

- **Dios quería establecer una gran nación** (La nación de Israel).
- **Dios quería que Abraham bendiga a otras personas.**
- **Dios quería que Abraham bendijera a todas las familias (grupos étnicos) de la tierra.**

La bendición financiera está incluida en los propósitos de Dios. La bendición financiera permitirá que la bendición llegue a toda la gente de la tierra. Creo que el propósito máximo de Dios es la evangelización de los perdidos. No puedo hablar por otras iglesias o compañerismo de iglesias: Yo solo puedo decirte lo qué hace nuestra iglesia (La Casa del Alfarero en Prescott, Arizona) y nuestro Compañerismo de iglesias

(Ministerio de Compañerismo Cristiano) con el dinero que el pueblo de Dios da. Si el propósito máximo de Dios es que los pecadores perdidos lleguen a conocerle, entonces el propósito supremo de nuestro dinero es financiar la evangelización. En nuestra iglesia (y en nuestro compañerismo) usamos el dinero que el pueblo de Dios da para financiar la evangelización de cuatro maneras principales:

Nuestros diezmos y ofrendas financian la evangelización local: Organizamos conciertos, obras de teatro, cruzadas de sanidad y muchas otras formas de evangelización para atraer pecadores y predicarles el Evangelio. Estos requieren dinero para poder hacerlo, ya sea imprenta, alquilando locales, equipo, comida o cualquier cosa que permita estas actividades locales.

Nuestros diezmos y ofrendas financian actividades fuera de la ciudad: Tenemos iglesias en otras ciudades a las que enviamos equipos en furgonetas para ayudarles a evangelizar. Enviamos bandas y equipos de teatro para hacer actividades de evangelización en diferentes ciudades. Esto también requiere dinero para poder comprar, gastos de mantenimiento y de combustible para las furgonetas que transportan a estas bandas, equipos de teatro o equipos de evangelización (impacto). Se necesita dinero para comprar el equipo necesario para llevar a cabo estas actividades fuera de la ciudad.

Nuestros diezmos y ofrendas financian la plantación de iglesias: Nuestra visión se llama pionera. Esto significa que enviamos parejas a otras ciudades para empezar iglesias nuevas. No solo les decimos que sean bendecidos y los dejemos ir; Financiamos estas iniciativas de plantación de iglesias. Se necesita dinero para llevar a las parejas allí, para conseguirles alojamiento, equipamiento, edificios, actividades de evangelización y todo lo que necesiten para poner en marcha la nueva iglesia.

Nuestros diezmos y ofrendas financian la evangelización mundial: Desde el principio de la relación de pacto de Dios con Abraham, Dios le ordena ser una bendición para "todas las familias de la tierra." Para los creyentes del Nuevo Testamento, Dios nos manda: *"Id por todo el mundo y predicad el evangelio a toda criatura"* (**Marcos 16:15**) y *"Haced discípulos de todas las naciones."* (**Mateo 28:19**). Creemos que nuestra vocación para cumplir el propósito mundial de Dios es enviar parejas misioneras a plantar iglesias en cada nación del mundo. Esto es, con gran diferencia, lo más caro que hacemos como iglesia o como Compañerismo. No seguimos el patrón de muchas organizaciones cristianas, que es permitir que las parejas se vayan al extranjero como misioneros solo si recaudan su propio dinero. Este es un patrón común que siguen las organizaciones misioneras: La pareja misionera va a varias iglesias y pide donaciones antes de poder ir. Ellos tienen que volver a casa durante largos periodos cada pocos años para repetir la recaudación de fondos. En nuestra iglesia y Compañerismo, no hacemos esto. Si enviamos a la pareja a otra nación, también financiamos su misión con las dádivas del pueblo de Dios. Creemos que ese es el propósito máximo por el que Dios nos bendice en primer lugar. ***Filipenses 4:15-17*** *Y ustedes mismos, filipenses, saben que en el principio de la obra del evangelio, cuando salí de Macedonia, ninguna iglesia participó conmigo en mis ingresos y gastos, excepto ustedes. 16 Incluso a Tesalónica me enviaron ayuda una y otra vez para suplir mis necesidades. 17 No digo esto porque esté tratando de conseguir más ofrendas, sino que trato de aumentar el crédito a su cuenta.* Pablo fue pastor en la ciudad de Filipos, Macedonia. Él quería ir a otra nación, y dice que cuando fue, la gente de la iglesia en Filipos contribuyó con su dinero para que pudiera establecer la iglesia en Tesalónica. Dice que sus finanzas permitieron que *"aumentar el crédito a su cuenta"*, refiriéndose a las personas que se salvaron cuando Pablo predicó el Evangelio allí. Ese es el propósito máximo de la bendición de Dios en la prosperidad.

Si honramos a Dios con el pacto del diezmo y si usamos la bendición que Dios nos da para Sus propósitos, Dios traerá aún más prosperidad. Él no tiene problema en satisfacer nuestras necesidades, ni en que disfrutemos de Sus bendiciones: ¡Siempre y cuando recordamos la razón por la que Él nos bendice!

Un rico comerciante inglés fue solicitado por la reina Isabel para que se encargara de ciertos asuntos suyos. Él dijo: "Majestad, estoy lo suficientemente dispuesto, pero si hago su voluntad, mi negocio se arruinará." La Reina respondió: "Señor, usted atiende mis asuntos y yo atiendo los suyos."

Esto es cierto si se considera el tema de la prosperidad. Si siempre nos aseguramos de honrar a Dios y cuidar de Sus propósitos, Él liberará Su bendición en prosperidad en nuestras vidas e iglesias.

Todo Empezó Con Un Sí - *Raja y Chandu Kumar Gudipalli*
Terminé mi licenciatura en 2007 y empecé a buscar trabajo en Bangalore, India (a 573 km de mi ciudad natal). Uno de mis familiares me prestaba 70 dólares cada mes para sobrevivir y conseguir un empleo en Bangalore. Hizo esto durante cuatro meses. Yo había solicitado trabajo en todas partes y fui rechazado por 44 empresas. Estaba completamente desanimado y no sabía qué hacer. Sentía que había perdido la esperanza y empecé a pensar que quizá nunca conseguiría trabajo.

Un día, me arrodillé en el baño de donde vivía con cinco amigos en una sola habitación y oré a Dios: *"Si me ayudas a conseguir un empleo, te daré todo mi primer mes de sueldo."* La semana siguiente, conseguí un trabajo. Había perdido 33 libras por el estrés y la preocupación. (pesaba 92 libras en el momento en que lo conseguí). Pensaba que quizá nunca conseguiría un empleo.

Llegué a la Casa del Alfarero en Bangalore en septiembre de 2007 y di todo mi salario del mes. Le dije a mi familiar que le pagaría los 280 dólares que le pedí prestados el mes siguiente. Entonces nos golpeó la crisis financiera global en 2008-09. Todas las empresas despedían a miles de empleados por la recesión. En ese momento, estaba en una crisis financiera y al borde de perder mi trabajo. En ese entonces tuvimos un avivamiento con el pastor Daryl Elliot. Él preguntó: *"¿Hay alguien aquí que esté buscando un milagro financiero en su vida?"* Pasé al frente, oró por mí y me dio una palabra, luego me preguntó: *"Si Dios te bendice, ¿serás fiel en tus diezmos?* Le dije: *"Sí."*

Esa única decisión cambió mi vida. No perdí mi trabajo, pero no hubo aumentos de salario. Fui fiel a diezmar. Al cabo de un año, mi jefe me dijo que, en reconocimiento a mi ardua labor, quería darme un bono igual a la mitad de mi sueldo anual. Después de seis meses, me subieron el sueldo en un 56%. Estaba agradecido a Dios por las provisiones y empecé a dar el 11% de diezmo. Tras un año, me ascendieron al siguiente nivel y me aumentaron el salario un 20%. Entonces empecé a dar el 12% de diezmo. Después de 6 meses, una empresa de consultoría se puso en contacto conmigo y me pidió que hiciera una sesión de capacitación de 5 días, y me pagaron dos meses de salario por ello.

Luego, me fui a Canadá a trabajar durante tres meses. Por ese tiempo de trabajo, me pagaron el equivalente a cuatro años de salario. Entonces empecé a diezmar el 13%.

Asistí a una de las Conferencias Bíblicas de la India, y en esa conferencia hubo un llamado para el Evangelismo Mundial. Pensé en una cantidad grande para dar. Mientras oraba, sentía que Dios movía mi corazón a cuadruplicar esa cantidad, lo cual era muchísimo. Después de eso, sentí en mi corazón comenzar a diezmar el 20%. No pasó nada durante un año y medio, pero seguí diezmando fielmente el 20%. Después de ese tiempo, me ascendieron al siguiente nivel y recibí un aumento salarial del 25%.

Un mes después, recibí una llamada de Amazon y conseguí un trabajo allí. Me dieron un aumento del 60% respecto a mi salario actual. Me casé con Chandu y fielmente diezmábamos el 20%. Después de 6 meses, me mudé a Seattle y mi sueldo aumentó un 500%. Después de 6 meses, mi esposa también consiguió un trabajo en Amazon. ¡Dios duplicó nuestros ingresos!

Nunca le pedí a mi jefe que me aumentara el sueldo. Sé que solo Dios es quien lo aumenta. Hace unos años, no tenía nada en mi vida, y hoy Dios me ha dado tanto. Todo cambió después de que dije un simplc "Sí".

¿Por Dónde Empiezo? - *Loic y Kimberly Didier*

Mi prometida y yo teníamos algunas metas financieras que queríamos alcanzar, pero no podíamos lograr. En un servicio, el pastor Josh Walsh habló sobre el diezmo, y después me le acerqué y le pregunté cómo podíamos diezmar sin dinero y sin trabajo.

Pero en cuanto lo hicimos, comenzaron los milagros. Acababa de graduarme como electricista y poco después recibí una llamada de un contratista que me ofreció un flujo constante de trabajo. No he estado sin trabajo desde entonces. De hecho, tuve la suerte de poder comprar dos boletos de avión desde Mauricio para la Conferencia de Sídney, lo cual fue una gran bendición.

Durante esa conferencia, no teníamos mucho dinero, pero Dios nos habló para que diéramos lo que teníamos, y cuando el pastor Rob Walsh tomó la ofrenda para el evangelismo mundial el jueves por la noche, dimos una cantidad que era muy grande para nosotros. Desde esa ofrenda, Dios nos ha bendecido poderosamente en las finanzas.

1. La gente empezó a decirnos: "Dios nos habló", y luego nos daba dinero... De hecho, nos han dado 10 veces más de lo que dimos en la ofrenda. Incluso después de la conferencia, seguimos recibiendo dinero de familiares, amigos e incluso de personas que no conocemos.
2. Mi prometida era aprendiz en una empresa de arquitectura y recibió un correo electrónico diciendo que le ofrecían un trabajo a tiempo completo con un sueldo muy superior al salario estándar en Mauricio.
3. Finalmente, mi padre me bendijo con una camioneta Ford Ranger para mi negocio.

Reprendiendo al Devorador- *Tony y Nette Tinio*
Davao City, Philippines
Me llamo Tony Tinio. Mi esposa y yo teníamos un próspero negocio de panadería en Davao City, Filipinas. A pesar de estar tan ocupados, servíamos fielmente al Señor y apoyábamos la obra de Dios. Cada domingo cerrábamos nuestras 4 panaderías y exigíamos a todos los trabajadores (casi 50 personas) asistir a los servicios de la iglesia. Dios nos honró prosperándonos no solo financieramente, sino mucho más en lo espiritual.

Fue en 1993 cuando Dios nos confirmó ***Malaquías 3:11*** "*Y reprenderé al devorador.*"" Una mañana, sobre las 2:00 am, me despertó una llamada telefónica. La persona que llamaba me informó que nuestra panadería se estaba incendiando. Mi primera reacción fue orar, y declaré: "DIOS DA, DIOS QUITA." Le conté a mi esposa lo del incendio y le sugerí que se quedara en casa. Fui al lugar y vi que los bomberos no podían contener el fuego. El edificio que alquilábamos tenía una casa de huéspedes en la segunda planta. En la planta baja había varios negocios, incluyendo nuestra panadería. Todo estaba envuelto en llamas. Sorprendentemente, yo sentía paz en mi corazón mientras observaba el edificio en llamas. Me quedé un rato y luego me fui a casa. Le informé a mi esposa que nuestra panadería se había perdido.

Cuando amaneció, llevé a mi esposa y a mi hija al lugar. Vimos a los bomberos sacar los cadáveres de personas que habían quedado atrapadas en la casa de huéspedes quemada. Nueve personas murieron. Más tarde supimos por el informe policial que el incendio comenzó en el entrepiso del edificio; el mismo nivel en el que estaba la panadería.

Dos días después, nos permitieron inspeccionar la panadería quemada. Para nuestra sorpresa y alegría, ¡el incendio no la había dañado! Aunque había agua por todas partes, todo lo que había dentro de la panadería quedó protegido del calor del fuego. Las piezas de plástico no se derritieron y los cristales y espejos no se rompieron. De hecho, el contenido de la nevera seguía frío. Abrimos una botella de cola; ¡seguía helada! Parecía que Dios había rodeado el lugar y salvado la panadería. La gente que pasaba por allí echaba un vistazo y decía que era un milagro. Todavía se podían ver las marcas de quemaduras en los edificios a ambos lados de la panadería.

Conseguimos el autorizo de la Oficina de Ingeniería de la Ciudad para demoler la parte superior del edificio quemado y luego renovamos el lugar. Un mes después del incendio, la panadería volvió a funcionar. ¡Gloria a Dios! El milagro no terminó ahí. El seguro de la empresa nos pagó suficiente dinero para cubrir el costo de la renovación. Como bendición adicional, cuando reabrimos la panadería (que está situada junto a una universidad con miles de estudiantes), muchos estudiantes y todo tipo de personas querían comprar pan en "La Panadería Milagrosa" que Dios no dejó arder, así que Dios realmente nos bendijo con dinero extra como resultado del incendio. ¡Verdaderamente nuestro Dios es Salvador, Libertador y Proveedor!

Fidelidad Recompensada - *James y Liz Wilson*

He estado diezmando toda mi vida -desde que era un niño. A veces mi fe en el diezmo es puesta a prueba. Era nuestro aniversario mientras asistíamos a la conferencia, así que mi madre nos dio 100 dólares. No era una cantidad enorme, pero estábamos en la conferencia. Estaba pionando una iglesia y también tenía un empleo. Pasó por mi mente quedarme con todo. Razoné: "¡Fue un regalo!" Pero diezmamos y, solo para meterle el dedo en el ojo al diablo, dimos el resto para el evangelismo mundial.

El martes de **la semana siguiente a la conferencia**, mi jefe me llamó y me dio un aumento de sueldo de 4.000 dólares. ¡Gracias, Padre!

Luego, como a veces ocurre al pionar, el dinero estaba justo. Era el día 31 del mes, pero debido a los gastos de la conferencia, etc. no tenía nada de dinero. Nuestro alquiler era exactamente de 1200 dólares. Fui a orar esa mañana y, al entrar, encontré un sobre metido bajo la puerta dirigido a mi esposa y a mí. ¡Dentro había 1200 dólares! Siempre, siempre vale la pena dar tus diezmos. ¡No seas tacaño! No importa cuánto tiempo lleves haciéndolo, Dios seguirá sorprendiéndote una y otra vez.

La Obediencia Cambió mi Matrimonio - *Carol Zammit*
Brisbane, Australia.

Mi esposo se retiró del ejército en 1998. Aceptó varios trabajos conduciendo camiones, pero pronto decidió que prefería un trabajo de oficina. Durante aproximadamente un año y medio, hizo solicitud para quizás 100 empleos, para muchos de los cuales estaba bien calificado, pero ninguna puerta se abría para él. Incluso hizo un curso en la universidad para mejorar sus perspectivas, pero fue en vano.

Él había estado entrando y saliendo de la iglesia como un eterno resbalado, pero ahora estaba tomando buenas decisiones y empezaba a hacer las cosas bien. Sin embargo, el tema del dinero no se había resuelto.

La noche antes de que el pastor Mark Aulson hiciera un llamado a hacer promesas de ofrenda, había predicado un sermón en el que decía que las esposas a menudo escuchan mejor a Dios que sus esposos. Cuando se tomó la promesa, mi esposo escribió una cifra que sin duda era un esfuerzo para él, pero fácilmente alcanzable. ¡Yo escribí una cifra cinco veces más alta! Con el sermón de la noche anterior resonando en sus oídos, decidió poner mi cifra como nuestra promesa.

Tardamos varios meses en ahorrar el dinero para cumplirla, y unas semanas más para que mi esposo reuniera la fe para honrarla.

Casi de inmediato, todo cambió en el ámbito laboral. Mi esposo ahora tiene un trabajo de oficina muy por encima de sus calificaciones, que paga 10.000 dólares más al año de lo que ganaba conduciendo camiones. La empresa lo está enviando a la universidad (con todos los gastos pagos) con la perspectiva de ganar 10.000 dólares más al año dentro de cinco años.

Esto ha sido algo muy significativo para él. Se ha convertido en un fiel diezmador y ha roto el hábito de resbalarse.

El Diezmo Trae Liberación - *Brandon y Elizabeth Kwesiga* - Cuando estaba pionando nuestra primera iglesia en Inglaterra, conocí a un joven musulmán durante el Ramadán. Empezó a asistir a nuestros servicios y, sin que yo lo supiera en ese momento, estaba ahogado en una deuda de unas 36.000 libras. Nunca me mencionó nada al respecto. Después de unos seis meses en la iglesia, me pidió que conociera a su madre. Él tenía casi treinta años, así que la petición me pareció extraña, pero fui con la esperanzade que ella también viniera a la iglesia. Cuando llegué, ella aún no estaba en casa. En cuanto ella entró en el edificio, él se derrumbó. La verdadera razón por la que me había invitado era para ayudarle a contarle a su madre que había apostado y perdido todos sus ahorros. Ella había pasado años ganándose el dinero como limpiadora tras llegar al Reino Unido desde Eritrea. Como ella no sabía leer ni escribir, él se encargaba de sus finanzas.

Ella también tenía una amiga en su comunidad que había rehipotecado su casa y planeaba darle ese dinero para que pudiera comprar su apartamento a través de un programa del gobierno. Pero él lo había perdido todo. Cuando la madre entró por la puerta, me abrazó y me dio las gracias. No paraba de decir cuánto había cambiado Dios a su hijo, su comportamiento, su enfoque, toda su vida. Entonces llegó el momento en que tuvimos que decirle la verdad. Casi se desploma. Justo ahí, tuve un momento de fe. Oré por ella y le dije claramente que Dios es un Dios capaz y que lo que Él estaba haciendo en su hijo era real y sobrenatural. Ella me pidió que fuera con su hijo a hablar con la mujer que había rehipotecado su casa y explicarle que no podían comprar el apartamento. Bajamos las escaleras y animé a Salomón todo el camino, diciéndole que creía que Dios iba a intervenir. Justo cuando subimos al auto, su madre nos llamó de nuevo. Dijo que alguien acababa de llamar preguntando por Salomón. Esperamos. El teléfono volvió a sonar. Era una mujer adinerada que su madre había estado limpiando su casa por años. Ella estaba en Estados Unidos en ese momento. En el momento exacto en que habíamos orado, ella sintió el impulso de darle dinero a Salomón. Transfirió unas 38 libras. Los fondos se acreditaron en tres días.

Pero ese no fue el verdadero milagro. En su primer mes en la iglesia, Salomón sintió la convicción de empezar a dar el diezmo, y lo hizo fielmente. Cuando empezó a poner a Dios en primer lugar con su dinero, la adicción al juego se rompió al instante. Ese fue el milagro.

Hoy, Salomón está casado, tiene dos hijos, es un líder en nuestra iglesia y nos estamos preparando para lanzarlo al ministerio en abril próximo en la conferencia del sur de Londres.

Capítulo 12: Semillas de la Prosperidad

El dinero es como una semilla, plántala sabiamente y crecerá hasta convertirse en un árbol de riqueza. Pero si lo descuidas, se marchitará.
Desconocido

Los milagros 'de repente' se hacen de momentos tranquilos de fidelidad.
Andrena Sawyer

James L. Kraft se mudó a Estados Unidos a principios del siglo XX y comenzó a vender queso puerta a puerta con solo 65 dólares tras el colapso de su primer negocio. Para 1909 su empresa había crecido hasta convertirse en J. L. Kraft & Bros. Co., y en 1916 revolucionó la industria al patentar un proceso pasteurizador de queso que permitió el envío a nivel nacional. Más allá de los negocios, Kraft fue un cristiano devoto que dio generosamente a lo largo de su vida, destinando gran parte de su riqueza a iglesias, misiones y educación religiosa. El dijo: *"La única inversión que he hecho y que ha pagado dividendos crecientes de forma constante es el dinero que he dado al Señor."*

Una vez que entendemos el principio de un pacto de honor a través del diezmo, y vemos que el propósito de la prosperidad es, en última instancia, promover los propósitos de Dios, estamos listos para ver qué desencadena la prosperidad milagrosa: El principio de sembrar semilla.

El Principio de la Semilla

Como creador del universo, Dios ha establecido las leyes de la vida: Cómo funcionan las cosas en la vida y cómo funcionarán mejor. Un principio fundamental para toda la vida es **el principio**

de la semilla. ***Génesis 8:22*** *"Mientras la tierra permanezca, no cesarán el tiempo de la semilla y la siega, el frío y el calor, el invierno y el verano, y el día y la noche."*

Todo en la vida comienza con una semilla, y todo en el Reino de Dios comienza con una semilla. Los árboles empezaron como semillas. Los cultivos comenzaron como semillas. ¡Pero debemos entender que las semillas solo crecen al ser plantadas! Hace años, me interesé por desarrollar un huerto. Construí un jardín con bancales elevados. Lo llené con tierra y fertilizante. Luego fui y compré sobres de semillas que pensaba plantar. Pero en el tiempo que debería haber plantado esas semillas, estuve fuera del país durante varias semanas. Luego, cuando volví, estaba extremadamente ocupado y me distraje. Esos sobres de semillas estuvieron en un estante de mi garaje durante toda la temporada y nunca crecieron nada, ***¡porque las semillas solo crecen si las plantamos!***

Cuando se trata de la prosperidad financiera, este principio también es absolutamente cierto. La Biblia se refiere a nuestro dinero como semilla, pero al igual que en la naturaleza, la semilla del dinero solo crecerá si la plantamos. Hay varias leyes de la cosecha en el reino de Dios que necesitamos entender si queremos prosperar.

Principio de la semilla #1: ¡Solo cosecharás lo <u>que</u> plantas!

Gálatas 6:7 NVS *No te dejes engañar: No puedes engañar a Dios.* ***La gente <u>solo</u> cosecha lo que planta.*** Esta escritura nos enseña que no conseguirás dinero ni conseguirás más dinero solo pidiéndole a Dios. ¡La oración funciona! ¡Dios quiere que oremos! ¡Creo en la oración! Pero la oración por sí sola <u>no</u> traerá prosperidad financiera. En el reino de Dios: **Si necesitas dinero, ¡debes sembrar semillas de dinero!** Sembrar semillas de dinero se llama <u>dar</u>: Liberar lo que te pertenece. ***2 Corintios 9:7 NVS*** *Cada uno de ustedes debe dar* **como deciden en su corazón hacerlo.** *No deberían estar triste cuando dan, y no deberían dar* *porque se sientan obligados a hacerlo. Dios ama a la persona que da con alegría.*

El diezmo no es dar, porque el primer diez por ciento de nuestros ingresos pertenece a Dios, no a nosotros. Imagina que te presto 100 dólares y luego me dices: "Me siento generoso, así que te voy a dar 100." Si devuelves lo que te presté; no es generosidad ni un regalo, porque era mío desde el principio.

Malaquías 3:8 NVI *"¿Acaso roba el ser humano a Dios? ¡Ustedes me están robando! "Y todavía preguntan: '¿En qué te robamos? '. "En los diezmos* ***y en las ofrendas***. El diezmo es el 10% de nuestros ingresos: La cantidad no depende de nosotros, depende de Dios. Le mostramos a Dios que estamos de acuerdo en que le pertenece pagando nuestro diezmo, o el 10% de nuestros ingresos. No das el diezmo, lo pagas.

Las ofrendas son cualquier cosa que elegimos dar además del diezmo: *¡La cantidad depende de nosotros!* ***2 Corintios 9:7 NVS*** *Cada uno de debe dar* **como decida hacerlo en su corazón**. *No deberías estar triste cuando das, y no deberías dar porque te sientas obligado a hacerlo. Dios ama a la persona que da con alegría.*

Todo cristiano debería incluir en su presupuesto o planificación financiera la entrega regular de **ofrendas**. En el Antiguo Testamento, el pueblo de Dios daba el diezmo, pero también había ofrendas regulares incorporadas en la relación con Dios. Cualquier cosa por encima del diezmo se llama ofrenda. Mi esposa y yo practicamos esto en nuestras propias finanzas. Nosotros diezmamos, y cada semana, cuando diezmamos, hacemos ofrendas regulares, además participamos en promesas que usamos para financiar la labor de evangelismo, la plantación de iglesias y la evangelización mundial. Para aclarar, tanto nuestras ofrendas habituales como nuestros compromisos son ofrendas. Simplemente decidimos separarlos en dos categorías diferentes de ofrendas regulares. Como dice **2 Corintios 9:7**, puedes dar '***como hayas decidido dar en tu corazón.***' El dicho clásico sobre la diferencia entre el diezmo y el dar:

El diezmo es una deuda que tengo; Dar es una semilla que yo siembro.

Principios de Multiplicación

Principio de la semilla #2: Solo lo que se da se multiplica. ***Lucas 6:38 NVI*** *Den y se les dará: se les echará en el regazo una medida llena, apretada, sacudida y desbordante. Porque con la medida con que midan a otros, se les medirá a ustedes."* El contexto es dar en las relaciones, pero el principio se aplica al dinero: *¡Tu recibir está conectado con tu dar!* ***Juan 6:9, 11 NLT*** *"Aquí hay un niño que tiene cinco panes de cebada y dos peces. ¿Pero de qué sirven ante esta enorme multitud? 11 Entonces Jesús tomó los panes, dio gracias a Dios y los repartió entre el pueblo. Después hizo lo mismo con los pescados. Y todos comieron cuanto quisieron.* Andrés solo encontró a un niño dispuesto a dar, pero la lógica nos dice que en una multitud de miles de personas, debería haber habido otros que sí tenían algo de comida para comer. ¡Pero el milagro de la multiplicación solo llegó con lo que se dio! Cualquiera que haya tenido comida pero no se la haya dado a Jesús, ¡su comida no se multiplicó!

Principio de la semilla #3: Solo cosechas después de sembrar, no antes. ***Marcos 4:26-29 NVI*** *Jesús continuó: "El reino de Dios se parece a quien esparce semilla en la tierra. 27 Sin que este sepa cómo, y ya sea que duerma o esté despierto, día y noche brota y crece la semilla. 28 La tierra da fruto por sí sola; primero el tallo, luego la espiga y después el grano lleno en la espiga. 29 Tan pronto como el grano está maduro, se mete la hoz, pues ha llegado el tiempo de la cosecha."*

Esta historia es muy útil para corregir algunas tendencias equivocadas en algunos cristianos. Hay personas que tienen la intención de ser generosas después que Dios les da mucho dinero. Cuando éramos misioneros en Johannesburgo, Sudáfrica, un hombre vino un día a la iglesia y empezó para ver me. Él me dijo cuánto apreciaba lo que yo hacía en la comunidad. Dijo que alguien le estaba dando 500.000 rands. Era una cantidad enorme de dinero en para alguien que había vivido en la pobreza. El me preguntó: *"¿Para qué necesito todo ese dinero?"* Dijo: *"Cuando lo reciba, ¡voy a dar la mitad de ese dinero a su iglesia!"* Empecé a emocionarme porque estábamos en medio de un proyecto de construcción. Pero entonces pensé: *"¿Quién le estaría dando tanto dinero?"* Así que le pregunté: *"¿Quién te está dando tanto dinero?"* Se le iluminaron los ojos y me preguntó: *"¿Has oído hablar del Sorteo de la revista Selecciones?"* Él había recibido una carta por correo de la revista Selecciones, diciendo: *"¡Puede que ya seas un ganador!"* Él estaba dispuesto a ser generoso con el dinero que no tenía. Pero el nunca dio dinero del que sí tenía.

Ese tipo de corazón nunca llegará a la prosperidad porque va en contra de las instrucciones de Dios en su palabra para nuestro dinero.***2 Corintios 8:12*** *Porque si primero está la voluntad dispuesta, será aceptado según lo que uno tiene, no según lo que no tiene.*

Principio de la semilla #4: Cosecharás más de lo que siembras.

Lo increíble de las semillas es que cuando plantas una, no solo recibes una: *¡La semilla se multiplica!* Recibes muchas, muchas semillas de vuelta por lo que has dado plantando.

En el antiguo Egipto, enterraban a la gente y colocaban semillas de trigo en sus manos momificadas. Creían que la persona muerta necesitaría las semillas en el más allá. 3.000 años después, se encontró una momia egipcia antigua en una tumba en Egipto con semillas de trigo en la mano; ¡El número de semillas era exactamente el mismo que cuando la colocaron allí! Las semillas nunca crecieron, ¡porque nunca se plantaron! Un hombre calculó que si esas semillas se hubieran plantado cuando el hombre murió y se hubieran replantado continuamente año tras año, ahora producirían un porcentaje significativo del trigo mundial necesario para el pan.

La Biblia nos da la promesa de la multiplicación milagrosa que viene de dar. ***Lucas 6:38 NVI*** *Den y se les dará: se les echará en el regazo una medida llena, apretada, sacudida y desbordante. Porque con la medida con que midan a otros, se les medirá a ustedes."*

Esto se refiere a tiempos antiguos en los que comprabas algún tipo de grano. El vendedor derramaba en el recipiente y lo llenaba hasta arriba. Pero si lo presionas, podría caber algo más. Luego, si agitas el recipiente eliminando bolsas de aire, se puede añadir aún más. Pero Dios se asegura de que no sea apenas lo suficiente para llenar el recipiente, sino que haya tanta cantidad que se derrama y cae en tu regazo. Pero la clave de esta abundancia multiplicada es que primero debemos dar. ¿Estás experimentando el "más que suficiente" de la bendición? ¿Estás viendo la multiplicación desbordante en tu vida? Esta es la posibilidad para quienes obtienen una revelación de dar.

1 Reyes 17:15-16 NVI *Ella fue e hizo lo que había dicho Elías, de modo que cada día hubo comida para ella y su hijo, como también para Elías. 16 Y tal como la palabra del SEÑOR lo había anunciado por medio de Elías, no se agotó la harina de la tinaja ni se acabó el aceite del jarro.*

La viuda de Sarepta creyó y obedeció a Dios dando primero a Dios lo que ella tenía. Fue después de que ella dio cuando Dios hizo un milagro de multiplicación: Cada día, ella iba a la tinaja de harina y a la vasija de aceite para hacer pan para ella, su hijo y Elías, y cada día lo que había en la tinaja y la vasija se multiplicaba sobrenaturalmente. Ella experimentó un suministro continuo durante más de 3 años. Esto es lo que Dios quiere hacer por quienes le obedecen en dar: Un suministro continuo de recursos, en lugar de una bendición aislada que se agota rápidamente. ¿Estás experimentando la bendición continua de la provisión multiplicada de Dios? Esto es lo que Dios puede hacer por sus hijos obedientes.

Tipos de Ofrendas de Semillas

Si queremos experimentar la milagrosa prosperidad de Dios en nuestras vidas, y si entendemos que la multiplicación solo ocurre sobre la semilla sembrada, debemos tener en cuenta en nuestro pensamiento y en nuestra planificación financiera la siembra de semillas a través de ofrendas. Hay varias categorías de ofrendas en las que debemos desarrollar la fe y la obediencia:

Ofrendas regulares: Debemos planificar dar ofrendas o compromisos con regularidad. (Tengo que explicar qué es una promesa para quienes no forman parte de nuestra iglesia o Compañerismo. En nuestra iglesia, ponemos las necesidades de alcance evangelístico, la plantación de nuevas iglesias y el evangelismo mundial por delante de la congregación local. Invitamos a todos a hacer un compromiso de ofrenda, que consiste simplemente en escribir la ofrenda que daremos en los próximos seis meses para financiar estos proyectos del Evangelio. La promesa es anónima y simplemente ayuda a los pastores a saber qué podemos planear hacer para Dios). La cantidad de ofrenda que das por encima de tu diezmo depende completamente de ti, de tu revelación y del nivel de fe. Pero, creo bíblicamente, según **Malaquías 3:8**, que todo cristiano debe participar en la entrega de ofrendas. Esto es una dádiva planificada, no un impulso aleatorio o emocional. Mi esposa y yo damos una cantidad regular de ofrendas cada semana, porque <u>planeamos</u> hacerlo.

Ofrendas especiales: Puede haber momentos en los que damos que no están planeados, sino en respuesta a que Dios nos habla. Esta dádiva no planificada puede ser en respuesta a una necesidad, o a que Dios nos dé una instrucción especial. En **Juan 6,** habla de la alimentación de las multitudes y del milagro que se desencadenó cuando Andrés habló con un niño dispuesto a darle su almuerzo para que Jesús pudiera usarlo. Probablemente su madre le preparó la comida para su propio uso, no para alimentar a nadie más. Pero de alguna manera, Dios habló a este niño a través de Andrés, y estuvo dispuesto a darle su almuerzo para que Jesús lo usara.

La Biblia da otros ejemplos de ofrendas especiales: La viuda de Sarepta dando su último poco de harina y aceite a Elías, el dueño del potro del asno en ***Lucas 19:34****. Y le dijeron: "El Señor lo necesita."* En un entorno eclesiástico, Dios suele hablar a las personas en conferencias y reuniones, o en ofrendas especiales, tales como fondos para el edificio o viajes misioneros. La cantidad depende de nosotros, pero creo que si estás en sintonía con el Espíritu de Dios, Él puede a veces hablar de una cantidad específica para que la demos. A lo largo de este libro encontrarás testimonios personales de personas que sintieron que Dios les hablo una cantidad específica para dar. Dios también puede hablarnos para que demos a una persona en particular para ayudarla (más sobre eso en el próximo capítulo).

Las ofrendas especiales son una prueba: Dios nos hablará para que demos en ofrendas especiales fuera de nuestra dádiva regular. A veces lo hace de forma muy deliberada y específica. El propósito de que Él nos desafíe a dar es ver si se nos puede confiar con bendiciones.

1 Reyes 17:13 NVI *Elías le dijo: "No tengas miedo. Vuelve a casa y haz lo que pensabas hacer. Pero antes prepárame un pequeño pastel* *de pan con lo que tengas y tráemelo, y luego haz algo para ti y tu hijo."* Los elementos de la ofrenda especial son: *¿Tienes suficiente visión para ver lo que tu ofrenda puede hacer? ¿Amas a Dios lo suficiente como para obedecer? ¿Puedes creer que Él puede hacer un milagro si le obedeces dándole?* **¡Es una prueba!**

Por favor, entiende que cada vez que Dios te habla para que des algo especial, es porque Él quiere hacer un milagro para ti. Dios no está tratando de quitarte todo tu dinero para que nunca salgas adelante. Él habla con nosotros para que demos porque ya está planeando liberar un milagro de abundancia para ti. ***¡El milagro está en el dar!***

Estableciendo Los Límites

Principio de semilla #5: Tu estableces el límite de tu multiplicación milagrosa. ***Lucas 6:38 NVI*** *Den y se les dará: se les echará en el regazo una medida llena, apretada, sacudida y desbordante. Porque con la medida con que midan a otros, se les medirá a ustedes."* Hay personas que técnicamente dan (dan algo más allá de su diezmo), pero ellos dan lo menos posible. Ellos juegan a lo seguro, porque son egoístas, les falta revelación de lo que el dar puede lograr, o porque les falta fe para confiar en Dios. Pero Jesús dice que cualquier medida con la que estés dando, ¡esa es la medida que te vuelve a ti! ***2 Corintios 9:6 NVI*** *Recuerden esto: El que siembra escasamente, escasamente cosechará, y el que siembra en abundancia, en abundancia cosechará.* ¡Tú estableces los límites de tu cosecha! Cuando tienes una revelación de dar y confías en el amor, poder y fidelidad de Dios, ¡das con generosidad! Pero esta escritura nos dice que dar generosamente libera recibir generosamente.

2 Reyes 4:3-7 NVI *Eliseo dijo: "Sal y pide a tus vecinos que te presten sus vasijas; que no sean pocas. 4 Luego entra en la casa* *con tus hijos y cierra la puerta. Echa aceite en todas las vasijas y, a medida que las llenes, ponlas aparte." 5 Enseguida la mujer dejó a Eliseo y se fue. Luego se encerró con sus hijos y empezó a llenar las vasijas que ellos le pasaban. 6 Cuando ya todas estuvieron llenas, ella pidió a uno de sus hijos que le pasara otra más y él respondió: "Ya no hay". En ese momento se acabó el aceite. 7 La mujer fue y se lo contó al hombre de Dios, quien ordenó: "Ahora ve a vender el aceite y paga tus deudas. Con el dinero que te sobre podrán vivir tú y tus hijos."*

Aquí tienes la historia real de una mujer con necesidades financieras. El hombre de Dios le da instrucciones prácticas de cómo Dios satisfará su necesidad: derramando el aceite. Pero le pone un reto pidiendo a sus vecinos vasijas vacías: *No pidas solo unas pocas.* Consigue tantas vasijas como puedas. Cuando ella empezó a derramar el aceite, este siguió derramando milagrosamente llenando tantos jarros como ella había reunido. ¡Si hubiera reunido más, podría haber tenido más! En cierto modo, tú pones los límites de tu multiplicación milagrosa.

Oro para que Dios te dé una revelación del poder de dar, y que tu fe se eleve para que obedezcas a Dios al dar. Si actualmente no das ofrendas, empieza ahora. Si Dios te habla sobre la ofrendas especiales, por favor obedécelo, **porque el milagro de la multiplicación está en el dar.** ***Génesis 26:12*** *Sembró Isaac en aquella tierra, y cosechó aquel año el ciento por uno; y lo bendijo Jehová.*

Dios Provee Una Casa - *Joe Campbell*

Estábamos pionando una nueva iglesia en Phoenix, Arizona. Vivíamos en un apartamento y tuvimos un avivamiento en la iglesia. El pastor invitado había dado una palabra a Connie. Él dijo: "Dios te va a dar una casa", y yo pensé: *"sí, cómo no."* Pero mi esposa Connie se lo tomó en serio. Empezó a buscar una casa. Contrató a una agente inmobiliaria y me andaba llevando de un lugar a otro viendo casas. Pero no teníamos dinero. Estábamos pionando, no teníamos ahorros, conducíamos un auto viejo, pero Connie estaba buscando una casa para comprar.

Finalmente, ella vio una y me dijo: *"Cariño, creo que es esta. Creo que esta es la que Dios quiere que tengamos."* Ya habíamos firmado una oferta para comprar la casa y se acercaba la fecha límite. Probablemente la agente inmobiliaria había visto el auto que conducíamos, quizá incluso pasando por el pequeño edificio de la iglesia, así que dijo: *"Sabes, van a tener que poner algo de depósito."* Le dije: *"Sí, lo sé"*, y la ignoré un poco. Luego, una semana después, me volvió a preguntar: *"¿Ya tienen los fondos listos para comprar esta casa?"* Dije: *"Sí."* Ella insistía tanto que le dije: *"Mi padre es rico"*. Pero ella ya se estaba dando cuenta. Le habíamos estado hablando, citando versículos. Ella preguntó: *"¿Quién es tu padre? ¿Dónde vive?"* Le dije: *"En el Cielo."* Me miró como diciendo: *"¡Oh no, se va a perder la venta!"*

Pero unos días antes del cierre, tocaron nuestra puerta y era un hombre. Miré detrás de él y tenía un Jeep viejo y mal cuidado. Me dijo: *"Dios me habló para que te diera esto"*, y me dio un sobre. Me di la vuelta y se lo di a Connie. Estaba lleno de billetes de 100 dólares y había unos 2.000 dólares, exactamente lo que necesitábamos para el cierre. Y compramos esa casa, ¡gloria a Dios!

Nos quedamos allí y casi un año después fuimos a pionar en Illinois. Vendimos la casa y tuvimos unos 15.000 dólares de ganancia. Estábamos en un servicio de la iglesia en Sparta, Illinois, sentados junto a Terry y Leigh Ann Haynes, yo al lado de Terry y Connie al otro lado de Leigh Ann. Habíamos ganado dinero con la venta de nuestra casa y estábamos pensando en comprar una en Illinois. Pero durante la ofrenda, Dios empezó a tratar conmigo para que lo diera todo. No quería, así que miré a Connie como diciendo: *"¿Dios te está hablando?"* Ella asintió con la cabeza. Levanté dos dedos (por 2000 dólares), y ella levantó el pulgar, queriendo decir más. Al final, lo dimos todo, y ella también echó sus anillos de boda. Nadie le dijo que lo hiciera. Después, otra persona los compró y se los devolvió. Pero lo dimos todo. Luego, cuando fuimos a Marion, Illinois, para pionar una nueva iglesia, abrimos una cuenta de cheques. Un día recibimos un estado de cuenta del banco y había mucho dinero en nuestra cuenta. Se lo enseñé a Connie y ella dijo: *"Cariño, eso no es nuestro. Será mejor que vayas al banco y lo aclares."* Le dije: *"Bueno, está en nuestra cuenta."* Pero fui al banco y, cuando entré y me acerqué a la cajera, me dijo: *"Señor Campbell, le estábamos esperando. El director del banco quiere hablar con usted."* Fui a hablar con él y me dijo: *"Una persona anónima, que no quiere que sepa quién es, vino y depositó ese dinero en tu su cuenta."* Habíamos puesto 15.000 dólares en la ofrenda. Ahora había 20.000 dólares en nuestra cuenta. ¡Gloria a Dios! Usamos ese dinero para comprar una casa.

Muchos me preguntan: *"¿Por qué, cuando usted toma las ofrendas, la gente se siente tan impulsada a dar?"* Lo estuve pensando y me di cuenta de que cuando obedeces a Dios en el dar, las historias de provisión milagrosa en la Biblia ya no son solo historias bíblicas de Dios proveyendo a Pedro o a Pablo, ¡son tu historia! Y eso añade otra dimensión a la fe. Se añade algo más a tu planificación, oración, ayuno, testimonio, ofrenda, plantación de iglesia; una dimensión milagrosa de fe que activa la bendición de Dios.

Oír, Obedecer y Recibir - *Brent y Sharni Underwood*
Durante la Conferencia Bíblica de Perth, dos de las ilustraciones de ofrendas de la conferencia me hablaron personalmente. El primero fue el del pastor Nigel Brown. Yo recientemente había predicado un avivamiento y me habían dado una ofrenda de amor, así que decidimos dar de ahí. El segundo fue el del pastor Greg Mitchell. Él habló de preguntarle a Dios qué quiere Él que des, algo que mi esposa y yo no habíamos hecho en mucho tiempo. Quería escuchar a Dios, pero solo cuando la canasta ya había pasado me vino a la mente la cantidad de 1200 dólares. Lo apunté y lo metí en el portafolio, sin estar seguro de qué hacer. El jueves por la noche, sentí que Dios me impulsaba a dar esa cantidad, así como una promesa para el evangelismo mundial de nuestra Iglesia (tenía la intención de tomar una ofrenda cuando volviera a nuestra Iglesia el domingo). Cuando le conté a mi esposa lo que Dios me dijo que hiciera, me miró y dijo: *"¿De dónde vamos a sacar eso?"* Me sorprendió un poco. Dije: *"De la ofrenda de amor."* ¡Me recordó que ya había hecho una promesa de ahí! ¡De alguna manera, se me había olvidado! En ese momento, estaba un poco nervioso, pero me volteé hacia ella y le dije: *"Dios me dijo que diera esta cantidad; Él sabe lo que tenemos y lo que necesitamos."* Lo sacaríamos de cualquier ahorro que tuviéramos y confiaríamos en Dios.

El domingo siguiente, durante la escuela dominical, estábamos viendo un video de la serie Piedras Conmemorativas cuando un ujier me dijo que un visitante insistía en verme. Fui a hablar con el hombre y le pregunté en qué podía ayudarle. Me pidió que orara por él, luego sacó una billetera llena de dinero para dármela. Aparté la billetera y le dije que no necesitaba dinero para orar por él, lo cual hice. Después, me puso la billetera en la mano y me dijo que llevaba un tiempo ahorrando el dinero para dárselo a la Iglesia. Cuando le dije que se quedara y que lo pusiera él mismo en la ofrenda, dijo que tenía que irse y me preguntó si podía hacerlo por él, ¡y salió corriendo por la puerta! Le di la billetera a los ujieres y continué con el servicio.

Cuando llegué a casa, saqué la billetera y me di cuenta de que estaba llena de billetes de 50 dólares. ¡De hecho, eran 189! ¡9450 dólares! Me quedé impresionado. ¡Nunca nadie había dado tanto en una ofrenda! Fue una respuesta a la oración, ya que había estado orando por un avance financiero para poder ahorrar algo de dinero con miras a plantar nuestra primera iglesia hija. No solo eso, sino que cuando levanté la promesa para el evangelismo mundial en nuestra Iglesia, entraron más finanzas de las que yo había prometido en representación de ellos, ¡algo que nunca había ocurrido antes!

Pero eso no es todo. El lunes después de la conferencia, mi esposa decidió comprobar el estado de un Beneficio Fiscal Familiar que habíamos solicitado en noviembre del año anterior. No habíamos tenido noticias desde que presentamos nuestra solicitud, pero cuando Sharni revisó en internet, vio que había sido aprobada, ¡y recibimos 11.000 dólares el martes después de la conferencia!

Nuestro Bebé Milagroso - *Phil y Annie Ouma*

Llevábamos más de 2 años intentando tener hijos. Eso nos pasó una factura emocional muy grande, pero especialmente afectaba a mi esposa. Cada mes, esperaba con ansias hacerse una prueba de embarazo, solo para volver a desilusionarse. Me partía el corazón ver a mi esposa llorando cada mes, enfrentando otra decepción más. Gastamos dinero en especialistas y clínicas de fertilidad y, una vez más Annie daba negativo en la prueba de embarazo.

El lunes de la Conferencia Bíblica de Perth 2022, me acerqué al pastor Greg Mitchell para que orara por nosotros, ya que queríamos que Dios hiciera un milagro en nuestras vidas. Esa noche, llamó al frente a otras parejas que luchaban con la esterilidad, y oró por todos nosotros. Después de eso, seguimos creyendo en Dios, pero todavía no lográbamos concebir un hijo.

En la Conferencia Bíblica de Perth 2023, hicimos una promesa de ofrenda significativa (la mayor que habíamos hecho hasta ese momento). En la parte de atrás de la tarjeta de promesa, escribimos algunas de las cosas por las que estábamos creyendo que Dios hiciera y, por un acto de fe, las pusimos en esa promesa. Después de la conferencia, estuve luchando con la cantidad y pensé que solo eran mis emociones. Finalmente le dije a mi esposa que aún no había entregado lo que habíamos prometido. Ella dijo: *"Phil, date prisa y págalo"*, así que al final lo hice. Dos días después, ella se hizo una prueba de embarazo y dio positivo. Nuestra hija milagrosa, Dakoda Grace Ouma, nació en 2023. Lo vinculamos directamente a nuestra ofrenda en esa conferencia. *¿Quién iba a pensar que obedecer a Dios en una ofrenda de conferencia desencadenaría nuestro propio milagro personal?*

Gracias, pastor Greg, por desafiarnos a creerle a Dios. Oro para que nuestro testimonio desafíe la fe de otras personas, para que crean en Él por milagros sobrenaturales en sus propias vidas.

Familia Creciendo, Bendiciones Creciendo - *Nate y Ashley Rush*

Mi esposa y yo siempre habíamos sido fieles con nuestras finanzas. Pero a medida que nuestra familia crecía (seis hijos), las presiones financieras también crecían. En ese tiempo, trabajaba para una gran empresa corporativa. La compañía era muy estricta con sus normas y se apegaba firmemente a la evaluación anual con la mentalidad de dar aumentos mínimos.

Había aceptado un puesto que, en teoría, debía ponernos en una buena vía salarial, pero todo avanzaba dolorosamente lento. Orábamos, ayunábamos y le pedíamos a Dios específicamente por un aumento. Pero durante un tiempo, nada parecía moverse.

Durante la serie de estudios La Prosperidad del Reino, en la Escuela Dominical, tanto Ashley como yo nos sentimos motivados y retados a dar una ofrenda de fe por un aumento salarial. Oramos muy específicamente por un aumento anual de 25.000 dólares. No ocurrió de la noche a la mañana. Pero en aproximadamente un mes, Dios intervino e hizo lo que solo Él puede hacer. Tras varios acontecimientos, la empresa acabó dándome un aumento de 28.000 dólares al año, ¡tres mil más de lo que habíamos creído! Luego, a finales de ese mismo año, ¡recibí un bono adicional de 13.000 dólares!

Estamos plenamente convencidos de que este avance estuvo directamente relacionado con ese paso de fe; el reto al que respondimos y la ofrenda de fe que dimos. Dios no solo cubrió nuestra necesidad, la superó.

Inspirado Para Creer y Obedecer - *Sergio y Andrea Martínez*
Asistimos a la Conferencia Bíblica de San Antonio 2025. El lunes por la noche, el Espíritu Santo me habló para que diera 1000 dólares. Soy pastor a tiempo completo, y el problema era que solo teníamos 2.200 dólares en la cuenta de la iglesia. No tenía sentido para mí. No respondí esa noche. El miércoles por la noche, el pastor Román Gutiérrez tomó la ofrenda. Contó que había orado por un hombre que era drogadicto y vivía en la calle. El hombre fue salvo radicalmente, y más tarde su padre le dio al pastor Román una bolsa con 10.000 dólares. Cuando oí eso, el Espíritu Santo me impulsó de nuevo para dar los 1000 dólares. Así que, antes de perder la inspiración, llené rápidamente un cheque de 1000 dólares. Le dije a Dios que eso era lo que yo necesitaba, lo que dijo el pastor Román, 10.000 dólares.

Ese domingo por la mañana, en mi iglesia, ¡alguien dio un cheque de 10.000 dólares! Me alegro mucho de haber escuchado la voz del Espíritu Santo. Gracias, pastor Román, por su testimonio, porque me inspiró a obedecer a Dios. ¡Dios es fiel!

Tomé una foto del cheque para recordarme siempre que debo obedecer al Espíritu Santo.

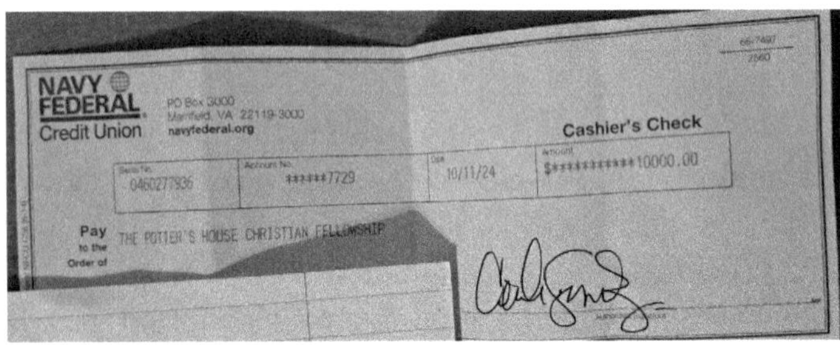

INSPIRADO PARA CREER Y OBEDECER

Dios lo Provee Todo - *Rangi y Danique Pou*

Tenemos un pastor en Napier, Nueva Zelanda, llamado Rangi Pou. Una vez me preguntó: "*Necesitamos un edificio y quiero dedicarme al ministerio a tiempo completo. ¿Cuál debería ser la mayor prioridad, por la que debo ir primero?*" Le dije: "*Creo que Dios puede hacer ambas cosas. ¿Por qué no le crees y se lo pides?*" Rangi había estado orando por un edificio para la iglesia. El lugar donde se reunían era demasiado pequeño. Él fue a una Conferencia Bíblica y, durante la ofrenda, fue desafiado a dar. Él y su esposa tenían la intención de dar dinero personalmente, pero se acordaron de un auto extra que tenían en casa. Decidieron venderlo y dar ese dinero. Le dijo a Dios: "*Necesitamos un edificio y queremos dedicarnos a tiempo completo.*"

Seis semanas después, vio un edificio que había sido dañado por vandalismo. Intentó llamar al gerente, pero le dijeron que estaba en el edificio limpiando los daños. Rangi fue al edificio y le preguntó si necesitaba ayuda. El hombre (Gerry Sullivan, director de la Napier Building Society) dijo que sí. Rangi rápidamente hizo que algunos hombres de la iglesia fueran al edificio para ayudar con la limpieza. Mientras trabajaban, estos hombres le contaban sus testimonios a Gerry. Algunos de ellos solían ser pandilleros, narcotraficantes y criminales, pero ahora eran salvos y habían sido transformados.

Después de terminar de limpiar, Rangi le dijo a Gerry que necesitaban un edificio para la iglesia. Gerry llamó a Rangi dos días después y le pidió que se reunieran en el edificio. Dijo: "He hablado con la junta y les conté las historias de lo que Dios ha estado haciendo en la vida de tu gente." Le entregó las llaves a Rangi y dijo: "Puedes quedarte con el edificio gratis, todo el tiempo que quieras." Es un edificio de 6000 pies cuadrados, además de tener dos canchas completas de baloncesto. La iglesia invirtió algo de dinero en reparar el edificio, luego la junta les pagó 15.000 dólares para cubrir esos gastos. Así que no solo consiguieron el edificio gratis, sino que las reformas fueron pagadas por Gerry.

Como no pagaban alquiler, Rangi pudo dedicarse inmediatamente a pastorear a tiempo completo. Además, como no tenían que pagar alquiler, pudieron plantar su primera iglesia hija. Las tres bendiciones llegaron después de que escuchó la voz de Dios y se entregó en obediencia.

GOD PROVIDES IT ALL

Capítulo 13: Una Vida Generosa

Porque es dando que recibimos.
San Francisco de Asís

Da lo que tienes. Para alguien, puede ser mejor de lo que te atreves a pensar.
Henry Wadsworth Longfellow

Curtis Dixon iba de camino a empeñar su anillo de boda para poder pagar su factura de la luz. De camino a la casa de empeños, un hombre ciego pidió ayuda para levantarse. Curtis le ayudó a ponerse en pie, luego el ciego le pidió algo de dinero. Curtis le dijo que le daría algo de dinero en cuanto empeñara su anillo. Pero lo que no sabía era que el hombre no era ciego del todo: Era el influenciador de redes sociales Zach Dereniowski, que graba a la gente mientras les pide ayuda y dinero. Si le responden con generosidad, les da dinero. Cuando Curtis volvió para darle el dinero al hombre que creía ciego, Zach le dio 5000 dólares. La casa de empeños añadió otros 2500 dólares. Luego Dereniowski publicó la historia en su red social y la gente empezó a donar. Acabaron comprándole un auto a Curtis, y finalmente Dereniowski le dio otros 100.000 dólares. **¡La vida de Curtis Dixon cambió gracias a la generosidad!**

Si quieres prosperar financieramente, debes saber que Dios bendice a quienes son generosos con otras personas necesitadas.

El Propósito de la Bendición

Debemos entender el propósito del dinero: *¿Por qué Dios nos da dinero y prosperidad?* **¡Dios no nos da dinero solo para nosotros!**

Génesis 12:2 *Haré de ti una nación grande, te bendeciré, Engrandeceré tu nombre; Y serás bendición.* El principio de bendición incorporado en una relación con Dios es que debemos ser una bendición para otros. La razón por la que Dios nos bendice es para que podamos bendecir a otros. Somos bendecidos para ser una bendición. Ya hemos dicho en el capítulo 11 que el propósito de la prosperidad es promover los propósitos de Dios. La forma principal de hacerlo es participando financieramente en los propósitos de Dios en una iglesia local.
Efesios 1:22-23 *Y sometió todas las cosas debajo de sus pies, y lo dio por cabeza sobre todas las cosas a la iglesia, 23 la cual es su cuerpo, la plenitud de Aquel que todo lo llena en todo.* Estos versículos nos dicen que todo lo que Dios hace en la tierra viene a través de la iglesia. Así que, supongamos que Dios nos da dinero para promover Sus propósitos, y la principal expresión de sus propósitos es la iglesia. En ese caso, el punto de partida para ser una bendición debe ser en una iglesia local.

Dios espera que bendigamos a otras personas con lo que nos ha bendecido

'Ser una bendición' no se limita al diezmo y a dar en nuestra iglesia local. Dios también nos da dinero para bendecir a otras personas. ***2 Corintios 9:10-11 NVI*** *El que le suple semilla al que siembra también le suplirá pan para que coma, aumentará los cultivos y hará que ustedes produzcan una abundante cosecha de justicia. 11 Ustedes serán enriquecidos en todo sentido para que en toda ocasión puedan ser generosos, y para que por medio de nosotros la generosidad de ustedes resulte en acciones de gracias a Dios.*

Esto forma parte de la Mayordomía Cristiana: *Yo administro dinero para Dios y para Sus propósitos.* Así que debo incluir el plan de Dios para ayudar y bendecir a los demás como parte de mi planificación de dinero.

Romanos 12:13 NVI *Ayuden a los hermanos necesitados. Practiquen la hospitalidad.*

Hebreos 13:16 NTV *Y no se olviden de hacer el bien ni de compartir lo que tienen con quienes pasan necesidad. Estos son los sacrificios que le agradan a Dios.*

2 Corintios 9:7-9 *Cada uno dé como propuso en su corazón: no con tristeza ni por obligación, porque Dios ama al dador alegre. 8 Y poderoso es Dios para hacer que abunde en vosotros toda gracia, a fin de que, teniendo siempre en todas las cosas todo lo necesario, abundéis para toda buena obra; 9 como está escrito: "Repartió, dio a los pobres, su justicia permanece para siempre."*

Estos versículos hablan de compartir, hospitalidad, hacer el bien y buenas obras. Todo esto debe implicar el ámbito material: *¡No solo pensamientos agradables y oraciones!* ***Santiago 2:15-17 NVI*** *Supongamos que un hermano o una hermana no tiene con qué vestirse y carece del alimento diario, 16 y uno de ustedes le dice: "Vaya en paz; abríguese y coma hasta saciarse", pero no le da lo necesario para el cuerpo. ¿De qué servirá eso? 17 Así también la fe por sí sola, si no tiene obras, está muerta.* ¿Qué debemos dar a los demás? Dinero, comida, vivienda, vehículos, oportunidades: ¡cualquier cosa que ayude y bendiga a alguien!

Ejemplos Bíblicos de Generosidad

Encontramos historias de generosidad y compartir a lo largo de la Biblia:

- *En* ***1 Reyes 18,*** *Abdías escondió y alimentó a cien profetas para protegerlos de Acab.*
- *En* ***Rut 2,*** *Booz generosamente proporcionó comida para Rut y Noemí.*

- *En **2 Samuel 17**, Barzilái proveyó al rey cuando este huía de Absalón.*

2 Samuel 17:28-29 NVS *Llevaron camas, copas, vasijas de barro, trigo, cebada, harina, grano tostado, habas, lentejas, semillas tostadas, 29 miel, cuajada, ovejas, y queso de vaca, para que comieran David y el pueblo que estaba con él, pues decían: "El pueblo está hambriento, cansado y sediento en el desierto."*

Jesús contó una parábola de compasión para ilustrar cómo deben ser los verdaderos seguidores de Dios. El ejemplo de compasión es un hombre que comparte sus finanzas para ayudar a alguien necesitado. ***Lucas 10:33-35 NVS*** *Entonces un samaritano que viajaba por el camino llegó al lugar donde estaba el hombre herido. Cuando vio al hombre, sintió mucha lástima por él. 34 El samaritano se acercó a él, le echó aceite de oliva y vino sobre las heridas y se las vendó. Luego puso al hombre herido en su propio burro y lo llevó a una posada donde lo cuidó. 35 Al día siguiente, el samaritano sacó dos monedas, se las dio al posadero y dijo: 'Cuida de este hombre. Si gastas más dinero en él, te lo pagaré cuando vuelva.'"*

El Libro de los Hechos cuenta lo que ocurre cuando el Espíritu Santo actúa en el corazón de las personas: Él produce generosidad en acción. ***Hechos 2:44-45*** *Todos los creyentes estaban juntos y compartían todo. 45 Vendían sus tierras y las cosas que poseían y luego dividían el dinero y lo daban a quien lo necesitara.*

Una Vida de Bendiciones

Para ser generosos, necesitamos desarrollar una mirada de generosidad.

Debemos estar atentos a personas que necesitan ayuda: *Debemos intentar ser conscientes de lo que la gente está pasando y* *de lo que necesita.* ***Lucas 10:33 NVS*** *Entonces un samaritano que viajaba por el camino llegó al lugar donde estaba el hombre herido. Cuando vio al hombre, sintió mucha lástima por él.* Si estás alerta, verás que la gente está teniendo problemas financieros de alguna manera. Puede que oigas que hay una necesidad actual en su vida.

Debemos orar para que Dios nos guíe hacia los necesitados: Dios puede hablarte de las personas que conoces, pero puede que no sepas exactamente cuál es su necesidad. A veces el Espíritu Santo te impulsará a hacer algo específico para ayudarles. Lo específico puede ser darles dinero, llevarles comida o provisiones, darles un vehículo o cualquier otra cosa que el Espíritu nos indique hacer por ellos. Muchas veces en nuestra iglesia, la gente me ha dicho que alguien se les acercó y les dijo: *"Sentí que Dios me dijo que te diera esto, ¡y era justo lo que necesitaba!"* Puede que haya personas en la vida con las que entres en contacto y a las que Dios quisiera que les dieras dinero o algún otro regalo.

Mis padres fueron increíblemente generosos. Solo Dios sabe cuántos autos regalaron a lo largo de los años. A veces, ayudaban a la gente con las facturas. Dieron dinero en efectivo, cheques y muchas otras cosas para ayudar a los demás. Una vez compraron una casa pequeña para alguien necesitado. Mi esposa y yo hemos intentado seguir sus pasos ayudando a los demás de muchas maneras.

Guías para Dar

En ocasiones me han preguntado si deberíamos regalar a cada persona sin hogar o a alguien en la calle que sostiene un cartel pidiendo dinero. Aquí tienes algunas guías prácticas que pueden ser útiles.

Guía para dar #1: No ayudes a la gente a pecar. Cualquiera que sea adicto a las drogas o al alcohol probablemente pedirá dinero a todas las personas que conozcan o con las que se crucen para alimentar su adicción. Si le das dinero a una persona con adicción, probablemente lo usará para pecar. Al darles dinero, les estás ayudando a pecar. Estás participando en pecado con ellos. Pero hay un equilibrio en esto: No es necesario que la gente rellene un cuestionario: *Si te doy dinero, ¿lo vas a usar para alguno de estos comportamientos impíos?* No necesitas que firmen un acuerdo solo para usar el dinero con fines divinos. A veces la vida es muy complicada: Los hijos sufren por los pecados de sus padres. Un adicto puede haber gastado el dinero de la comida en su adicción, ¡pero los hijos aún necesitan comer! A veces necesitamos una vida de oración para poder tomar decisiones sabias en el momento. En otras ocasiones, podemos tener tiempo para orar al respecto y valorar si creemos que es prudente dar.

Guía para dar #2: El pueblo de Dios debe tener prioridad. Me han preguntado: *"¿Está mal dar a personas no salvas o a extraños que no conoces?"* Algunos cristianos usan **Hechos 2:44-45** que he citado antes como prueba de que los verdaderos cristianos deben dar todo su dinero a los pobres; Una especie de socialismo cristiano. Un poco de perspectiva sobre esos versículos: fue un caso único en el que miles de personas hicieron un viaje de peregrinación desde otros lugares de Israel, e incluso de otros países, para venir a Jerusalén. Cuando el Espíritu Santo fue derramado y miles de personas se convirtieron repentinamente, muchas de ellas eran de otras ciudades o de fuera del país. Querían estar en Jerusalén para formar parte de la iglesia, pero no tenían dinero para quedarse. La generosidad conjunta permitió que esas personas se establecieran en la fe. No fue dicho como un mandamiento universal para todo cristiano.

Un factor para tener en cuenta al pensar en dar dinero a desconocidos para ayudar a aliviar su pobreza: Tendrás que reconocer la inutilidad de dar dinero a personas no salvas. Las personas no salvas en la pobreza pueden estar en la pobreza debido al pecado, malas decisiones y maldiciones de pobreza en sus vidas. No significa que esté mal dar a personas no salvas, pero debes reconocer que no tendrás éxito en sacarlas de la pobreza con tu donación. En Estados Unidos, el presidente Lyndon Johnson declaró la guerra a la pobreza en 1964. Desde entonces, se han gastado más **de 22 mil billones de dólares** en ayudas sociales, pero las tasas de pobreza son aproximadamente las mismas que durante la administración Johnson. Pero dicho esto, creo que debemos hacer espacio en nuestro corazón para ayudar a cualquiera. ***Gálatas 6:10 NVI*** *Por lo tanto, siempre que tengamos la oportunidad, hagamos bien a todos y en especial a los de la familia de la fe.*

Conozco a personas que oran para que Dios les permita conocer a personas necesitadas. Cuando lo hacen, les dan dinero como forma de dar testimonio a ellos. A veces, podemos estar malgastando nuestro dinero haciéndolo, ¡pero en realidad lo hacemos por Dios! Creo que Dios está complacido por nuestros corazones y nos bendecirá, independientemente de los resultados prácticos de nuestra generosidad.

Bíblicamente, la prioridad de nuestra generosidad a otros debería ser primero los creyentes: *¡Según la Biblia, ellos son nuestra verdadera familia espiritual!* Veamos el mismo versículo que leímos antes, con un énfasis diferente: ***Gálatas 6:10 NVI*** *Por lo tanto, siempre que tengamos la oportunidad, hagamos bien a todos y en especial a los de la familia de la fe.*

Los creyentes de tu iglesia local son aquellos con los que trabajas para cumplir la voluntad de Dios. Esperemos que sean menos propensos a usar las bendiciones financieras que les das para pecar.

La Recompensa de Bendecir a Otros

Hay grandes recompensas que vienen de nuestro dar a los demás.

Recompensa #1: Puedes ser la respuesta a la oración de alguien. Las personas con necesidades financieras suelen orar a Dios para que le ayude financieramente. Pueden estar orando por dinero, un vehículo o vivienda. A veces, la respuesta a su oración tiene un nombre: **¡TU NOMBRE!** ¿Alguna vez has sido la respuesta a las oraciones de alguien? Es emocionante cuando das para satisfacer la necesidad de alguien y te dicen: "*Esto es exactamente por lo que estaba orando.*"

Recompensa #2: Puedes hacer que otras personas alaben a Dios.

2 Corintios 9:11 NVI *Ustedes serán enriquecidos en todo sentido para que en toda ocasión puedan ser generosos, y para que por medio de nosotros la generosidad de ustedes resulte en acciones de gracias a Dios.* Dios es quien nos da dinero para compartir, y Dios es quien se mueve sobre nuestro corazón para dar a los demás. Así que es justo que las personas a las que bendecimos den gracias a quien es responsable de todo.

Recompensa #3: Experimentarás la alegría de dar. A veces, lo que hay en nuestro corazón puede impedirnos experimentar la alegría de dar. Hace años, antes de convertirme en pastor, daba clase a un nuevo creyente. La lección de ese día fue sobre dar, cité ***2 Corintios 9:7*** *"Dios ama al que da con alegría."* Una señora recién convertida me preguntó: *"¿Está bien dar si no te gusta hacerlo?"* ¡Hubo honestidad! Lamentablemente, muchos cristianos nunca han superado lo suficiente su propio egoísmo, codicia y miedo como para entrar en la alegría que proviene de dar. ¡Pero te hicieron dar! Si obedeces a Dios y aprendes a progresar en las dádivas, sentirás la alegría que trae dar. Hay alegría cuando te das cuenta de la gran diferencia has podido marcar al ayudar a alguien mediante tus donaciones. A veces verás la alegría en su rostro al satisfacer su necesidad, otras veces verás lágrimas de alegría y recibirás palabras de agradecimiento. ***2 Corintios 9:7 NVS*** *Cada uno de ustedes debe dar como deciden en su corazón hacerlo. No deberían estar tristes cuando dan, y no deberían dar porque se sientan obligados a hacerlo. Dios ama a la persona que da con alegría.*

Recompensa #4: Dios se acuerda cuando damos a los necesitados:

Aunque puedas estar dando a las personas para ayudarlas, debes entender que, en última instancia, estás dando a Dios.

Hechos 10:3-4 *Como a la hora novena, vio claramente en una visión a un ángel de Dios que entraba a donde él estaba y le decía: "Cornelio". 4 Mirándolo fijamente y atemorizado, Cornelio dijo: "¿Qué quieres, Señor?". Y el ángel le dijo: "Tus oraciones y limosnas han ascendido como memorial delante de Dios.* ¡Dios envió un ángel a un dador! La historia de Cornelio nos muestra tres cosas importantes sobre el dar:

Dios ve y mantiene registros de las dádivas. Cornelio llevaba tiempo dando ayuda a los pobres, sin darse cuenta de que Dios veía todo lo que él daba. Nunca pienses que tu generosidad se ha desperdiciado u olvidado.

Dios apareció para un dador. Un ángel bajó a la casa de Cornelio, en parte porque era un dador. ¿No es eso lo que todo cristiano quiere: que Dios salga del cielo y entre en su situación, para ayudarles?

Dios conecta nuestra generosidad con nuestras oraciones. Cuando tienes una necesidad y oras al respecto, Dios no solo mira tus oraciones: ¡Él mira tus dádivas, a otras personas! ***Proverbios 19:17 NVI*** *Servir al pobre es hacerle un préstamo al SEÑOR; Dios pagará esas buenas acciones.* Estás sembrando semillas de prosperidad cuando das a otras personas. ¡La generosidad desencadena una dimensión milagrosa en tus finanzas! Piensa en algunas de las historias de provisión milagrosa de la Biblia: ¡Muchas de ellas implicaban dar a otras personas! La viuda de Sarepta dio a Elías, y eso desencadenó un suministro sobrenatural. Un niño le dio su comida para ayudar a alimentar a otros, y eso desencadenó un milagro de multiplicación de alimentos. ¿Recuerdas lo que dijimos antes en el libro? ¡Dios no tiene favoritos! Si Dios les liberó un suministro milagroso como ellos dieron a otros, eso es lo que te pasará a ti también. ***Proverbios 11:24-25*** *Hay quienes reparte y les es añadido más; Y hay quienes retienen más de lo justo y acaban en la pobreza. 25 El alma generosa será prosperada, y el que sacie a otros, también él será saciado.* ***Proverbios 22:9 NVI*** *El que es generoso será bendecido, porque comparte su comida con los pobres.*

Bendiciones para el Evangelismo Mundial

Adam y Taya Dragoon

Como exmisionero, he sido testigo directo de las bendiciones que Dios tiene reservadas para quienes dan pasos de fe en el ámbito del Evangelismo Mundial y las Misiones.

Al regresar del campo misionero, heredamos una iglesia maravillosa que enfrentaba circunstancias financieras algo difíciles. El pago del alquiler tenía seis meses de atraso y la iglesia batallaba para pagar sus propios gastos. Muchas veces nos preguntábamos si Dios proveería incluso para las necesidades básicas mientras dábamos pasos de fe para casi cada avivamiento y evento de la iglesia. Afortunadamente, Dios fue fiel en cubrirnos sin incurrir en más deudas. A lo largo de un año y medio, pudimos ponernos al día con los pagos del alquiler y mantenernos más estables con los gastos diarios. Pero nos costaba mucho dar pasos de fe para algo más que los gastos diarios, ya que la iglesia recaudaba entre 5000 y 6000 dólares al mes.

Una de las cosas que hicimos fue establecer una nueva tradición en iglesia: el Domingo de Evangelismo Mundial. El último domingo de cada mes, teníamos al menos un sermón centrado en el evangelismo mundial. Llamábamos a misioneros en el campo para recibir reportes en vivo de las iglesias internacionales. Motivábamos a dar promesas para apoyar a la iglesia de Chandler en sus esfuerzos misioneros. Poco a poco, vimos cómo nuestros corazones estaban siendo moldeados al propio corazón de Dios hacia el evangelismo mundial.

Dios nos desafió a hacer algo imposible: hacer un viaje misionero al extranjero con la iglesia. Eso fue extremadamente difícil en ese momento, teniendo en cuenta las finanzas. Anunciamos el viaje con un año de anticipación para empezar a recaudar fondos para boletos de avión y gastos de viaje. La iglesia estaba entusiasmada por dar para esto, y rápidamente recaudamos suficiente dinero para que mi esposa y yo pudiéramos comprar los boletos para el viaje: casi 2000 dólares. Ese dinero fue separado, reservado para nuestro viaje. Luego fui a la conferencia.

El jueves por la noche de la conferencia de 2011, después de haber hecho buenas ofrendas en los días anteriores y de haber agotado nuestra cuenta de fondos generales, Dios trató conmigo para dar el dinero que habíamos ahorrado para nuestro viaje. ¡Así que lo hicimos! Sin ninguna garantía de que podríamos reunir esos fondos de nuevo, confiamos en que Dios proveería para nuestro viaje misionero.

Pues bien, Dios SÍ proveyó, y PUDIMOS hacer nuestro viaje sin contraer ninguna deuda, por la misericordia de Dios. Fue un viaje poderoso durante el cual sentimos la presencia de Dios de una manera tangible, y más de 40 almas oraron por salvación. Y aunque no vimos grandes milagros financieros, Dios sí suplió nuestras necesidades diarias mientras hacíamos fielmente lo que teníamos que hacer. Oré para que Dios nos diera los recursos para hacer más. Ayunamos, creyéndole a Dios por avances.

Continuando hasta el verano de 2012. En uno de nuestros domingos mensuales de Evangelismo Mundial, proyectamos el video de Evangelismo Mundial de la conferencia de Tucson. Después del video, desafié una vez más a la iglesia a dar para el Evangelismo Mundial. Esa noche, alguien puso un cheque de 5.000 dólares en la ofrenda. Nos alegramos de poder enviar ese dinero a Chandler para apoyar toda la obra que Dios está realizando.

Al día siguiente, recibí una llamada de la persona que había dado ese dinero. Me dijo que tenía algunas cosas que les gustaría dar a la iglesia. Dijeron que Dios claramente les había hablado para que nos entregaran algunas cosas. Aunque esta persona quiso permanecer en el anonimato, puedo decirte que sus donaciones superaron los 290.000 dólares.

Esto cambió radicalmente la dinámica de nuestra iglesia. Tuve un gozo inmenso al firmar el cheque de diezmo más grande de mi vida. En la conferencia de agosto, pudimos dar una ofrenda de Evangelismo Mundial que fue diez veces mayor que la del año anterior. Pudimos mudarnos a un nuevo edificio que es más del doble de grande que el anterior.

Mientras tanto, incluso en medio de este milagro increíble, nuestra iglesia ha estado cambiando. Hemos visto parejas salvarse y establecerse en la iglesia. ¡Abundan los nuevos conversos, y las ofrendas regulares de nuestra iglesia han subido a casi 12.000 dólares al mes! ¡Más que suficiente para el viaje misionero del año que viene!

Me ha asombrado absolutamente ver cómo Dios bendice radicalmente a quienes tienen un corazón para el evangelismo mundial y están dispuestos a arriesgarse para apoyarlo. ¡Verdaderamente, nunca podrás darle más a Dios de lo que Él te da! Oro para que este testimonio anime a cada persona y pastor que lucha a dar con sacrificio y a recaudar dinero milagroso para el Reino de Dios.
A Él sea toda la alabanza y la gloria.

A Mayor inversión, mayor bendición

Robert e Imelda Diaz (negocios)

Mi esposa y yo llevamos varios años comprando, vendiendo y alquilando propiedades como un segundo negocio. En 2024, accedí a separarme de una propiedad para poder alcanzar algunos objetivos personales con los beneficios. Finalizamos cerramos la venta de esta propiedad en particular en diciembre de 2024. Inmediatamente dimos nuestro diezmo y luego guardamos el dinero mientras resolvíamos los detalles de esas metas personales.

Pero Dios tenía otros planes. Con la llegada del nuevo año, realmente sentimos que Dios nos desafiaba a dar todo el dinero de la venta de esa propiedad para el evangelismo mundial. Esto fue un reto por varias razones: primero, llevábamos meses planificando esas metas financieras y sentíamos que íbamos retrocediendo. Segundo, sería la mayor ofrenda que jamás hubiéramos dado en nuestra vida.

Finalmente decidimos obedecer. Al hacerlo, nos sentimos en paz por cuánto Dios ha bendecido nuestras finanzas. Nunca pensamos que esta decisión se relacionaría con otra cosa, como terminó siendo. Durante años, habíamos sido dueños de una propiedad más grande que se había revalorizado significativamente, y había recibido muchas ofertas y contratos por esa propiedad en particular, pero nada se concretaba. De hecho, habíamos gastado miles de dólares en honorarios de abogados solo para considerar estas ofertas.

Y entonces ocurrió lo inesperado. Cuatro meses después de que dimos esa ofrenda, me presentaron un contrato, pero esta vez fue completamente diferente. No fue otra decepción ni una negociación estancada. Era algo real. Habíamos puesto algunas condiciones muy específicas en la venta y se cumplieron todas. Este nuevo contrato tenía un valor de más de diez veces el valor de la oferta, ¡además de ofrecer oportunidades de ingreso adicionales!

Forzados a Buscar a Dios por Provisión

Danny y Jessica Hernández

El mayor milagro financiero que he presenciado en mi vida hasta ahora ocurrió en mi segundo año pastoreando la iglesia en Horizon City, Texas. Estábamos en un pueblo pequeño a las afueras de El Paso. Debido a la llegada de familias de Fort Bliss, nuestra ciudad crecía rápidamente. Esto era bueno en algunos aspectos y malo en otros. Nuestro contrato de alquiler estaba por terminarse en el edificio en el que habíamos pasado los últimos 6 años. El dueño no cedería con nuestro alquiler ni con las tarifas de CAM (Mantenimiento de Áreas Comunes, una tasa incluida además del alquiler que se usa para cubrir los gastos de mantenimiento de un edificio).

En total, nuestra pequeña iglesia pagaba unos 3.500 dólares al mes por 2.500 pies cuadrados. Bromeaba diciendo que estábamos pagando precios en Florida, ¡pero sin la playa!

Todos los propietarios de edificios con los que hablé me decían que no podían bajar su alquiler mensual debido al rápido crecimiento de la ciudad. Además, habíamos acumulado una deuda de más de 8.000 dólares porque habíamos acordado seguir un plan de pagos hasta que la iglesia pudiera permitirse ponerse al día con el alquiler. Estábamos atrapados. Si nos íbamos a un edificio nuevo, sería malo. Si nos quedábamos en ese mismo edificio, sería malo. Yo ya había hecho todo lo que sabía para romper este bloqueo financiero. Predicaba sobre finanzas. Evangelizábamos más. Mi esposa y yo dimos más, y aun así no parecía pasar nada.

Al límite de mis fuerzas, hice lo que más temía: me reuní con mi pastor y le pedí ayuda. Yo pensé que el pastor Paul Stephens me escribiría un cheque ese mismo día y solucionaría todo. No lo hizo. Me retó a creerle a Dios para las finanzas y también me informó que el apoyo que habíamos estado recibiendo se reduciría en unos meses. Me quedé atónito. Mirando atrás, ahora veo exactamente lo que él estaba haciendo. Ya no tenía a dónde acudir. Había hecho todo lo posible para sacar a mi iglesia de este problema. ¿Qué quedaba? Lo más difícil que he hecho en mi vida: ayunar. Yo mismo inicié un ayuno sin fecha de finalización. Iba a tener una solución, o me iba a morir de hambre. Nada pasó el tercer día de ese ayuno.

Al cuarto día, llamó nuestro arrendador. Respondí a regañadientes, pero lo que escuché me dejó en shock. De la emoción, literalmente salté de alegría en mi sala. Me informó que había vendido la propiedad y que perdonaría nuestra deuda en su totalidad. Pasamos de estar endeudados hasta el cuello a tener el alquiler del mes siguiente pagado y algo extra. No creo que la decisión que tomé al principio deba ser un modelo para todos los pastores, pero sí creo que la clave fue el ayuno; ayuno que te hace totalmente dependiente de Dios. A través de todo esto, Dios me mostró cuánto ama a su iglesia y cómo Él cuida de nosotros.

Escuchar a Dios, Recibir Bendición - *Peter Peravali*

En la Conferencia Bíblica de Perth, Australia Occidental, el lunes por la noche, el pastor Rob Walsh estaba tomando la ofrenda y comenzó diciendo: "¡Dios pondrá una cantidad específica en tu corazón para la ofrenda de esta noche!" Tuve cuidado de escuchar una cantidad de Dios y nos recordó que cuanto mayor es la inversión, mayor es el retorno. En ese mismo momento, Dios me dijo que diera 4000 dólares, con lo que yo no estaba nada contento. Pensé: "Apenas es lunes por la noche, ¿qué daré el resto de la semana? Necesito ese dinero para la liquidación de mi casa el próximo mes. No estoy seguro de haber oído algo de Dios." Así que, como buen cristiano, lo dejé pasar y di 100 dólares, no 4000.

Más tarde, el pastor Greg Mitchell predicó y dijo que algunos no habían dado lo que Dios les dijo por miedo. Supe enseguida que estaba hablando de mí, pero lo dejé pasar otra vez. Esa noche no pude dormir, así que le dije a Dios: "Está bien, lo haré." Así que transferí los 4000 dólares a las 2:48 de la madrugada del martes. Esa mañana yo no estaba contento, y fui a decirle que su ofrenda me había dolido. No fui sabio, no entendía la bendición futura.

Luego, justo antes de la liquidación de mi casa en abril, de repente, mi padre, que vive en el extranjero, me llamó y me dijo que me iba a dar 20.000 dólares. Entonces Dios me bendijo con un precio reducido en mi casa. Aporté 16.000 dólares a la cuenta de compensación e incluso viajé a la conferencia de Prescott más tarde ese año. Dios verdaderamente me bendijo más allá de lo que podía imaginar. Estoy tan contento de haber dado lo que Dios me dijo que diera en la conferencia. Agradezco personalmente al pastor Walsh por ese desafío.

Provisión Personal y Para la Iglesia - *Dax y Rose Veazey*

Mi esposa y yo estábamos pionando nuestra primera iglesia en Beenleigh, Queensland, Australia, en 2017. Nos mudamos a nuestro primer edificio, y el depósito nos costó todo; nos quedamos con 19,00 dólares en el banco. Estábamos tan arruinados como iglesia que no podíamos permitirnos sillas ni otras necesidades de la iglesia. Como familia, también estábamos quebrados financieramente. No podíamos permitirnos comprar regalos de Navidad para nuestros hijos ni siquiera una hamburguesa en un restaurante de comida rápida. Oramos por un milagro, y ese domingo recibimos una invitación a almorzar de un hombre que nunca habíamos visto. Nos dio un cheque de 10.000 dólares con una condición: la mitad se usaría para nosotros y la otra mitad para la iglesia. Esa Navidad, compramos juguetes para los niños, pudimos comer y también compramos sillas, accesorios y alfombra para la nueva iglesia.

Más adelante, dimos un paso de fe y nos mudamos a un edificio cinco veces más grande que el primero. De nuevo, cuando nos mudamos, no nos quedaba nada de dinero. Ese domingo, más de 60.000 dólares se dieron en la ofrenda. Renovamos la iglesia y la equipamos con luces y un sistema de sonido. Y esa obra sigue funcionando hoy en día.

Más del Doble - *Román y Nora Gutiérrez*

El 17 de diciembre de 2023, el evangelista Andy Anderson tomó una ofrenda para el Evangelismo Mundial en la Iglesia de McAllen, Texas (para la iglesia de McAllen). Nosotros (Román y Nora Gutiérrez) nos sentimos movidos a hacer una promesa de 50.000 dólares de nuestros propios fondos a la ofrenda. Poco después de hacer esa promesa, recibimos un cheque de una compañía de seguros por 108.000 dólares de la nada.

.

Capítulo 14: Ahorros Santificados

Gana todo lo que puedas, guarda todo lo que puedas, da todo lo que puedas.
John Wesley

Ahorrar dinero regularmente es una habilidad y un sistema. No hacer lo suficiente puede llevar a una pérdida enorme de oportunidades.
David Angway

Alguien me contó su historia: Durante muchos años, vivíamos de sueldo en sueldo. Apenas conseguimos pagar las cuentas. Era una forma estresante de vivir. Pensaba en dinero todo el tiempo. Mi estrés afectaba a mi matrimonio y a mi familia. Perdía el sueño preocupándome por el dinero. Un gran problema de vivir sueldo en sueldo es que ocurrían emergencias inesperadas: me enfermaba, faltaba al trabajo o algo se rompía y necesitaba ser reparado. Cada vez que pasaba eso, me veía obligado a pedir dinero prestado a la gente o a cargarlo en tarjetas de crédito. En consecuencia, me iba endeudando cada vez más. Por fin empecé a clamar para que Dios me ayudara. Rompí la maldición de la pobreza de mi vida y empecé a hacer un presupuesto (y a ceñirme a él). Con el tiempo, pude pagar todas nuestras deudas. ¡Ese fue un gran día! ¡Lo llamo el Día de la Libertad! Pero luego superé eso y empecé a ahorrar. Nunca había tenido ahorros en mi vida. Tener ahorros ha cambiado la vida. Ya no vivo con el estrés constante. Si ocurren cosas inesperadas, puedo cubrir esa necesidad sin estrés ni dramas en mi vida. Puedo responder a oportunidades para dar a diversas ofrendas. Incluso he podido ayudar a otros con sus necesidades financieras. Nunca volveré a vivir financieramente como antes. ¡Doy gracias a Dios por Su bendición!

La prosperidad no es tener solo el dinero suficiente para pagar tus cuentas. Si quieres prosperar, **necesitas tener dinero ahorrado.**

Malentendiendo los Ahorros

Hay ideas equivocadas sobre el ahorro que pueden perjudicar tu prosperidad.

Idea equivocada #1: Tener dinero ahorrado es poco espiritual. Hay cristianos que creen que Dios no quiere que tengamos ahorros en absoluto. Normalmente, esto se basa en malentendidos y en la aplicación incorrecta de las escrituras. Esta es la escritura que suele citarse: ***Mateo 6:19-20 NVI*** *"No acumulen para sí tesoros en la tierra, donde la polilla y el óxido destruyen, y donde los ladrones se meten a robar. 20 Más bien, acumulen para sí tesoros en el cielo, donde ni la polilla ni el óxido carcomen, ni los ladrones se meten a robar.* Si esta escritura realmente significaba *"no tengas ahorros"*, entonces usemos algo de lógica: **¿Cuánto ahorro sería inaceptable?** ¿Sería tener algo de dinero extra? ¿Serían aceptables diez dólares más? ¿Sería aceptable cien dólares, pero mil dólares sería malo?

El problema es que los cristianos contra el ahorro malinterpretan estos versículos. Jesús advertía sobre el efecto peligroso que el dinero puede tener en nuestro corazón y en nuestra relación con Dios. Este pasaje trata sobre aquello en lo que depositamos nuestra confianza. Si tu confianza en la vida está en tus ahorros, te sentirás tentado a tomar decisiones basadas en el efecto que cada decisión tendrá en tus ahorros: *En lugar de la voluntad de Dios, las necesidades de las personas y la fe.* Nuestra confianza no puede estar en nuestros ahorros; ¡nuestra confianza debe estar en Dios!

Entonces Jesús acaba con el verdadero peligro que supone el dinero para nuestros corazones: ***¡El dinero exige servicio!*** Si permites que un espíritu de codicia se apodere de tu corazón, el dinero exigirá servicio: El dinero empezará a determinar todas las decisiones en la vida, convirtiéndose en tu amo. ¡Tú elegirás lo que es mejor por dinero, no Dios!

Mateo 6:24 *"Nadie puede servir a dos amos, porque odiará a uno y amará al otro, o será fiel a uno y despreciará al otro. No se puede servir a Dios y al Dinero a la vez.* **¡Pero esto es una decisión!** Jesús nos advierte de estos peligros para que tomemos las decisiones correctas y no permitamos que el dinero sea en lo que confiemos, o lo que determina las decisiones de nuestra vida.

La idea de que Dios no quiere que su pueblo tenga ahorros es ilógica, por las personas de la Biblia a las que Dios pone como ejemplos para nosotros: Abraham, David y Job. La Biblia nos muestra que les sobraba mucho dinero (que es lo que son los ahorros). Así que, lógicamente, el ahorro en sí mismo no puede ser poco espiritual ni malo.

Idea equivocada #2: Tener dinero ahorrado es falta de fe: Algunos creen que no deberían tener ahorros y simplemente confiar en que Dios provea sus necesidades. Si Dios te dice específicamente que no tengas nada y confíes en que Dios provea tus necesidades, está bien: ¡Pero en mi experiencia, eso es muy raro! Normalmente, quienes creen que no deberías tener ahorros citarán este versículo: ***Lucas 9:3 NVI*** *Les dijo: "No lleven nada para el camino: ni bastón, ni bolsa, ni pan, ni dinero, ni dos túnicas.* Ellos toman esta instrucción ministerial única dada a los doce apóstoles y la aplican a <u>todos</u> los creyentes. Esto es una mala doctrina: Nunca deberíamos tomar un versículo, ni un caso de la Biblia, y crear una doctrina completa que se aplique a todos los creyentes.

En **Lucas 9:3**, Jesús envía a los discípulos a predicar en los pueblos cercanos. Esto fue tanto para divulgar el Evangelio del Reino como para prepararlos para el ministerio futuro. Así que necesitamos entender por qué Jesús les dijo que "No lleven nada para el camino".

Esta gira de predicación fue una oportunidad ministerial a corto plazo: No estaba destinado a ser un estilo de vida permanente.

Jesús les estaba insistiendo en la necesidad de darle prioridad a hacer la voluntad de Dios: Muchos discípulos dicen que están dispuestos a hacer la voluntad de Dios, pero que primero deben poner en orden sus finanzas: *"Necesito ganar mucho dinero para prepararme para el futuro. Necesito establecer varias fuentes de ingresos para no tener que luchar financieramente mientras pastoreo. Primero necesito ganar suficiente dinero para que mi jubilación esté segura.* Jesús conoce el corazón humano, así que insistió en que hicieran de la voluntad de Dios en el ministerio una prioridad (¡el ministerio primero!): Él quería que confiaran en Dios para el suministro de sus necesidades y su futuro financiero.

Finalmente, Jesús les mostraba la prioridad del ministerio de predicación: *¡Los hombres de Dios deben ganarse la vida predicando!* Un pastor que trabaja puede ser aceptable al principio para poner en marcha una iglesia, pero todo pastor debe aspirar a ser un pastor a tiempo completo, cuyo ingreso principal proviene de predicar el Evangelio.

Aunque reconozco que en el pasado ha habido hombres de fe que "vivieron por fe", como George Mueller, en mi experiencia personal, *a menudo quienes "viven por fe" son en realidad perezosos que no quieren trabajar; ¡pero no tienen problema en pedir dinero!*

Idea equivocada #3: Tener dinero ahorrado sería desagradable para Dios: Quienes creen así a veces se sienten motivados por una mentalidad de culpa. Ellos piensan: *"Podrías hacer más para Dios si dieras todo tu dinero."* Ellos pueden decir a otros: *"Hay personas que no tienen suficiente dinero, así que ¿cómo puedes tener más de lo que necesitas para pagar tus cuentas? Eso es ser egoísta y codicioso."*

Algunos cristianos se sienten culpables si tienen algo de dinero. Ponen todo en la ofrenda, no porque Dios se lo haya dicho, sino simplemente porque se sienten culpables por tener algo de dinero. Esa es una visión muy poco saludable de Dios. Mi padre, Wayman Mitchell (fundador de nuestro Compañerismo de iglesias), fue muy sabio: El guio a las personas con sabiduría financiera piadosa a lo largo de los años. En varias ocasiones, la gente acudía a él diciéndole que iban a vender su casa y dar todo el dinero a la iglesia, ¡y él les decía que no lo hicieran! El reconoció que las personas con problemas de rechazo, culpa no resuelta o emociones excitantes tienden a ser desequilibradas en sus decisiones sobre el dinero.

En otras ocasiones, la gente le decía que habían recibido grandes herencias y no sabían qué hacer con el dinero: ¿Deberían dárselo todo a la iglesia? Aparte del diezmo, les aconsejaba que no lo gastaran ni lo regalaran, sino que lo pusieran en ahorros o en una inversión financiera segura para no ser manipulados emocionalmente y que lo regalaran todo. Eso les daría tiempo para orar y escuchar de Dios. Sabía que algunas personas se sienten culpadas si tienen algo de dinero ahorrado. Creen que deberían dárselo todo a Dios cada vez que tienen dinero. Ellos podrían decir: *"Pero Jesús le dijo al Joven Rico que vendiera todo lo que tenía y se lo diera a los pobres."* ¡Pero eso se dijo una vez! Jesús ve el corazón y sabía que el dinero era su dios, así que le estaba desafiando a reorganizar toda su forma de ver la vida y seguir a Jesús.

En dar ofrendas, mi padre solía enseñar que debíamos participar en las ofrendas (dar algo). La clave es escuchar la voz de Dios, no la voz de la culpa. He conocido a personas que realmente han escuchado a Dios, y él les dijo que dieran todos sus ahorros. No tengo problema si Dios realmente te lo dice. Aun así, te estoy mostrando que no es una suposición automática que debas darlo todo solo porque tienes extra.

Vivir sin ahorros no tiene sentido:
Si, por cualquier motivo, vives sin ahorros, debes ver que esta no es una forma saludable de vivir, ni práctica ni espiritualmente.

Vivir sin ahorros genera estrés y crisis:
Mira algunas estadísticas americanas sobre los ahorros. (Doy estadísticas americanas porque vivo en Estados Unidos).

- ¡Casi el 29% de los estadounidenses no tienen ningún ahorro!
- El 54% de los estadounidenses tiene menos de un margen de ahorros de tres meses.

Si no tienes ahorros, si faltas al trabajo una o dos semanas por cualquier motivo; ***¡Tu vida estará en crisis!*** Lamentablemente, esto es cierto para muchos cristianos, que sirven al Dios que posee todo.

¡Vivir sin ahorros genera estrés! Desde que te despiertas hasta que te duermes (si puedes dormir), está la presión constante de las finanzas: *¿Cómo voy a pagar las cuentas? ¿Cómo vamos a comer?*

Otro problema de vivir con estrés financiero por no tener ahorros es que vas a echar tu estrés a otras personas: O ellos deben vivir con tu infelicidad causada por el estrés, o sienten la presión de tener que ayudarte porque no tienes ahorros.

Los que viven sin ahorros no prosperan con el tiempo:
He sido pastor durante 40 años, en tres países diferentes. Esto me ha permitido ver cómo funciona vivir sin ahorros en la vida de las personas – ¡y en las iglesias!

- Las personas que viven sin ahorros nunca parecen acceder a la bendición de la prosperidad.
- Pastores que viven sin ahorros: sus iglesias nunca prosperan.

La razón por la que esto es cierto es que **vivir sin ahorros es ignorar la sabiduría de los ahorros que se encuentra en la palabra de Dios.**

Por favor, entiende mi corazón: Si no tienes ahorros ahora, no escribo esto para que te sientas mal, ¡lo escribo para ayudarte! Creo que Dios tiene un plan mejor para tu vida y tu iglesia.

Principios de Multiplicación

La Biblia habla de la sabiduría del ahorro. *Por definición, "ahorros" se refiere a la parte de tus ingresos que **no gastas,** sino que reservas para un uso futuro.* Ahorrar es <u>anticipar</u> las necesidades futuras y apartar algo para cubrirlas. ***Proverbios 6:6-8 NVS*** *Ve a vigilar a las hormigas, vago. Observa lo que hacen y sé sabio. 7 Las hormigas no tienen comandante, ni líder ni gobernante, 8 pero almacenan comida en verano y recogen sus provisiones en la cosecha.* Dios nos da ejemplos de sabiduría de la naturaleza. La hormiga sabe que el invierno se acerca (una época sin comida), ¡así que en verano ahorra comida! Sería triste que una hormiga fuera más sabia que nosotros. ***2 Crónicas 31:11-12 NVI*** *Ezequías ordenó entonces que prepararan unos depósitos en el Templo del SEÑOR; y así lo hicieron. 12 Y todos llevaron fielmente las ofrendas, los diezmos y los dones consagrados.* El templo es el lugar donde nos encontramos con Dios. Fíjate que el templo tenía almacenes, donde guardaban las ofrendas. Esto nos muestra un principio bíblico y financiero esencial: ***¡Los ahorros son santos!***

¡Tener ahorros es importante para Dios!

Génesis 41:35-36 NVS *Deben reunir todos los alimentos que se produzcan durante los años buenos que se avecinan y, bajo la autoridad del rey, deben almacenar el grano en las ciudades y custodiarlo. 36 Esos alimentos deben guardarse para utilizarlos durante los siete años de hambre que vendrán sobre la tierra de Egipto. Así, el pueblo de Egipto no morirá durante los siete años de hambre.* José era conocido por tener sabiduría, porque el espíritu de Dios estaba en él. Estos versículos muestran una aplicación práctica de la sabiduría piadosa: ¡Él ahorró para necesidades futuras! Esa es la lógica de tener ahorros: ¡Siempre habrá necesidades futuras!

Hay cinco tipos de necesidades que requieren ahorro:

- **Gastos futuros conocidos:** Si usas el sentido común, conoces algunos gastos futuros que vendrán. Si tienes un auto, los neumáticos se desgastan y los vehículos requieren mantenimiento. Si tienes hijos, necesitarán zapatos y ropa a medida que crezcan. No te sorprende que los neumáticos se desgasten o que los adolescentes necesiten zapatos nuevos.
- **Gastos futuros desconocidos:** La vida también tiene gastos inesperados. A veces las cosas se rompen. La gente se enferma. No puedes ver el futuro, pero lógicamente sabemos que son posibilidades. Muchas personas sabias han dicho: *"¡Un presupuesto sin ahorros es un presupuesto a punto de explotar!"*
- **Deseos:** Siempre hay cosas que nos gustaría tener. Quizá quieras un auto mejor o uno con más espacio. Quizá quieras poder tomarte unas vacaciones o unos días libres. Estos requieren dinero.
- **El futuro:** ¡La mayoría de la gente no puede trabajar para siempre! Definitivamente no vivirás para siempre. Si

es así, entonces necesitas responder a algunas preguntas básicas: *¿Cómo sobrevivirás financieramente cuando ya no puedas trabajar? ¿Cómo sobrevivirá tu familia después de que fallezcas?*

- **La capacidad de dar:** A lo largo de la vida, habrá oportunidades, o impulsos de Dios para dar. A veces puede ser una oportunidad para dar a los propósitos de Dios: La plantación de iglesias, evangelismo mundial o un nuevo edificio de iglesia. O puede que veas a otra persona con necesidades financieras y quieras ayudarle.

La respuesta para todo esto es ahorrar: *Dinero que no gastas, sino que reservas para necesidades futuras.*

Proverbios 21:20 LBD *El sabio ahorra para el futuro, pero el necio gasta todo lo que gana.* Solo puedes ahorrar para el futuro si no lo gastas todo. Una mentalidad consumista que lo gasta todo impide que muchas personas tengan los ahorros necesarios para prosperar. El pastor Joe Campbell dice: *"El ahorro te da dominio sobre una mentalidad de consumidor."* Creo que cada persona, y cada iglesia, deberían apartar dinero en ahorros cada semana o cada mes. Los asesores financieros cristianos tienen un dicho: *"Paga a Dios. Entonces págate tú mismo. Luego paga a los demás."* "Pagarte a ti mismo" significa apartar dinero en lugar de gastarlo. ***Proverbios 21:5*** *Los planes del diligente ciertamente tienden a la abundancia, pero todo el que se apresura alocadamente, de cierto va a la pobreza.*

Cuando pones una parte de tu sueldo en ahorros, estás "gastando" dinero para construir tu futuro y alcanzar tus objetivos. ***Proverbios 13:11 NVS*** *El dinero que llega fácilmente desaparece rápido, pero el dinero que se va reuniendo poco a poco crecerá.*

Cuando ahorras dinero guardándolo, significa que no puedes usarlo ahora mismo: *¡Pero se acumula para un buen futuro!*

Existen cinco tipos de ahorros:

- **Ahorrar para emergencias:** Las emergencias son gastos desconocidos que surgen. Lo mínimo indispensable debería ser ahorrar suficiente dinero para cubrir un mes de gastos. (¡para algunas personas eso será absolutamente transformador!) Ahorrar suficiente dinero para cubrir tres meses de gastos es una cantidad estándar recomendada por los asesores financieros. ¡Intentar ahorrar suficiente dinero para cubrir los gastos de un año sería fantástico!
- **Ahorrar para gastos futuros conocidos**: Como mantenimiento del auto, ropa, gastos escolares, etc.
- **Ahorrar para tus deseos:** Cosas que quieres comprar o hacer. Compras, vacaciones, etc.
- **Ahorrar para el futuro:** Reservar dinero para la jubilación o cuando ya no puedas trabajar, y reservar dinero para las necesidades de tu familia tras tu fallecimiento.
- **Ahorrar para dar:** Necesitamos dinero para responder a oportunidades de dar al Reino de Dios y también para poder ayudar financieramente a otras personas.

La Bendición del Ahorro

¡La Biblia nos enseña que ahorrar trae bendiciones a nuestras vidas!

Si tienes ahorros, puedes vivir con paz en lugar de estrés: José sabía que se acercaban siete años de hambre. Pero cuando llegó la hambruna, ya había hecho todo lo posible para estar preparado guardando suficiente grano para sobrevivir a la hambruna. Tener paz es un resultado natural del ahorro; ¡no se trata de una obsesión! No tienes que estar tan obsesionado como para tener miedo de gastar ni un solo céntimo. Eso es desequilibrado y poco saludable. ¡Nuestra seguridad máxima debería estar en Dios, no en nuestros ahorros!

Dios bendice los ahorros de manera sobrenatural: *Génesis 41:38-40 NVS* *Y el rey les preguntó: "¿Podemos encontrar un hombre mejor que José para ocupar este puesto? ¡El espíritu de Dios está verdaderamente en él!" 39 Entonces el rey le dijo a José: "Dios te ha mostrado todo esto. No hay nadie tan sabio y entendido como tú, así que 40 yo te pondré a cargo de mi palacio. Todo el pueblo obedecerá tus órdenes, y solo yo seré superior a ti."*

El hecho de que José tuvo la sabiduría de ahorrar trajo bendiciones increíbles:

- La nación de Egipto fue salvada.
- Dios fue glorificado por la sabiduría de José para ahorrar.
- Se cumplieron los propósitos de Dios al preservar la nación de Israel.
- Los hermanos de José se sintieron afectados espiritualmente por la sabiduría de José en ahorrar. ¡Ahorrar hace más que permitirte pagar las cuentas!
- ¡El futuro de Joseph estaba ligado a su sabiduría para ahorrar!

Todos estos factores pueden estar en juego en tu vida si entiendes la sabiduría de Dios en los ahorros. ***Proverbios 3:9-10 NVS*** *Honra al Señor con tus riquezas y con las primicias de todos tus cosechas. 10 Entonces tus graneros se llenarán y tus barricas rebosarán de vino nuevo.*

El Dinero es Sobrenatural - *Heath y Renee Flitcroft*
Cuando era discípulo en Prescott, tenía dinero reservado para comprar una guitarra, pero Dios me desafió a darlo. Obedecí y lo di todo. Después de la conferencia, el pastor Greg Mitchell me llevó a desayunar y me dijo que si tenía alguna pregunta. Como acababa de da una ofrenda, era lo que más tenía en mente. Él me dijo: "¡El dinero es sobrenatural!" No tenía ni idea de que esa iba a ser una de las joyas de sabiduría más valiosas para mi vida en adelante.

Durante la Conferencia Bíblica de Prescott de julio de 2020, el pastor Greg Mitchell levantó una ofrenda por una nueva nación (Laos). Yo había estado trabajando horas extra para pagar deudas y podernos ir de misioneros. Dios me habló y me dijo que diera todo mi ingreso del mes en esa ofrenda, así que obedecí. A la mañana siguiente, apareció en nuestra cuenta un dinero que habíamos estado esperando. Justo después de la conferencia, recibí un correo electrónico diciendo que recibiría un pago de la póliza de seguro de vida de mi abuela. Recibimos 13 veces la cantidad que habíamos dado y pagamos toda nuestra deuda. Incluso pudimos poner 19.000 dólares en ahorros.

En otra Conferencia Bíblica de Prescott, el pastor Joe Campbell predicó e hizo un llamado a misioneros a ir a la India. No teníamos deudas, yo tenía un buen trabajo, así que pensé que era el momento adecuado para irnos al extranjero. Me ofrecí voluntario, pero en vez de enviarnos a nosotros, Chris y Vicki Wendt fueron enviados a Calcuta. Le dije a Dios: "Si no me envías, entonces envía mi dinero." Dimos la ofrenda más grande para el evangelismo mundial que habíamos dado hasta ese momento. Como resultado de nuestras decisiones de obedecer a Dios con el dinero, fuimos enviados seis meses después a Santa Lucía.

Bendiciones Fuera de Nuestra Zona de Confort
Luke y Nat Smith
Quiero dar un reporte de la Conferencia de Sídney 2025. Normalmente, mi esposa y yo acordamos una cifra y la damos. Este año fue un poco diferente, ya que habíamos estado ahorrando para unas vacaciones familiares y ambos sabíamos que había algunos ahorros en nuestra cuenta bancaria.

Seguimos dando cada noche generosamente, y podíamos hacerlo fácilmente sin tocar los ahorros de las vacaciones. Pero para la noche del viernes, ¡sentíamos que aún estábamos en nuestra zona de confort! Le pedí a mi esposa que escribiera una cantidad. Escribió en la tarjeta de ofrenda nuestra mayor ofrenda hasta la fecha. Cuando pasó el shock, acepté y dimos más en esa ofrenda que en toda una semana de cualquier conferencia. Sí, sacrificamos nuestras vacaciones, pero hubo alegría y emoción en dar para apoyar lo que Dios hacía a través de la Conferencia.

En el primer mes tras esa ofrenda, nuestro negocio fue tan bendecido que recuperamos TODO el dinero que dimos en una semana de ofrendas, algo que nunca antes había ocurrido. ¡Lo mismo pasó el segundo mes! Además, hemos recibido tres veces más de lo que dimos esa semana gracias a bendiciones inesperadas. En los últimos dos meses, Dios nos ha dado más de 40.000 dólares como resultado directo de salir de nuestra zona de confort con la ofrenda de la Conferencia.

Dios Provee un Vehículo - *Casey y Monica Mammen*

Estábamos ahorrando dinero para un auto nuevo para facilitar las necesidades de nuestra familia en crecimiento y habíamos ahorrado 2000 dólares. En la Conferencia Bíblica de enero de 2010 en Prescott, el pastor Wayman Mitchell tomó la ofrenda de Evangelismo Mundial del jueves por la noche, y Dios nos animó a dar todo ese monto para las nuevas obras misioneras anunciadas. Obedecimos con fe y entregamos los 2000 dólares. Nos guardamos esa decisión para nosotros y no se la contamos a nadie, ni siquiera a la familia. La semana siguiente, mi padre llamó de repente y nos regaló un auto que cumplía exactamente con nuestras necesidades y valía el doble de lo que habíamos dado. ¡Gloria a Dios por su provisión milagrosa! ¡Le damos a él toda la gloria!

Ahorrar, Dar, Recibir - *F*

En 2019, en la Conferencia Bíblica en Zwolle, Holanda, durante una ofrenda del pastor Greg Mitchell nos desafió a dar. Estábamos ahorrando para los costos del comprador si encontrábamos una casa. Necesitábamos 10.000 euros. Dios habló a nuestros corazones para dar 1.000 euros. Obedecimos a Dios. Oramos y dijimos: "Damos por fe y pedimos que podamos ahorrar 10.000 euros para poder comprar una casa."

Después de la conferencia, seguimos orando y, como dijo el pastor Greg en su ofrenda, seguimos recordándole a Dios nuestra ofrenda y nuestra necesidad (regando la semilla). Dos veces en 2019 recibí un aumento de sueldo considerable. Esto nos permitió reservar los fondos para los costos compra. Los precios de las viviendas subían enormemente. Teníamos en mente una casa bonita, pero era demasiado cara para nosotros. Ofrecimos 10.000 euros por debajo del precio solicitado, ¡y los vendedores aceptaron! En 2020, pudimos mudarnos a nuestra hermosa y espaciosa casa, ¡un año después de haber dado! ¡Esta fue nuestra oración respondida! En aquel momento, la gente ofrecía mucho más del precio solicitado, pero Dios hizo un milagro para nosotros. En los tres años siguientes, mi sueldo aumentó cinco veces.

En 2022, nuestro pastor levantó una ofrenda para comprar nuestro propio edificio de iglesia. Dios me dijo que diera 6.000 euros. Me sorprendió la cantidad, y cuando se lo conté a Gereline, ella también se sorprendió. Habíamos vuelto a construir un colchón financiero en 2 años, y ahora desaparecería de nuevo. Pero decidimos con fe obedecer y confiar en Dios una vez más.

En 2023, nos enviaron a pionar a Goes. Pusimos nuestra casa a la venta y empezamos a buscar una en nuestra nueva ciudad. Encontramos una casa bonita. Los vendedores tenían un corredor de bienes raíces cristiano, y él estaba muy entusiasmado cuando le explicamos por qué buscábamos una casa en Goes. Él habló bien de nosotros y los vendedores aceptaron nuestra oferta. Habíamos ofrecido el precio solicitado y, de nuevo, fue increíble que aceptaran, ya que la mayoría ofrecía mucho más que el precio pedido.

Ahora hemos vendido nuestra casa y, como teníamos más de 100.000 euros en patrimonio, ¡pudimos comprar la casa en Goes! Y como nos mudamos de una casa propia a otra, no tuvimos que pagar el impuesto de transferencias, lo que nos ahorró 6.000 euros. ¡Exactamente la cantidad que habíamos dado por el edificio en Dordrecht!

Estamos increíblemente agradecidos a Dios por todo lo que ha hecho por nosotros, y nos muestra una y otra vez que si le obedeces y crees, Él cuidará de ti.

Capítulo 15: Calificando para Ser Bendecido

La fe en Dios te elevará al siguiente nivel de bendiciones.
Germany Kent

Dar siempre es una bendición; La generosidad siempre cambia la vida.
Todd Stocker

Hubo un hombre en una de nuestras iglesias en Australia que una vez le dijo a su pastor: *"Si tuviera mucho dinero, no estaría aquí, estaría viajando por el mundo."* El pastor respondió amablemente: *"Entonces voy a orar para que nunca consigas esa cantidad de dinero. No me gustaría que la bendición de Dios se convirtiera en algo que destruyera tu bienestar espiritual."*

Si tu deseo es que Dios te prospere financieramente, necesitas ver que la prosperidad depende de **poder ser bendecido**: ¿Calificarías para las bendiciones? ¿Se podría confiar en ti con bendiciones?

Mayordomos poco Confiables

Muchas de las parábolas de Jesús son historias de administración: Un propietario adinerado confía lo que le pertenece a otra persona para que lo administre en su nombre. ***Mateo 25:14*** *"El reino de los cielos es como un hombre que, yéndose lejos, llamó a sus siervos y les entregó sus bienes.*

¡Se espera que los mayordomos tomen decisiones que sean en el mejor interés del propietario! El mayordomo toma decisiones prácticas con el dinero que se le ha confiado. Pero es posible tomar decisiones financieras que no se ajusten a la voluntad del propietario y que no coincidan con sus mejores intereses.

La Biblia registra varias historias que ilustran la mala mayordomía. ***Lucas 16:1*** *Dijo también a sus discípulos: "Había un hombre rico que tenía un mayordomo, y este fue acusado ante él de mal gastar sus bienes.*

Dos tipos de malos mayordomos

Somos malos mayordomos cuando las bendiciones producen cosas malas en nosotros: Hay personas que, en cuanto Dios las bendice, *esta les daña su salvación.*

Algunas personas necesitan un trabajo. Algunas personas necesitan desesperadamente un trabajo. Ellos oran, los pastores oran, la iglesia ora — ¡y Dios responde! El trabajo es una bendición. Sin embargo, enseguida que Dios la provee, empiezan a echar de menos la misma iglesia donde oyeron hablar de la bendición y recibieron las oraciones que la trajeron.

Algunas personas olvidan de dónde vino la bendición.

Deuteronomio 8:12-14 NVI *Y cuando hayas comido y te hayas saciado, cuando hayas edificado casas cómodas y las habites, 13 cuando se hayan multiplicado tus vacas y tus ovejas, y hayan aumentado tu plata y tu oro y sean abundantes tus riquezas, 14 no te vuelvas orgulloso ni olvides al SEÑOR tu Dios, quien te sacó de Egipto, el país donde eras esclavo* Con orgullo podemos atribuirnos el mérito de la bendición: ¡Podemos empezar a pensar que lo hice yo! Soy bendecido porque soy muy inteligente. La razón por la que soy bendecido es porque he trabajado muy duro para conseguirlo. ¿Pero quién te dio tu inteligencia? ¿Quién te da la fuerza para trabajar duro? He visto a muchas personas que se enorgullecen de su fortaleza y ética de trabajo, hasta enfermarse. Entonces, de repente, se dan cuenta de que la bendición no fue solo por su habilidad. Si la bendición te hace olvidar de dónde vino, eres un mal mayordomo.

Algunas personas se vuelven ingratas: No aprecian ni agradecen a Dios las bendiciones que les ha dado. ***Lucas 17:17 NVI*** *"¿Acaso no quedaron limpios los diez?" preguntó Jesús. "¿Dónde están los otros nueve?"* Si no das gracias por lo que Dios te ha bendecido, eres un mal mayordomo.

Somos malos mayordomos si no usamos el dinero de Dios para Sus propósitos. ¡Dios nos da dinero ante todo para cumplir Sus propósitos!

Algunas personas no pagan el diezmo: No honran a Dios con el primer 10% de sus ingresos. La obra de Dios no está destinada a financiarse mediante campañas de recaudación de fondos o la venta de artículos. El resultado práctico del diezmo es que financia la obra regular de Dios a través de la iglesia. Las estadísticas muestran que solo entre el 5 y el 12% de los cristianos estadounidenses diezman. Esto es triste, quizá en la nación más afortunada financieramente del mundo. En consecuencia, a muchas iglesias les cuesta cumplir la voluntad de Dios. Hace años, era popular que la gente pusiera calcomanías para el parachoques de sus coches mostrando lo que amaban. Leerías mensajes como: *"Toca el claxon si te encanta esquiar. Toca el claxon si te encanta el surf..."* Me gustó uno que algunos cristianos pusieron en su parachoques: *"Diezma si amas a Jesús. Cualquier tonto puede tocar el claxon."* **Malaquías 3:8** *"¿Robará el hombre a Dios? Pues ustedes me están robando. Pero dicen: '¿En qué te hemos robado?'. En los diezmos y en las ofrendas. Si no pagas el diezmo, eres un mal mayordomo.*

Algunas personas no invierten en lo que Dios ama: ¡Dios ama a la iglesia! La iglesia es Su plan, y todo lo que logrará en la iglesia vendrá a través de ella. ***Efesios 1:22-23*** *Y sometió todas las* *cosas debajo de sus pies, y lo dio por cabeza sobre todas las cosas a la iglesia, 23 la cual es su cuerpo, la plenitud de Aquel que todo lo llena en todo.* Dar ofrendas es una demostración de nuestro amor. *"Muéstrame dónde gastas tu dinero y te mostraré lo que amas."* Algunas personas dicen que aman a Dios y aman a su iglesia, pero no dan generosamente para que la obra de Dios y la misión de la iglesia puedan cumplirse. No solo los programas sufren; a veces, es la gran obra de Dios de evangelización, la plantación de iglesias y la evangelización mundial la que se ve obstaculizada. Si no inviertes en lo que Dios ama, eres un mal mayordomo.

Algunas personas no son generosas con los demás:

***Génesis 12:2** Haré de ti una nación grande, te bendeciré, engrandeceré tu nombre y serás bendición.*

Dios nos bendice para que podamos ser una bendición para otras personas. Podemos transmitir las bendiciones que se nos han dado para ayudar a otros en tiempos de necesidad. Si recibes las bendiciones financieras de Dios y no eres generoso con los demás, eres un mal mayordomo.

Dios no bendice la mala mayordomía

En cualquiera de las parábolas que ilustran una mala mayordomía, la relación del mayordomo con el propietario se altera y daña debido a su mala administración. Ni una sola vez el propietario se alegra cuando ve una mala mayordomía y, en todos los casos, lo que tienen se ve afectado negativamente.

Dios no permite que bendiciones sobrenaturales lleguen a manos de unos malos mayordomos.

Hay personas que oran para que Dios las bendiga, pero la bendición no les llega. Eso no es porque la prosperidad no sea bíblica, o porque Dios sea injusto. Es posible que Dios no dé mucho dinero a algunas personas porque Él sabe que eso las dañaría espiritualmente.

Proverbios 30:7-9 NVI *"Solo dos cosas te pido, Dios; no me las niegues antes de que muera: 8 Aleja de mí la falsedad y la mentira; no me des pobreza ni riquezas, sino solo el pan de cada día. 9 Porque teniendo mucho, podría desconocerte y decir: '¿Y quién es el SEÑOR?'. Y teniendo poco, podría llegar a robar y deshonrar así el nombre de mi Dios* Si el dinero te hace resbalar o dañar a tu familia, quizá deberías seguir siendo pobre. Eso no es destino, como si algunas personas estuvieran destinadas a la pobreza: ¡es una decisión!

Dios quita las bendiciones financieras de algunos malos mayordomos.

Mateo 25:28-29 *"Quitadle, pues, el talento y dadlo al que tiene diez talentos, 29 porque al que tiene, le será dado y tendrá más; y al que no tiene, aun lo que tiene le será quitado.* En última instancia, si no honras a Dios, no obedeces a Dios y haces la voluntad de Dios con las finanzas que Él te bendice, ¡Dios puede decidir quitártelas! A lo largo de los años, he visto a varias personas bendecidas financieramente que deshonraron a Dios con sus bendiciones y terminaron perdiéndolas.

La Prueba del Dinero

Un principio bíblico a lo largo de toda la Biblia es que Dios pone a prueba a su pueblo. ***Génesis 22:1 NVS*** *Después de esto, sucedió que Dios puso a prueba a Abrahán.*

Lo que Abraham hizo con la bendición (su hijo Isaac) mostró lo que había en el corazón de Abraham. La palabra "prueba" en la Biblia es una palabra que significa "examen". En la minería, examinar mineral mediante calor o productos químicos revela qué mineral o metal es. Dios nos permite ser puestos a prueba, para que lo que hay en nuestro corazón se revele.

Es fundamental que lo entendamos: **¡El dinero es una prueba!** El asunto del dinero es una de las áreas más profundas de prueba en nuestra relación con Dios. Muchas de las parábolas de la administración: *¡El propietario quería saber si se podía confiar en los mayordomos!* **Deuteronomio 8:2** *Y te acordarás de todo el camino por donde el SEÑOR tu Dios te ha traído por el desierto durante estos cuarenta años, para humillarte, probándote, a fin de saber lo que había en tu corazón, si guardarías o no Sus mandamientos.*

En este momento estamos siendo puestos a prueba con la cantidad de dinero que se nos ha confiado.

Thomas Carlisle dijo: "La adversidad es dura para un hombre, pero por cada cien que puede soportar la adversidad, solo hay uno que puede manejar la prosperidad."

- ¿Puede Dios confiar en que estarás agradecido por las finanzas que Dios te ha dado?
- ¿Puede Dios confiar en que le glorificarás y no te atribuirás el mérito por las bendiciones que Dios te ha dado?
- ¿Puede Dios confiar en que permanecerás fiel a tu relación con Él mientras te bendice?
- ¿Puede Dios confiar en que le honras con el Diezmo si Él te bendice?
- ¿Puede Dios confiar en que le obedezcas si Él te habla?
- ¿Puede Dios confiar en que bendecirás la obra y los propósitos de Dios a través de la iglesia dando ofrendas?

- ¿Puede Dios confiar en que compartirás tus bendiciones para ayudar a las personas necesitadas?

Buscando Personas a las que Bendecir

¡Tienes una visión equivocada de Dios si sientes que tienes que obligar a Dios a que te bendiga! La verdad es que **Dios busca personas a las que pueda bendecir.** ***2 Crónicas 16:9*** *Porque los ojos de Jehová contemplan toda la tierra, para mostrar su poder a favor de los que tienen corazón perfecto para con él...* ¡Es en el mejor interés de Dios bendecir a las personas con más dinero!

Si Dios puede confiarnos con más dinero, el Reino y sus propósitos serán bendecidos: *¡Podemos hacer más de la obra de Dios si tenemos más recursos para hacerlo!*

Si Dios puede confiarnos más dinero, más personas necesitadas serán bendecidas: *¡Podemos ayudar a más gente de Dios si tenemos más recursos para hacerlo!*

Así que, si Dios busca personas a quienes bendecir, ***¿por qué no ser la persona que Dios puede bendecir?*** La gran pregunta al considerar la prosperidad: ***¿Puedes ser bendecido?*** Eso significa, ¿calificarías para las bendiciones? ¿Se te podría confiar con bendiciones?? ***Lucas 16:10-12 NVI*** *"El que es fiel en lo poco también lo será en lo mucho; y el que no es honrado en lo poco tampoco lo será en lo mucho. 11 Por eso, si ustedes no han sido fieles en el uso de las riquezas deshonestas, ¿quién les confiará las verdaderas? 12 Y, si con lo ajeno no han sido fieles, ¿quién les dará a ustedes lo que les pertenece?*

¿Qué nos haría capaces para ser bendecidos?

Podemos ser bendecidos si hacemos un pacto de bendición con Dios de antemano. Podemos decidir y prometer a Dios: De antemano, yo prometo hacer lo correcto con las bendiciones que me das. ***Génesis 28:20-22*** *Allí hizo voto Jacob, diciendo: "Si va Dios conmigo y me guarda en este viaje en que estoy, si me da pan para comer y vestido para vestir 21 y si vuelvo en paz a casa de mi padre, Jehová será mi Dios. 22 Y esta piedra que he puesto por señal será casa de Dios; y de todo lo que me des, el diezmo apartaré para ti."*

Decidir honrar a Dios y ser fieles antes incluso de haber recibido la bendición.

Si podemos ser bendecidos o no depende de nuestra fidelidad actual. Cuando le pides una bendición a Dios, Él observa lo que estás haciendo actualmente con lo que ya se te ha dado. ***Lucas 16:10 NVI*** *"El que es fiel en lo poco también lo será en lo mucho; y el que no es honrado en lo poco tampoco lo será en lo mucho.*

En cierto modo, no deberías molestarte en pedirle más a Dios si ahora no eres fiel. Cuando vivíamos en Johannesburgo, el encargado del supermercado local fue sorprendido forzando la caja fuerte de la tienda y robando dinero de la empresa. ¿Tendría sentido que el luego pidiera a los propietarios un aumento de sueldo? Si no eres fiel ahora, primero tienes que arrepentirte. Luego pide ayuda a Dios. Afortunadamente, servimos a un Dios bondadoso y misericordioso. Bondadoso significa que Dios nos da lo que no merecemos. ¡Misericordioso significa que no nos da lo que merecemos!

Podemos ser bendecidos si demostramos cuidado cuando somos bendecidos: ¿Cómo podemos ser cuidadosos con las bendiciones? Con una actitud de adoración y gratitud por nuestras bendiciones. El antídoto y la respuesta para un espíritu ingrato y olvidadizo es **recordar.** ***Deuteronomio 8:18*** *"Pero acuérdate del SEÑOR tu Dios, porque Él es el que te da poder para hacer riquezas, a fin de confirmar Su pacto, el cual juró a tus padres* *como en este día.* Recordar significa "dejar una marca para poder reconocer algo." *Significa* ***pensar (acerca), meditar (en), prestar atención (a) algo. Salmo 103:2*** *Bendice, alma mía, al SEÑOR, Y no olvides ninguno de Sus beneficios:*

Una disciplina cristiana que te protege es pensar deliberadamente y hacer una lista de todas las cosas buenas que Dios ha hecho por ti, y lo que Él te ha dado. Las personas agradecidas tienen la mayor posibilidad de poder manejar las bendiciones que Dios les da.

Siendo Bendecido con Más

¡Puedes tener más de lo que tienes ahora mismo! No puedo prometer que todo cristiano se converitira en millonario, pero sí puedo decirte bíblicamente que Dios quiere que tengas más de lo que tienes ahora mismo. ¡Dios está dispuesto a darte más! ***Mateo 25:20-21*** *"Y llegando el que había recibido los cinco talentos, trajo otros cinco talentos, diciendo: 'Señor, usted me entregó cinco talentos; mire, he ganado otros cinco talentos'. 21 Su señor le dijo: 'Bien, siervo bueno y fiel; en lo poco fuiste fiel, sobre mucho te pondré; entra en el gozo de tu señor.'* ***Lucas 16:10 NVS*** *"El que es confiable en lo poco, también lo es en lo mucho; y el que no es confiable en lo poco, tampoco lo es en lo mucho.*

¡Cuanto más Dios pueda confiarte en ti, más podrá darte Dios a ti!

Lucas 6:38 *Den, y les será dado; medida buena, apretada, remecida y rebosante, vaciarán en sus regazos.* ***Porque con la medida con que midan****, se les volverá a medir."*

2 Corintios 9:6 NVI *Recuerden esto: El que siembra escasamente, escasamente cosechará, y el que siembra en abundancia, en abundancia cosechará.*

Ha habido muchos cristianos a los que Dios bendijo con recursos increíbles.

RG LeTourneau: Fue un empresario cristiano que creía en el diezmo. Decía que Dios le despertaba por la noche y le daba ideas para maquinaria de movimiento de tierras. Las ideas que Dios le dio hicieron que su empresa prosperara increíblemente. Empezó dando el diezmo: Dando un 10% y viviendo con el 90%, pero Dios le seguía bendiciendo tanto que fue aumentando el porcentaje de su dádiva hasta que por fin vivía con un 10% y dando un 90%.

David Green: Abrió su primera tienda de artesanía con un préstamo de 600 dólares. Esa pequeña tienda de artesanía se convirtió en Hobby Lobby. ¡Su patrimonio neto personal se estima actualmente en 15.000 millones de dólares! (Cuando enseñé esta serie por primera vez en 2022, su patrimonio neto estimado era de 6.000 millones de dólares. ¡Ha crecido 9.000 millones de dólares en menos de cuatro años!) ¡Él y su familia donan cientos de millones de dólares al año a causas que promueven el Reino de Dios!

Fe, Obediencia y Provisión - *Anthony y Gina Trujillo*

Nuestra Iglesia se había estado congregando en un local comercial durante los últimos 18 años. Sentí que Dios me desafiaba a empezar la transición de un local comercial a un edificio de iglesia. Recibí una llamada de los dueños del local donde nos estábamos congregando. Dijeron que ya no renovarían nuestro contrato porque el nuevo propietario no quería una iglesia en esa propiedad comercial. Eso significaba que tendríamos que ir mes a mes a un costo muy alto debido a la economía aquí en Denver.

En la Conferencia Bíblica de Prescott de julio de 2022, el pastor Greg Mitchell habló por fe el lunes por la noche sobre los avances concretos que tendrían lugar en las iglesias antes de que acabase la semana; una era que varios pastores recibirían edificios de Iglesia antes de que terminara la semana. Dios nos desafió a dar para el Evangelismo Mundial el jueves por la noche, y también dimos el viernes por la noche en la ofrenda.

Al día siguiente (sábado) después de la conferencia, recibí una llamada de un propietario, un pastor de una iglesia, a quien había preguntado sobre el alquiler de su propiedad un año antes. Desde la COVID-19, su iglesia había cerrado. Intentó reabrir, pero nadie venía. Dijo: *"Hemos estado intentando localizarte. Recibí tu mensaje y sentí que debía llamarte hoy. Me reuní con nuestro concilio de la iglesia y estuvimos de acuerdo en alquilarte el edificio."*

No solo recibimos un edificio impresionante y completamente amueblado, sino que también contaba con equipo de sonido, asientos, aulas de escuela dominical y una increíble zona de santuario lista para usar. El alquiler en realidad es 1000 dólares menos de lo que pagábamos en el local comercial porque no tenemos que pagar los servicios públicos. En los dos últimos meses desde que estamos en el edificio, hemos tenido visitantes, bautizos en agua y presentaciones de bebés. Con este avance financiero, podemos seguir invirtiendo aún más en Evangelismo Mundial y avivamientos, y estamos muy emocionados por ver lo que Dios está haciendo aquí en el área de Colorado.

Una Bendición de Por Vida - *Adrianne Tegegne*

En enero de 2015, en la Conferencia Bíblica de Prescott, el pastor Joe Campbell tomó la ofrenda. Habló de ser obedientes en el dar, y también dijo que podemos pedirle a Dios cosas específicas cuando damos. Había estado ahorrando dinero para un viaje a Israel, pero me sentí el impulso de darlo. Di 5.000 dólares en esa ofrenda, y le dije a Dios que era para sus propósitos, pero que también quería un buen esposo. En julio de 2015, conocí al hombre que ahora es mi esposo. Nos casamos en junio de 2016 y desde entonces hemos seguido firmes. Actualmente servimos en la iglesia de Prescott como Directores de Concierto. Estamos muy agradecidos por el ministerio y el ejemplo del pastor Joe y Connie Campbell, y de que él tomara esa ofrenda específica esa noche.

El Ayuno Libera una Bendición - *Jared y Latanya Jake*

Me llamo Jared Jake. Mi esposa y yo actualmente somos pastores de la iglesia en Cuba, Nuevo México. Nuestra iglesia es pequeña, con unas 15 personas asistiendo. En septiembre de 2025, más personas comenzaron a venir. En ese tiempo, el edificio empezó a tener problemas de fontanería. No teníamos dinero para contratar a un fontanero, así que tuve que aprender a hacer las reparaciones yo mismo. Tuvimos que pedir ayuda financiera a nuestra iglesia madre. Mi esposa y yo habiamos estado invirtiendo nuestro propio dinero en la iglesia, lo que nos ha estado afectando financieramente.

Un día, mi esposa y yo estábamos orando, y ella dijo: *"No estoy segura si es Dios hablándome o solo un pensamiento mío, pero sentí que Él dijo que necesitamos ayunar por nuestras finanzas."* Hasta ese momento, habíamos estado orando por finanzas milagrosas, pero seguíamos batallando. Le dije: *"Vamos a intentarlo, no lo hemos hecho antes. Pensé para mis adentros: Vale la pena intentarlo, ayunar es GRATIS."* Ayuné un día, el miércoles. Oré por dinero milagroso. Recuerdo haberle dicho específicamente a Dios: *"Creo que tienes más dinero del que jamás podríamos imaginar, sé que eres un Dios bueno, un Dios justo, nos amas y sé que siempre proveerás porque estamos siendo obedientes a tu voluntad, ¡por favor ayúdanos!"* No recibimos dinero ese día, ni en el resto de la semana. No me enfadé con Dios. Seguí creyendo lo que dije en oración.

Ese domingo, después del servicio de la mañana, un hombre entró por la puerta. Parecía estar buscando algo. Me presenté y le informé que el servicio había terminado. Dijo: *"Me llamo Leonard y, parece que me lo acabo de perder."* Le dije: *"Sí, pero tenemos servicio esta noche."* Leonard cogió un sobre de diezmo y un bolígrafo. No le di importancia porque la gente suele pasar por la iglesia y poner un par de dólares en la cesta después del servicio. Leonard se sentó entonces en la última fila de la iglesia. Preguntó: *"Si escribo un cheque, ¿a nombre de quién lo hago?"* Le dije: "La Casa del Alfarero Cuba." El luego preguntó dónde estaba el cesto de las ofrendas, mientras sostenía el sobre. Mi hija se lo extendió y él dejó caer el sobre dentro. Le animé a que pasara por el servicio de la noche, y me dijo: *"Solo estoy de paso, voy a trabajar en Texas, y siempre veo la iglesia. No estaré aquí para el servicio de la tarde, pero necesitaba ocuparme de unos asuntos."*

Después de salir de la iglesia, empecé a contar la ofrenda. Cuando llegué al sobre de Leonard, la cantidad en el exterior decía: "¡5.000 dólares!" Abrí el sobre y vi el importe del cheque: 5.000 dólares. Se lo conté a mi esposa, y empezamos a alabar a Dios, con lágrimas de alegría corriendo por mi rostro. ¡Esto fue un milagro total porque 5.000 dólares son 2-3 meses de ingresos para nuestra iglesia!

Llamé a Leonard y le agradecí por haber dado a nuestra iglesia. Le pregunté qué le llevó a dar, y me dijo: "Siempre paso por su iglesia, y algo me dijo que debía dar. Creo que su iglesia ayuda a personas que lidian con el alcoholismo. Y estoy en posición de ayudar a la iglesia, y eso es lo que quería hacer." Le agradecí por ser obediente a la voz de Dios, y él dijo: "No me des las gracias a mí, da gracias a Jesús. El diezmo se encuentra a lo largo de toda la Biblia; solo estoy haciendo lo que Dios me dijo."

Oro para que este testimonio anime a parejas o personas que estén pasando por sequía financiera y dificultades. Dios está obrando tras bambalinas. ¡Sigue creyendo en Dios para tu avance financiero!

Dios Lleva Buenos Cuentas - *Frank y Nikki Brunner*

Cuando nuestra iglesia en Green Bay, Wisconsin, cerró, decidimos mudarnos a Prescott, Arizona, para formar parte de la iglesia. Para poder mudarnos, vendimos nuestra casa. Los costos de la mudanza y la plusvalía que perdimos en la casa sumaron 30.000 dólares.

En abril de 2019, el pastor Greg Mitchell predicó un sermón sobre sembrar semillas, dar ofrendas y vincularlas con peticiones específicas de oración. Dimos en esa ofrenda y oramos específicamente sobre comprar una casa (que estábamos alquilando en ese momento), y para que Dios restaurara los 30.000 dólares de plusvalía que habíamos perdido cuando vendimos la casa y nos mudamos a Prescott.

En mayo, nuestro arrendador nos informó de que tenía un problema médico y que necesitaba vender nuestra casa. Así que, a menos que pudiéramos comprarla, tendríamos que mudarnos. No podíamos comprar al precio de mercado, así que empezamos a empacar. Cuarenta y cinco días después, aún no habíamos encontrado casa y nuestro arrendador nos contactó. Dijo que Dios le había hablado para que nos vendiera la casa a un precio que pudiéramos permitirnos, con pagos mensuales que no superaran nuestro alquiler actual.

Debido al momento de sus finanzas, las implicaciones fiscales y el cierre por Covid, tardamos más de un año en cerrar la compra. Sin embargo, durante ese tiempo, el pagó para que reemplazaran todos los pisos (que era otra petición específica de oración que teníamos). Cuando finalmente cerramos la compra de nuestra casa en noviembre de 2020, ¡nos vendió la casa por el 60% de su valor! ¡Esto nos dio al instante más de tres veces el capital que habíamos perdido! (Unos 100.000 dólares). ¡Dios es tan fiel!

Dios lo Sabía de Antemano - *Peter y Claudia Hounslow*

Pastor Walsh, Gracias por su desafío en la ofrenda del lunes en la noche de la Conferencia Bíblica de Perth y por el milagro que se desató. Prometí una gran cantidad de dinero, pero era todo un desafío. Le dije: "Señor, vas a tener que ayudarme."

A la mañana siguiente, mientras oraba, vi a uno de los trabajadores de la iglesia de Beechboro caminando con un sobre en la mano, buscando a alguien. Jesús me hizo sentir en mi espíritu que aquel sobre era para mí, ¡y efectivamente lo era! Dentro había un cheque por la cantidad exacta que había prometido la noche anterior. Lo habían enviado de manera anónima una semana antes al código postal de la iglesia de Beechboro, con mi nombre y una carta de agradecimiento por nuestro ministerio.

Este milagro es solo el comienzo de cosas mayores que Dios tiene para nosotros. Gracias por ser fieles al traer la palabra de Dios y no avergonzarse de desafiar los corazones de sus santos para que obedezcan los mandamientos e impulsos de Dios.

La Fidelidad a Largo Plazo es Recompensada

Josh y Melanie Neal

La iglesia de Blythe, California, se ha congregado en un viejo edificio durante décadas. Es pequeño y la iglesia ha crecido; necesitaban un edificio. En 2024, el pastor Josh Neal encontró una iglesia grande desocupada en la ciudad. Pensó que sería perfecta para su congregación. Comenzaron a negociar para comprarla. Pero las negociaciones fracasaron, en parte porque no podían permitírselo. Después de eso, Josh decía que era frustrante pasar en auto por delante del edificio que podría haber sido una gran bendición, si tan solo hubieran podido pagarlo. La esposa de Josh, Melanie, dijo: *"Si Dios quiere que tengamos el edificio, lo tendremos."*

A principios de 2025, un señor mayor visitó uno de los servicios. Tenía casas en varios lugares y se quedaba temporalmente en Blythe mientras el clima aún era fresco. (Si alguna vez haz pasado un verano en Blythe, entiendes por qué se va durante esos meses). Antes de que terminara el servicio, Josh oró por él porque tenía dolor, y desde ese día empezó a asistir siempre que estaba en la ciudad.

Tiempo después, Josh se enteró de que el edificio que querían se había vendido de nuevo, aproximadamente un año después de la venta original. Se preguntaba quién lo había comprado. Descubrió que era el mismo hombre que había estado asistiendo de vez en cuando. Josh le preguntó al respecto. Él le dijo que iba camino a Los Ángeles para ver propiedades de inversión y que, de paso, hizo una parada en Blythe. Se preguntó si habría propiedades de inversión en Blythe, y el edificio de la iglesia fue de las primeras cosas que vio, así que lo compró. Le dijo a Josh: *"No sé por qué lo compré, no lo necesito."* Josh mencionó que intentaron comprar el edificio en 2024. El hombre dijo: *"Es tuyo si lo quieres."* Se lo ofreció a la iglesia sin cobrarles alquiler.

¡La propiedad cubre toda una manzana de la ciudad! ¡El santuario tiene capacidad para 500 personas! El edificio cuenta con dos cocinas, un salón de reuniones, seis aulas, una guardería y un área de juegos para niños. Para que te hagas una idea, ¡su antiguo edificio de iglesia podría caber dentro del vestíbulo de este! Les han dado permiso para usar 3 terrenos adyacentes para parqueo, con solo hacer una llamada telefónica. La persona que compró el edificio en 2024 puso una alfombra completamente nueva, pero luego decidió no usar el edificio. Cuando se enteró de que la iglesia se iba a quedar con el edificio, llamó y ofreció la alfombra gratis.

Josh dice: "Dios no solo nos ha dado espacio, nos ha dado impulso. Hemos recibido visitantes en todos los servicios desde que nos mudamos al nuevo edificio." Un evangelismo que realizaron en la nueva propiedad atrajo a más de 500 visitantes.

El hombre dice que su intención es ceder el edificio a la iglesia. Lo que él no sabía era que, mucho antes de conocerlo, la congregación de Blythe ya había puesto las manos sobre ese edificio dos veces, pidiéndole a Dios que se lo diera.

Yo (el pastor Greg) le pregunté a Josh si había alguna ofrenda en particular que hubiera hecho que desencadenara este milagro. Él dijo: *"Honestamente, no se me ocurre ninguna ofrenda dramática que haya causado esto. Pero puedo decir que hemos dado fielmente, hemos confiado en Dios con nuestras finanzas, hemos sido buenos administradores y hemos sido constantes a lo largo del tiempo."* Pero eso también forma parte de la prosperidad: debemos orar fielmente, creerle a Dios y obedecer e invertir financieramente de forma constante a lo largo del tiempo. Porque la obediencia se acumula, y puede llegar el día en que Dios intervenga a nuestro favor. Como Cornelio en ***Hechos 10:4 NVI*** *" Dios ha recibido tus oraciones y tus obras de beneficencia como una ofrenda."*

Josh dice: Lo que sí puedo decir es que este testimonio demuestra que **Dios responde a la oración en su tiempo, y que su tiempo siempre es perfecto**. Estamos muy agradecidos por todo lo que Él ha hecho y por todo lo que va a hacer. Él está atrayendo almas en Blythe, California, y tenemos el privilegio de formar parte de Su obra.

LONG-TERM FAITHFULNESS IS REWARDED

Capítulo 16: Provisión para el Discipulado

La respuesta a nuestros miedos es la fe. Fe real, que reduce el miedo, en el Dios que nos ama y se entregó por nosotros.
Jani Ortlund

Escuchar cómo Dios se mueve en otros lugares anima e inspira nuestra fe para lo que Dios quiere hacer en nuestro propio rincón del mundo.
Matt Brown

Ray Dalio ganaba dinero haciendo de caddie en un campo de golf cuando era niño. A los 12 años, compró sus primeras acciones en la bolsa de valores. Esas acciones se triplicaron, lo que generó un interés en invertir. Siguió invirtiendo durante toda su adolescencia y luego obtuvo una licenciatura en finanzas. Su éxito en la inversión le llevó a fundar un fondo de cobertura llamado Bridgewater Associates, que es uno de los fondos de cobertura más grandes y exitosos. Su patrimonio neto supera ahora los 18.000 millones de dólares. Sus decisiones financieras le prepararon para su futuro.

Cualquiera que sienta que Dios le ha llamado a predicar debe tener fe en la capacidad de Dios para proveer. Vamos a examinar una historia en el libro de Lucas que es una historia de formación en discipulado. Jesús estaba entrenando a sus discípulos para el ministerio futuro, y en esta historia les enseña una lección poderosa: **¡Los discípulos necesitan comprender y experimentar la provisión milagrosa!**

Lucas 5:4-11 *Cuando terminó de hablar, dijo a Simón: "Boga mar adentro, y echad vuestras redes para pescar." 5 Respondiendo Simón, le dijo: "Maestro, toda la noche hemos estado trabajando y* *nada hemos pescado; pero en tu palabra echaré la red." 6 Cuando lo hicieron, recogieron tal cantidad de peces que su red se rompía. 7 Entonces hicieron señas a los compañeros que estaban en la otra barca para que acudieran a ayudarlos. Ellos vinieron y llenaron ambas barcas, de tal manera que se hundían. 8 Viendo esto Simón Pedro, cayó de rodillas ante Jesús, diciendo: "Apártate de mí, Señor, porque soy hombre pecador." 9 Por la pesca que habían hecho, el temor se había apoderado de él y de todos los que estaban con él, 10 y asimismo de Jacobo y Juan, hijos de Zebedeo, que eran compañeros de Simón. Pero Jesús dijo a Simón: "No temas; desde ahora serás pescador de hombres." 11 Trajeron a tierra las barcas y, dejándolo todo, lo siguieron.*

Ministerio Sobrenatural

En esta historia, Jesús estaba preparando a sus discípulos para el ministerio futuro. En todas las instrucciones de Jesús a los discípulos y en todos los acontecimientos que ocurrieron, les estaba enseñando cosas que necesitarían para ser efectivos en el ministerio.

Piensa en todas las cosas que los discípulos necesitan ayuda para que sus ministerios futuros sean efectivos:

- **Los discípulos necesitan carácter:** Ministramos lo que somos por dentro. Necesitamos tener amor por Dios. Necesitamos integridad. Debemos ser fieles en todos los ámbitos.
- **Los discípulos necesitan conocimiento bíblico:** Necesitan entender una doctrina sana. Sería útil si pudieran memorizar las escrituras.
- **Los discípulos necesitan aprender a predicar:** ¡Los pastores están llamados a ser predicadores de la Palabra! Necesitamos entender cómo extraer la verdad

de un pasaje de las escrituras, cómo desarrollar y aplicar esa verdad en un mensaje lógico, y cómo declararla eficazmente.

- **Los discípulos necesitan habilidades sociales:** ¡Pastorear es saber relacionarse y tratar con personas! Tienes que aprender a ser amable, saber cómo poner a la gente a gusto y conectar con desconocidos.
- **Los discípulos necesitan una dimensión sobrenatural:** Pastorear requiere el poder milagroso sobrenatural del Espíritu Santo si queremos ver a personas ser salvas, libres y transformadas. Nos ayudará mucho si tenemos pruebas de una dimensión sobrenatural en acción en nosotros antes de convertirnos en pastores. Esto puede implicar sanidad milagrosa y los dones del Espíritu.
- **Los discípulos necesitan estar involucrados en la evangelización y tener fruto personal para ganar almas:** Si algún día quieres ser pionero en una nueva iglesia, ¿cómo crees que llegarán nuevas personas (pecadores)? ¡A través de la evangelización! Los discípulos necesitan ser capaces de testificar y ganar almas ahora. Eso les dará confianza para el futuro.

Pero incluso si todas las cosas mencionadas anteriormente se cumplen en tu vida, debes tener en cuenta un factor muy práctico: ***¡El Ministerio para Dios implica dinero!***

- **Tendrás necesidades personales en el ministerio:** Necesitarás dinero para tu alojamiento, comida, servicios, vehículos y gastos de transporte, ropa, educación y cualquier cantidad de cuentas.
- **Tendrás necesidades ministeriales:** Cuesta dinero alquilar o comprar edificios, comprar equipo, financiar

evangelismos, avivamientos, eventos especiales, ministerio de niños y muchas otras cosas.

- **Ministrarás a personas que necesitan dinero:** Se salvarán personas que batallan con deudas personales. Estarán atados por maldiciones de pobreza. Tendrán necesidades financieras personales como vivienda, comida, servicios, vehículos y gastos de transporte, ropa, educación y cualquier cantidad de cuentas, ¡y muchos de ellos estarán muy endeudados! Debes ser capaz de ayudarles a conseguir sus propios logros significativos en las finanzas.

El Dinero y el Futuro

¡La Biblia enseña que tu futuro dependerá del dinero!

El dinero es sobrenatural. El dinero no es solo matemáticas. No se trata solo de ingresos y gastos. ¡La Biblia nos enseña que lo que ocurre con tu dinero afecta todas las áreas de tu vida!

El dinero afecta tu corazón: Tus actitudes hacia el dinero influyen en lo que ocurre en tu corazón. Si no es correcto tu sentir en tu corazón en lo que respecta al dinero, ¡tu corazón no estará bien con Dios con el tiempo! ***Lucas 12:34*** *Porque donde está tu tesoro, allí también estará tu corazón.*

El dinero afecta tus oraciones: Lo que haces con el dinero tiene un efecto directo en tus oraciones y en si son efectivas o no.

Hechos 10:1-4 NVI *Había en Cesarea un hombre llamado Cornelio, centurión de la cohorte llamada la Italiana, 2 piadoso y temeroso de Dios con toda su casa, que daba muchas limosnas al pueblo judío y oraba a Dios continuamente. 3 Como a la hora novena, vio claramente en una visión a un ángel de Dios que entraba a donde él estaba y le decía: "Cornelio". 4 Mirándolo fijamente y atemorizado, Cornelio dijo: "¿Qué quieres, Señor?". Y el* *ángel le dijo: "Tus oraciones y limosnas han ascendido como memorial delante de Dios.* El ángel le dijo que Dios había visto su generosidad y había escuchado sus oraciones. Si no obedeces a Dios en dar, afectará tus oraciones.

El dinero afecta tu fruto: En 2 Reyes 4, se habla de una pareja generosa que, y como tenían visión de lo que era el ministerio de Eliseo, invirtieron construyendo una habitación para que se quedara cuando estuviese por ahí. Dios movió a Eliseo a orar por una bendición para la esposa, y resulta interesante que la bendición que Dios dio fue un milagro de fecundidad: Dios dio un hijo a una mujer estéril. ***2 Reyes 4:15-16 NVS*** *Entonces Eliseo dijo a Giezi: "Llámala." Cuando la llamó, ella se quedó en el umbral. 16 Entonces Eliseo dijo: "Por estas fechas del año que viene, tendrás un hijo en tus brazos." La mujer dijo: "No, señor mío, hombre de Dios, ¡no engañe usted a su sierva!"*
Si quieres ser fructífero en el ministerio, lo que hagas con el dinero está directamente relacionado con la fertilidad.

El Dinero Primero

En la historia con la que empezamos, hay un principio que afecta al ministerio, y ese principio es: ***¡El dinero primero!*** Jesús enseñó a sus discípulos una lección sobre la provisión en el capítulo 5 antes de enviarlos a ministrar en el capítulo 9. Este principio se observa en otros hombres de Dios en la Biblia. Elías experimentó milagros de provisión antes de ver el impacto del ministerio. Antes del enfrentamiento con los profetas de Baal y su impacto en la nación, el primero experimentó milagros personales de provisión. Dios hizo que los cuervos le alimentaran en medio del desierto, y luego, durante tres años, organizó un suministro milagroso de comida para él, una viuda y su hijo.

¿Por qué Dios quiere que los discípulos experimenten la provisión milagrosa antes de entrar en el ministerio?

El dinero implica una dimensión sobrenatural de fe. La fe está directamente relacionada con el dinero: Hebreos, capítulo 11, se llama la lista de la fe. Nos dice qué es la fe, y luego da ejemplos prácticos de ella. ¡Es curioso que el primer ejemplo de fe en la Biblia fuera una ofrenda! ***Hebreos 11:4*** *Por la fe Abel ofreció a Dios más excelente sacrificio que Caín...* ¿Por qué Dios tendría que mencionar como el primer ejemplo de fe una ofrenda? Creo que es porque si no puedes creer en que Dios puede proveer dinero, ¡te costará creer en Dios en todas las demás áreas!

- Nunca veo a alguien muy fructífero en el ministerio que no sea generoso en dar.
- Nunca veo a alguien que tiene grandes milagros y que no sea generoso en dar.

El dinero implica una dimensión sobrenatural de dominio: *Dominio es la capacidad de superar los poderes del infierno.* De eso trata el ministerio para Dios: superar *los poderes demoníacos que luchan contra la voluntad de Dios.*

- ¿Cómo se supera la ceguera demoníaca para que la gente pueda salvarse? *¡Superas los poderes demoníacos!*
- ¿Cómo puedes conseguir que la gente cambie? *¡Superas los poderes demoníacos!*
- ¿Cómo superas factores negativos que son de origen sobrenatural? *¡Superas los poderes demoníacos!*

Hay una conexión entre el dinero y el dominio: *¡Lo que haces con el dinero afecta el dominio!* **1 Samuel 7:10 NVS** Mientras Samuel estaba ofreciendo el holocausto, llegaron los filisteos para pelear contra los israelitas, pero el Señor lanzó fuertes truenos contra ellos, y los atemorizó, y los israelitas los vencieron.

Mientras Samuel presentaba una ofrenda, Dios se puso a obrar de forma sobrenatural para ayudar a Su pueblo a derrotar al enemigo. Si puedes obtener dominio en el área del dinero, ¡puedes tener dominio en cualquier área de la vida!

En nuestro Compañerismo, tenemos un pastor en McAllen, Texas, llamado Román Gutiérrez. Román creció en la pobreza. Cuando se salvó, obedeció a Dios ofrendando, en sus diezmos y ofrendas. Consiguió avances importantes en el área del dinero. Pero él también ha tenido avances siendo fructífero: Ha visto conversiones poderosas en su ministerio. Dios le ha ayudado a levantar discípulos, plantar iglesias y enviar misioneros a otras naciones. Pero el orden de bendición en su vida ha sido: ***¡El dinero primero!***

Discipulado Sobrenatural

Nuestra historia en Lucas Capítulo 5 es una escritura de discipulado, lo que significa que implicaba entrenamiento para el ministerio futuro.

La formación para el ministerio futuro implica una provisión milagrosa de dinero: *Para los pescadores, pez = dinero.* Jesús quería que sus discípulos desarrollaran fe en la provisión milagrosa de Dios. ***Lucas 5:6*** *Cuando lo hicieron, recogieron tal cantidad de peces que su red se rompía.* Esto les proporcionó un punto de referencia que siempre podrían usar en el futuro: ***¡Dios puede proveer sobrenaturalmente para cumplir Su voluntad!*** Esta lección se repitió a lo largo de su discipulado.

En dos ocasiones diferentes miles fueron alimentados: Una vez, Jesús por un milagro alimentó a 5.000 hombres, más mujeres y niños, y en otra, Jesús por milagro alimentó a 4.000 hombres, además de mujeres y niños.

Juan 6:11-13 *Tomó Jesús aquellos panes y, después de dar gracias, los repartió entre los discípulos, y los discípulos entre los que estaban recostados; de igual manera hizo con los pescados, dándoles cuanto querían. 12 Y cuando se saciaron, dijo a sus discípulos: "Recoged los pedazos que sobraron, para que no se pierda nada." 13*

Recogieron, pues, y llenaron doce cestas de pedazos que de los cinco panes de cebada sobraron a los que habían comido.

La lección de estas historias fue: *Dios puede proveer lo que sea que necesites, ¡no importa lo grande que sea la necesidad!*

Pedro atrapó un pez: *Había dinero en la boca del pez para pagar sus impuestos.* ***Mateo 17:27 NVS*** *Sin embargo, no queremos que se ofendan, así que desciende al lago y echa el anzuelo. Abre la boca del primer pez que saques y allí encontrarás una gran moneda de plata. Tómala y paga mi impuesto y el tuyo."* Las lecciones de esta historia: ***¡Dios puede proveernos de formas milagrosas! ¡Dios no está limitado a una persona, un trabajo o un método para proveer nuestras necesidades!***

Un asno fue dado por un milagro para que se pudiera hacer la voluntad de Dios: ***Lucas 19:30-35*** *diciendo: "Id a la aldea de enfrente, y al entrar en ella hallaréis un asno atado en el cual ningún hombre ha montado jamás; desatadlo y traedlo. 31 Y si alguien os pregunta: '¿Por qué lo desatáis?' le responderéis así: 'Porque el Señor lo necesita'". 32 Fueron los que habían sido enviados y hallaron como les dijo. 33 Cuando desataban el asno, sus dueños les dijeron: "¿Por qué desatáis el asno?" 34 Ellos dijeron: "Porque el Señor lo necesita." 35 Lo trajeron a Jesús*

Esta historia es increíble: Encuentra un asno atado ahí y llévatelo. Si alguien te pregunta qué estás haciendo, simplemente dile: *"¡El Señor lo necesita!"* Si intentas eso con un auto aparcado en la calle, ¡podrías acabar en la cárcel o muerto! La lección de esta historia es: ***¡Dios puede hacer que desconocidos quieran ayudarte!*** Yo he escuchado muchas historias de personas ayudando a proveer para un hijo de Dios, y la persona decía: *"No sé por qué estoy haciendo esto..."*

Se proporcionó el aposento para la Pascua y la comida de Pascua: ***Marcos 14:13-16*** *Y envió a dos de sus discípulos diciéndoles: "Id a la ciudad, y os saldrá al encuentro un hombre que lleva un cántaro de agua; seguidlo, 14 y donde entre decid al señor* *de la casa: 'El Maestro dice: "¿Dónde está el aposento donde he de comer la Pascua con mis discípulos?"'. 15 Entonces él os mostrará un gran aposento alto ya dispuesto. Haced allí los preparativos para nosotros." 16 Fueron sus discípulos, entraron en la ciudad, hallaron lo que les había dicho y prepararon la Pascua*

No fue un evento reservado con anticipación. ¡Un hombre que preparó una habitación y una comida de Pascua para él y su familia nos dejará usarla! Esto no era del mejor interés para el hombre: *Si dejaba que Jesús y los discípulos la tuviesen, ¿dónde celebraría la Pascua con su familia?*

La lección aprendida de esta historia es: *¡Dios puede hacer que las personas ayuden de formas que no son en su propio interés!* Un ejemplo sería que los propietarios de casas o edificios de iglesias que bajaran el precio y alquilaran al pueblo de Dios por menos de lo que pueden obtener de otros: *¿Por qué deberían hacer eso?* ***¡Un milagro! ¡Porque Dios provee!***

La Dimensión Indispensable

La fe para la provisión es indispensable: *¡No puedes ministrar en el futuro sin que esta dimensión funcione en tu vida!*
Ya sea que la provisión sea para tus necesidades, las de la iglesia o las de las personas: *¡Tienes que estar experimentando esto ahora para poder tenerlo más adelante!* Así que, si ahora te enfrentas a necesidades financieras, el problema es mucho mayor que la necesidad actual o el problema actual: ***¡Tú estás determinando tu futuro!***

¿En qué área de tu vida ahora mismo necesitas dinero?

- ¿Necesitas un empleo? ¿Un empleo favorable con horarios decentes? ¿Un empleo que pague lo suficiente para cubrir tus necesidades?

- ¿Necesitas un auto? ¿Un auto fiable? ¿Un vehículo lo suficientemente grande para tu familia?
- ¿Necesitas vivienda? ¿Necesitas una casa lo suficientemente grande para tu familia? ¿Necesitas una vivienda asequible?
- ¿Estás endeudado actualmente? *¡La deuda cambia tu capacidad para ministrar!* Si estas endeudado, necesitas mucho más dinero que tus necesidades actuales. No solo necesitas dinero para pagar la vivienda, la comida, los servicios, el transporte, etc., sino que también necesitas dinero extra para pagar tu deuda. ¿Hay una maldición familiar de pobreza en tu vida? *¿Tus padres y abuelos siempre tuvieron problemas con el dinero? ¿Parece que nunca puedes avanzar?*
- ¿Alguna vez has conseguido un avance financiero significativo? ¿Alguna vez has roto el espíritu de pobreza de tu vida financiera?
- ¿Alguna vez has visto a Dios hacer un milagro de provisión para ti? ¿Dinero milagroso, viviendas milagrosas, empleos milagrosos, vehículos milagrosos, etc.?

En esta historia, Jesús les enseña una lección sobre la provisión financiera en ese instante: para ayudarles en el futuro.

Los milagros de avances importantes son transferibles: *Si ves un avance milagroso en un área, puedes verlo en cualquier área.*

1 Samuel 17:36 NVI *Si este siervo suyo ha matado leones y osos, lo mismo puede hacer con ese filisteo incircunciso, porque está desafiando al ejército del Dios viviente.* David dijo: Dios me ayudó con el león y con el oso, así que sé que Dios me ayudará a luchar con el gigante.

Transmitiendo el Milagro

Si consigues un avance significativo en el área del dinero ahora, no solo te ayudará. ¡Podrás transmitir el milagro a otros! ***Lucas 5:6-7*** *Cuando lo hicieron, recogieron tal cantidad de peces que su red se rompía. 7 Entonces hicieron señas a los compañeros que estaban en la otra barca para que acudieran a ayudarlos. Ellos vinieron y llenaron ambas barcas, de tal manera que se hundían.*

Hablé en el capítulo dos sobre Tom Payne rompiendo una maldición de pobreza de su vida. Cuando rompió la maldición, él dijo que algo cambió desde ese día, pero no solo le ayudó a él: *¡En todo el mundo él ha podido inspirar a otros a dar generosamente y conseguir sus propios avances!*

Provisión Sobrenatural

Nuestra historia en Lucas 5 nos cuenta cómo podemos desarrollar una dimensión milagrosa de provisión financiera en nuestras vidas actuales.

El principio de propiedad: *Lucas 5:3* *Entró en una de aquellas barcas, la cual era de Simón y le rogó que la apartara de tierra un poco. Luego, sentándose, enseñaba desde la barca a la multitud.*

Debes resolver una pregunta básica: *¿Quién es el dueño de tu barco?* En otras palabras, ¿quién es el dueño del dinero que tienes? Jesús reclamaba un derecho superior: Le dijo a Pedro lo El que quería que hiciera con el barco que tenía en su poder. Debemos reconocer el señorío de Dios sobre todas nuestras finanzas. El punto de partida para reconocer el señorío de Dios es el diezmo, darle a Dios el primer 10% de nuestros ingresos. El diezmo es la forma visible en que demostramos sumisión al señorío de Dios. Pero este principio se aplica a todas nuestras finanzas: Dios es el dueño, y nosotros somos mayordomos de lo que Le pertenece.

El principio de obediencia: ***Lucas 5:4*** *Cuando terminó de hablar, dijo a Simón: Boga mar adentro, y echad vuestras redes para pescar."*

Dios te dirá lo que quiere que hagas con el dinero que te ha confiado. Cada vez que nos habla y nos dice que demos, nos está poniendo a prueba – ¡para el futuro!

- **Puede ser que Dios nos diga que des dinero en ofrendas:** Estas son pruebas de gran calado. Puede que te pida que des en momentos inoportunos, o que lo hagas más allá de tu zona de confort. ***¡Pero Dios te pide que des, porque quiere hacer un milagro para ti!*** *Como la viuda de Sarepta, a quien se le desafió a dar primero al Señor; Dios no le pidió eso porque estaba tratando de quitarle algo, sino porque quería darle milagrosamente.*
- ***Puede ser que Dios nos diga que demos dinero a otras personas:*** *Dios pondrá la necesidad de otra persona en tu corazón y te pedirá que le des a ellos. ¡Si obedeces, Dios te recompensará, incluso en tu ministerio futuro!*
- ***Proverbios 19:17 NVI*** *Servir al pobre es hacerle un préstamo al SEÑOR; Dios pagará esas buenas acciones.*

Repito el viejo dicho que mi padre nos dijo tantas veces: ***¡Si Dios puede dar a otros dinero a través de ti, Él te dará dinero a ti!***

El principio de la fe: *¡Debes creer que Dios te ama y te proveerá!*

Lucas 5:5 *Respondiendo Simón, le dijo: "Maestro, toda la noche hemos estado trabajando y nada hemos pescado; pero en tu palabra echaré la red."*

¿Cómo se consigue la fe? La fe solo se basa en la palabra de Dios. Si escuchas un sermón y te emocionas, no será suficiente. Si este libro te conmueve, no será suficiente. La fe solo llega a través de la palabra de Dios. ***Romanos 10:17*** *Así que la fe es por* *el oír, y el oír, por la palabra de Dios.* Si quieres desarrollar fe para recibir provisión financiera, acude a la palabra de Dios y lee, estudia, escribe cada versículo, promesa e historia sobre la provisión milagrosa que encuentres, ¡entonces ora sobre ello hasta que se convierta en tuyo!

La fe proviene de saber lo que Dios es capaz de hacer: ***Jeremías 32:17*** *'¡Ah, Señor Jehová!, tú hiciste el cielo y la tierra con tu gran poder y con tu brazo extendido. Nada hay que sea difícil para Ti.* No importa lo grande que sea la necesidad. No importa lo caras que sean las cosas: *Si Dios hizo los cielos y la tierra, ¡tiene suficiente poder para satisfacer nuestras necesidades!*

La fe proviene de saber lo que Dios quiere hacer: ***Lucas 12:32*** *"No temáis, manada pequeña, porque a vuestro Padre le ha placido daros el Reino.*

No tienes que forzar a Dios, ni convencerle para que provea: *¡Él quiere ayudarte! ¡Él disfruta ayudar a sus hijos!* Si puedes obtener ahora un avance significativo en la provisión, ¡te preparará para el resto de tu vida y el resto de tu ministerio!

A menudo bromeo diciendo que mi esposa Lisa se casó conmigo por mi dinero: Cuando nos casamos, ganaba 97 dólares a la semana. No teníamos secadora de ropa, así que nos las arreglamos con poco y ahorramos para comprar una. Por fin conseguimos suficiente dinero para comprarla. Justo en ese momento, uno de los pastores de nuestra iglesia fue a predicar a la India por primera vez. Volvió y describió la necesidad en esa nación. Luego tomó una ofrenda para la India, y Dios nos habló para que diéramos todo el dinero que habíamos ahorrado. Obedecimos a Dios, pero no teníamos ni idea de cuánto tiempo tardaríamos en ahorrar el dinero de nuevo. Poco después de dar el dinero, alguien habló con mi mujer y le dijo que se mudaban a un sitio nuevo con secadora, así que no podían llevarse la suya. Nos preguntaron si necesitábamos una. Nos la dieron y aprendimos que **Dios sabe lo que necesitamos y que puede proveernos.**

En otra ocasión, Dios me habló para que diera todo el dinero del alquiler en la ofrenda. Esto fue aterrador, porque no teníamos otra opción para poder pagar el alquiler si lo ofrendábamos. Fui y hablé con el pastor. Esperaba que dijera: *"No seas tonto, no puedes permitírtelo."* Pero en cambio, dijo: *"Puede que sea Dios. Deberías orar al respecto y obedecer lo que Dios diga."* Oramos y sentimos que debíamos hacerlo, así que obedecimos a Dios y dimos todo el dinero del alquiler. Desde ese momento orábamos desesperadamente para que Dios nos diera dinero para el alquiler. Iba a casa del trabajo y tenía la radio encendida. Hablaban de una competición que organizaban, patrocinada por las motocicletas Suzuki. Dijeron que, si veías su vehículo de radio y eras el primero en acercarte y decirles: *"La pequeña Suzy monta una Suzuki"*, te darían un ciclomotor. Justo en ese momento, miré al lado de la calle y lo vi. Corrí y dije la frase ganadora: *"¡La pequeña Suzy monta una Suzuki!"* ¡Gané! Esa semana fui a la ceremonia oficial para recibir mi ciclomotor. Un hombre se me acercó y me preguntó: *"¿Vas a usar eso?"* Le dije que no. Preguntó: *"¿Quieres venderla?" "**¡SÍ!**"* Recibimos más del doble de dinero que necesitábamos para pagar el alquiler. **¡Aprendí que Dios puede proveer, incluso de formas extrañas!**

Esas lecciones (y muchas otras) me prepararon para el ministerio futuro. Dios me ha bendecido con una dimensión de fe que soy capaz de transmitir y ayudar a otros a creer en Dios en el ámbito del dinero.

Aprendiendo a Confiar en Dios - *Ayele y Adrianne Tegegne*

Quería compartir un testimonio de cómo Dios abrió una puerta al responder a una promesa para evangelismo. El 7 de mayo de 2023, el pastor Greg Mitchell lanzó un desafío para hacer una de estas promesas. Sinceramente, era la primera vez que escuchaba hablar de una promesa para evangelismo. Conocía los diezmos, las ofrendas y el Evangelismo Mundial, pero no la promesa. Esa mañana, mi esposa y yo respondimos en fe. Oramos junto al pastor Greg mientras él pedía favor para conseguir empleos bien remunerados.

En ese momento, yo trabajaba de forma remota para la Oficina de Patentes de EE. UU. Ese trabajo era perfecto para esa etapa de nuestra vida, pero era muy exigente. Requería largas horas y a menudo me alejaba de mi familia y potencialmente de la iglesia. Además, el trabajo remoto se hacía más difícil con una familia en crecimiento y espacio limitado.

Poco después de responder a la promesa, encontré un puesto de ingeniería civil/mecánica en el Hospital de Asuntos de Veteranos que era presencial, y solicité plaza. Unas semanas antes, conocí a un hombre en una fiesta de cumpleaños que trabajaba en el hospital, y establecimos una muy buena relación. Cuando recibí la llamada para la entrevista, me puse en contacto con él y me dio una referencia de carácter sólida, lo cual me sorprendió, ya que lo conocía desde hacía menos de un mes.

Después de la entrevista con el panel, recibí la oferta de trabajo. Esto me permitió permanecer en el sistema federal y aumentó mi salario en 9.000 dólares anuales. Durante los dos años siguientes, recibí dos bonificaciones de 2.000 dólares cada una, un aumento anual de 5.000 dólares en el primer año y un aumento anual de 7.000 dólares en el segundo año.

Mirando atrás, ese trabajo no fue solo una bendición financiera; fue clave para mi discipulado. Me permitió asistir al estudio de discipulado después de la oración de forma constante. Con el tiempo, renuncié a ese puesto y me incorporé al personal ministerial para seguir el llamado a pastorear. Hoy, mi esposa y yo estamos en el ministerio porque respondimos a ese reto. Dios no solo nos ha bendecido financieramente en abundancia, sino que también nos ha colocado directamente en nuestro llamado y destino.

Provisión Ligada a la Obediencia - *Sam y Hannah DiPrete*

Quería compartir un testimonio de Provisión Sobrenatural vinculado a dar en obediencia. Mi esposa y yo tuvimos problemas financieros durante años. Incluso después de salir de deudas, apenas sobrevivíamos de nómina en nómina mientras criábamos a dos hijos. Nuestros autos eran viejos y se descomponían constantemente. Nos mantuvimos fieles en dar nuestros diezmos y ofrendas, pero siempre vivimos con la sensación de que un contratiempo nos haría volver a las deudas.

En 2023, me convertí por primera vez en subcontratista independiente. Durante el año, aparté 10.000 dólares para pagar impuestos y finalmente crear un fondo de emergencia. En enero de 2024, mi esposa y yo fuimos patrocinados para asistir a la Conferencia Bíblica de Prescott. Yo llegué preparado con una cantidad para dar en la ofrenda, pero a mitad de semana, mi esposa se volvió hacia mí y dijo: *"Creo que Dios me dijo que debemos dar el dinero de los impuestos."* Me quedé mirándola y respondí y dije: *"No, eso no es sabio."* Siendo una esposa piadosa, simplemente dijo: *"Está bien"* y lo dejó en mis manos.

Pero esa noche volví al hotel y no pude dormir. Luché toda la noche y discutí con Dios que no podía permitírmelo. Necesitaba ser un buen administrador del dinero, y lo necesitábamos para pagar nuestros impuestos. Finalmente le dije a Dios: *"Si de verdad quieres que lo dé, yo no veo la manera. Tienes que hablarme."* Al día siguiente, Jonathan Heimberg predicó un sermón titulado *"Doblando la apuesta"*. Sentí que me estaba predicando directamente a mí. Mencionó que algunos habían dado antes y no había pasado nada, pero que la necesidad era "doblar la apuesta". Esta había sido mi experiencia previa al dar una ofrenda en una conferencia. Sentía que Dios me había fallado o que no había sido un buen administrador cuando di. El pastor Heimberg también dio un testimonio sobre cómo el destino puede estar ligado a una ofrenda. Él había sido enviado como misionero a la India cuando obedeció a Dios en sus ofrendas. El sermón fortaleció mi fe y, a pesar de todas mis dudas, obedecí a Dios y di la mayor cantidad que había dado en mi vida.

Hoy vemos esa ofrenda como un vínculo al destino y a la provisión sobrenatural. Mi esposa y yo fuimos enviados en la Conferencia Bíblica de Cape Cod de abril de 2025 para pionar una nueva obra en Albany, NY. Dios ha derramado un aumento financiero en nuestras vidas, incluyendo regalos, un auto nuevo, favor para conseguir un trabajo para el que no estaba calificado, trabajo con menos horas para poder pionar, un fondo de emergencia y, además, de alguna manera solo tuve que pagar 36,00 dólares en impuestos. Recibimos mucho más en valor de lo que dimos. Doy gracias a Dios porque decidimos obedecer.

Multiplicando Mi Inversión - *Seth y Asha Olmstead*

Este es un testimonio de un reto que le hice a Dios a los 22 años, de cómo tomó 300 dólares y los convirtió en 20.000 dólares. Incluye la plantación de una iglesia que se convirtió en la primera iglesia que pastoreé 13 años después.

En 2010, tenía 22 años, estaba en Guam, en la Marina, con un salario fijo. Era un nuevo converso y deseaba que Dios hiciera algo sobrenatural financieramente a través de mí. Quería bendecir la pequeña iglesia hija a la que pertenecía en Agat. Tenía 300 dólares y los di como ofrenda, pero con condiciones: "DIOS, tienes que multiplicar esto de una manera que solo tú puedas llevarte el crédito." Un mes después de esa ofrenda, fui seleccionado como finalista y gané 15.000 dólares para un coche nuevo. Tardó varios meses en finalizarse todo y pude ahorrar suficiente dinero para comprar el costo restante del auto nuevo más barato del lote.

Con las llaves en la mano de un Ford Focus 2010, se las entregué a mi pastor y entregué el auto a la Iglesia. Al mes siguiente fue nuestra Conferencia Bíblica Anual de Guam. Mi pastor de ese entonces fue enviado para ser pionero en la primera iglesia de Guam en Hawái (Hilo, Big Island). Creíamos que esa era la voluntad de Dios y el auto se vendió por 10.000 dólares. Este dinero se utilizó para ayudar a plantar esta nueva obra en Hawái.

Avanzando hasta 2023, estoy casado y tengo 3 hijos y persiguiendo el llamado a predicar. Mi familia y yo fuimos enviados para tomar la obra en Hilo. Aquella para la que DIOS multiplicó mis 300 dólares por 10.000 dólares. Los 10.000 dólares que ayudaron a plantar esa obra.

Dios no había terminado de demostrar lo bueno que era realmente, antes de ser anunciado durante la Conferencia Bíblica de Guam en 2023, un miembro de la iglesia se me acercó y me dijo que Dios le había dicho que me diera 10.000 dólares. Dios les había dicho esto seis meses antes, antes de que él o yo supiéramos siquiera que me iban a enviar.

Dios puede tomar lo que creemos pequeño e insignificante, multiplicarlo y usarlo para impactar nuestras vidas y las de quienes nos rodean de cualquier manera o momento que él considere oportuno.

La Obediencia Desencadena Ayuda con Visados - *Peter Saunan*

Me llamo Peter, me salvé en la Casa del Alfarero en Bunbury. Estaba en Australia con un visado de trabajo que expiró el 4 de febrero de 2024, un mes antes de la Conferencia de Beechboro. El Departamento de Inmigración de Australia me informó que mi visado había caducado y me dio hasta finales de marzo de 2024 para finalizar mis asuntos y salir del país.

El lunes por la noche de la conferencia, el pastor Rob Walsh nos retó a 'Ir en grande como Marge' y Dios me habló para que diera el dinero que había reservado para pagar el Examen Internacional de Inglés y mi visado. Di el dinero y creí en Dios por un milagro.

Cuando volví a Bunbury después de la Conferencia, todo en mi vida cambió. El Departamento de Inmigración de Australia milagrosamente cambió de opinión y me concedió un nuevo visado, aprobé el examen de idioma inglés para Australia y ahora estoy en camino de conseguir un visado de residencia permanente. Dios es bueno todo el tiempo y quiero darle gracias a Dios por el pastor Rob Walsh.

Bendiciones de Auto y Edificio - *Robert y Debra Hernández*

En el año 2000, mi familia y yo estábamos pastoreando en San Angelo, Texas. Llevábamos allí 5 años y acabábamos de empezar a dedicarnos al ministerio a tiempo completo. Mi esposa quería una furgoneta porque podía acomodar a más gente, ya que estábamos recogiendo constantemente nuevos conversos para la iglesia. Llevábamos un par de semanas orando por ello, y entonces recibimos una llamada de mi suegra sobre su vecina que vendía su furgoneta por 10.000 dólares. No teníamos dinero, pero pudimos comprar la furgoneta con un préstamo.

Justo después de eso, nos dieron algo de dinero. Dimos nuestro diezmo y ofrenda y apartamos el resto para pagar el impuesto, el título y la licencia el lunes. Ya había programado que mi pastor predicara en nuestra iglesia el domingo por la tarde. En el servicio, tomé la ofrenda. Ya había apartado una ofrenda de las finanzas de la iglesia para dársela al pastor Wade Schultz después del servicio. Pero justo antes de subir a tomar la ofrenda, Dios habló con mi esposa y conmigo para que diéramos el dinero que habíamos reservado para el auto como ofrenda de amor al pastor Schultz, además de la ofrenda que ya había reservado para él. Sinceramente, me quedé atónito, y en mi corazón discutí con Dios: "¡Esto no es un servicio de avivamiento!" Además, ya había dado el diezmo y la ofrenda de ese dinero, y pensaba usarlo para pagar el impuesto, el título y la licencia. (Como si Dios no lo supiera).

Realmente me costó mucho mientras tomaba la ofrenda e intenté sonreír, pero en el momento en que puse el cheque en el cesto de la ofrenda, ¡la paz de Dios cayó sobre mí! Tuvimos un servicio poderoso, la gente fue salva y llena del Espíritu Santo, ¡y bendecimos a nuestro pastor con una gran ofrenda en ese único servicio!

Solo habíamos pagado 500 dólares por la deuda de la furgoneta, así que aún debíamos 9500. Pero Dios se involucró. El resto de nuestra deuda se pagó milagrosamente, y Dios proveyó más dinero para el impuesto, el título y la licencia. Esta gran bendición estaba vinculada a nuestra entrega en obediencia. Me enseñó una lección profunda sobre la obediencia, confiar en Dios y sobre dar de forma sacrificial, ¡especialmente cuando no es conveniente!

En la conferencia de enero en Prescott, el pastor Greg Mitchell dijo que Dios iba a moverse mientras nosotros estuviéramos en la conferencia y abriría puertas para edificios. También predicó un sermón titulado "La Aceleración". Justo al día siguiente, después de que el pastor Mitchell dijera eso sobre los edificios, nuestro arrendador llamó para decir que tenía un espacio más grande para nosotros. ¡Dios nos bendijo! Pasamos de un edificio de 1250 pies cuadrados a uno de 3800 pies cuadrados a principios de abril, y hemos estado experimentando una aceleración en nuestra iglesia. ¡Nuestra asistencia, finanzas y participación en los tiempos de oración se han duplicado! Estamos viendo constantemente a los visitantes llegar, los resbalados están regresando y se están afirmando.

Capítulo 17: La Estrategia de la Prosperidad

Debes tener control sobre tu dinero, o la falta de él te controlará para siempre.
Dave Ramsey

La libertad financiera está disponible para quienes aprenden sobre ella y trabajan por ella.
Robert Kiyosaki

El pastor Tom Payne fue invitado a Australia en 2009 después de que el pastor Wayman Mitchell rescatara la iglesia en Perth tras una temporada de rebeldía. Durante su estancia en Perth, Tom transmitió a los australianos muchos de los principios descritos en este libro. Para muchos que le escucharon, estas enseñanzas fueron completamente nuevas y verdaderamente revolucionarias. Remodelaron la comprensión financiera de pastores e iglesias en todo el país. La consiguiente liberación de bendiciones financieras ha sido notable, abriendo puertas para un aumento de la plantación de iglesias, una expansión del evangelismo mundial y la mejora y compra de propiedades eclesiásticas. Les dio estrategias prácticas para romper la maldición de la pobreza y alcanzar la prosperidad.

En este capítulo final, vamos a analizar **La Estrategia de Prosperidad**: resumiremos lo que hemos aprendido en todos los capítulos y luego oraremos por milagros. Personalizaré cada lección y cada escritura, usando el pronombre personal **yo**. La razón por la que elegí hacerlo es que la naturaleza humana tiende a generalizar la verdad y no a hacerla nuestra. Oro que, a medida que repitas cada afirmación, realmente la hagas tuya, y Dios haga que estas verdades se vuelvan sobrenaturalmente efectivas en tu vida.

La Mente y la Boca

Rechazo las enseñanzas erróneas sobre el dinero.

Rechazo la mentira de que el dinero es malo o que es espiritual no tener dinero.

¡Dios bendijo al Padre de la fe con mucho dinero!

Rechazo la mentira de que sería grosero o presuntuoso pedirle dinero y cosas materiales a Dios.

¡Dios quiere que yo pida Su ayuda!

Reconozco que la pobreza es una maldición.

Reconozco que hay maldiciones generacionales de pobreza en mi vida.

Reconozco que hay maldiciones personales de pobreza que me están afectando.

Maldiciones debidas a pecados antes de la salvación.

Maldiciones por desobediencia tras la salvación.

Reconozco que hay ataques demoníacos que intentan robarme bendiciones financieras.

¡Pero *creo que he sido redimido de todas las maldiciones!*

Gálatas 3:13-14 *Cristo me ha redimido de la maldición de la ley convirtiéndose en una maldición para* ***mí****, porque está escrito: "Maldito el que está colgado en un árbol." Me redimió para que la bendición dada a Abraham pudiera llegar a los gentiles por medio de Cristo Jesús, para que por fe* ***yo*** *pudiera recibir la promesa del Espíritu.*

Soy libre por la salvación, por el arrepentimiento y por la autoridad que me ha dado la sangre de Jesús.

Veo que mentalidades equivocadas me han impedido prosperar.

Rechazo las mentalidades de víctima que no asumen ninguna responsabilidad por mi situación financiera.

Rechazo las mentalidades de derecho que esperan que les den dinero.

Rechazo los sentimientos de culpa por ser afortunado financieramente.

Rechazo permitir que el miedo domine mi pensamiento y mis acciones respecto al dinero.

He permitido que el miedo me ciegue ante quién es Dios y le culpe por mis propias acciones.

Me arrepiento de envidiar a otras personas que han sido bendecidas.

Confieso que he resentido lo que Dios ha dado a las personas bendecidas.

Confieso que he atribuido los peores motivos y acciones a personas bendecidas.

Confieso que he hablado en contra de las personas bendecidas.

Confieso que he tomado medidas para limitar o dañar sus bendiciones.

Esto está mal, porque Tú, Dios, eres quien da bendiciones.

Me arrepiento de haber aceptado la pobreza como mi porción.

He aceptado la carencia, la pobreza y la derrota, ¡y esto NO es la voluntad de Dios!

Confieso que he pronunciado palabras en contra de la prosperidad.

He maldecido mis finanzas hablando en incredulidad y aceptando la pobreza.

Acciones de Desobediencia

He tomado medidas que han ido en contra de mi prosperidad.

He permitido que la avaricia, la impaciencia y el orgullo me empujen a endeudarme.

Confieso que la deuda no es la voluntad de Dios: *es idolatría, y me arrepiento de ello.*

Como dice **Colosenses 3:5** *Por tanto, hago morir ...avaricia, la cual es idolatría.*

Decido creer en Dios y confiar en que Dios prosperará con el tiempo.

He fallado en seguir la sabiduría de Dios al presupuestar y planificar nuestros gastos.

He sido desobediente en el tema del dinero.

He fallado en pagar el diezmo.

He fallado en dar ofrendas.

He fallado en obedecer a Dios cuando Él me ha dicho que dé.

He fallado en compartir con los demás como Dios hubiese querido que hiciera.

Estas decisiones han liberado una maldición, y me arrepiento.

Mi falta de obediencia a Dios al dar ha bloqueado bendiciones financieras.

Me arrepiento y rompo la maldición de la desobediencia.

No he conseguido ahorrar para prepararme para necesidades futuras.

Eso fue imprudente y poco bíblico.

Me comprometo a ahorrar para necesidades futuras.

-

Dudando de Dios

Mi pobreza se ha basado en la incredulidad.

He dudado de la capacidad de Dios para satisfacer mis necesidades.

He depositado más confianza en las circunstancias, en personas malvadas y en los espíritus demoníacos que en el Dios Todopoderoso.

He dudado del amor de Dios.

Te he acusado, Dios, de no preocuparte por mis necesidades financieras.

Te he acusado, Dios, de ser parcial en las bendiciones: *¡He dicho que Tú, Dios, eres injusto!*

Me he conformado con mucho menos de lo que mi Padre Celestial pretende que tenga.

Eso refleja mi incredulidad y mi falta de confianza en Dios.

Me he robado a mí mismo y a mi familia por mi incredulidad.

He robado a la obra de Dios a través de mi incredulidad.

He robado a otras personas necesitadas de las bendiciones que Dios tenía previstas para mí.

La Estrategia de la Abundancia

Me arrepiento: *cambio de opinión, por lo tanto cambio mis acciones.*

Me arrepiento de haber pensado mal.

Me arrepiento de las palabras equivocadas.

Me arrepiento de las acciones equivocadas.

¡Rompo la maldición de la pobreza de mi vida!

*Como dice **Gálatas 3:13-14** Cristo **me** redimió de la maldición de la Ley, haciéndose maldición por **mi** (pues está escrito: "Maldito todo el que es colgado en un madero"), 14 El **me** redimió para que en Cristo Jesús la bendición de Abraham alcanzara a los gentiles, a fin de que por la fe **yo** pueda recibir la promesa del Espíritu.*

Soy libre por la salvación, por el arrepentimiento y por la autoridad que me ha dado la sangre de Jesús.

¡Elijo creer y confiar en Dios!

¡Es voluntad de Dios que prospere!

Dios quiere bendecirme financieramente.

Confío en Dios como mi fuente de suministro.

Le pido a mi Padre Celestial en la fe provisión abundante.

Yo creo en ***Lucas 12:32*** *Por eso, no* ***temeré*** *...a* ***mi*** *Padre le complace* ***darme*** *el reino.*

Hago un pacto con Dios – de antemano.

No permitiré que las finanzas y las bendiciones se conviertan en un dios en mi vida.

¡Pondré a Dios primero!

Obedeceré a Dios en lo que respecta al dinero y las finanzas.

SIEMPRE honraré a Dios con mis diezmos.

Haré ofrendas de gratitud y fe.

Invertiré en la obra de Dios en la evangelización, la plantación de iglesias y el evangelismo mundial.

Obedeceré a Dios cuando Él me diga que dé.

Transmitiré mi bendición a otras personas que lo necesiten.

Ahora conseguiré avances financieros importantes – que me ayudarán en el ministerio futuro

Lucharé avances sobrenaturales en provisión.

Capítulo 18: Testimonios Adicionales de Provisión Financiera

Una Casa Milagrosa - *Joe e Ivana Acuña*
Mi esposa y yo estamos pastoreando en Nueva Jersey, donde el alquiler es extremadamente alto. A medida que nuestra familia empezó a crecer, alquilar una casa acorde al tamaño de nuestra familia era imposible, así que decidimos que teníamos que intentar ahorrar para comprar una casa. Eso no es nada fácil, ya que Nueva Jersey tiene el mercado inmobiliario más difícil de Estados Unidos. Por cada casa disponible, compites con cientos de personas. Pero decidimos que necesitábamos ahorrar y confiar en Dios. Luego fuimos a la Conferencia de West Las Vegas. El viernes por la noche, tanto mi esposa como yo sentimos que Dios nos decía que duplicáramos nuestra ofrenda personal. Nos miramos y dijimos: *"¿Doble?"* Ten en cuenta que esta era una ofrenda que habíamos ahorrado todo el año para dar especialmente en esta conferencia, pero confiamos en Dios y dimos. Eso fue en abril.

Regresamos a Nueva Jersey y, dos meses después, hablamos de nuevo de lo que necesitábamos para comprar una casa. Sabía que nos faltaban más de 20.000 dólares para el pago inicial, así que empezamos a ahorrar de nuevo. Oramos y confiamos en que Dios nos ayudaría. Pero Dios tenía otros planes. Por impulso, llamé a un agente inmobiliario para confirmar cuánto necesitaríamos para el pago inicial y me convencieron para que fuera a ver algunas casas. Hicimos esto durante dos días. Luego vimos una casa y nos enamoramos de ella.

Por curiosidad, pregunté cuánto querían por ella, y dijeron que aceptaría la próxima oferta que llegara. Tras bambalinas, los propietarios ya estaban viviendo en su nueva casa. Habían tenido varios desacuerdos con los compradores, así que seis meses después, estaban cansados de pagar impuestos y facturas por una casa en la que no vivían y querían deshacerse de ella. Estaban frustrados porque no podían vender esta casa en uno de los mercados más competitivos de Estados Unidos.

Así que cuando llegamos nosotros, literalmente dijeron: "*No nos importa la ganancia ni las ofertas competidoras, ya no vamos a hacer eso, vamos a aceptar la próxima oferta que llegue.*" Así que oramos y les ofrecimos la mitad de lo que querían originalmente. Era todo lo que podíamos permitirnos. Todo encajaba perfectamente para que fuéramos la siguiente oferta. Lo aceptaron y cerramos en agosto, ¡cuatro meses después de la Conferencia de Las Vegas!

Nuestro agente no se creía que pagamos la mitad del precio pedido por nuestra casa. No tiene sentido para la gente en el mundo cómo recibimos esta bendición, pero le digo a todo el mundo que Dios proveyó; nos consiguió una casa acorde con nuestras finanzas. Y desde que cerramos la compra, hemos tenido compañerismos sin parar en la casa. Esto ha fortalecido a la iglesia y ha ayudado a los discípulos a establecer relaciones con nuevos conversos y visitantes. Servimos a un Dios que puede estirar nuestro dinero para satisfacer cualquier necesidad que tengamos.

Dios honra la fidelidad - *Quitman y Lorraine Walker*

En 1992, estuve en las Fuerza Aérea de Estados Unidos destacado en el Reino Unido. Me salvé en 1988 y me había posicionado para permanecer en el extranjero en el ejército, en mi base, sin órdenes de rotación programadas. Debido a cambios de gobierno y a la reducción del ejército, recibí órdenes de abandonar el Reino Unido.

Estábamos muy involucrados en nuestra iglesia en Bury St. Edmunds y no queríamos irnos. Me quedaban 3 años y medio de alistamiento, pero el ejército insistía en enviarnos a casa. Empecé a orar. Solicité una baja anticipada y me dijeron que sería imposible, debido a que había recibido un bono por volver a alistarse y que ellos habían pagado mi universidad. Oramos y el comandante firmó mis papeles de baja. Me dejaron salir.

El ejército no pagaría mi salida, así que la vivienda y quedarnos en el Reino Unido sería nuestra responsabilidad, pero sabía que Dios me había llamado a quedarme. Salí un jueves y, para el lunes, había encontrado trabajo como asistente de servicio de alimentos en la base. Me pagaban 8,91 dólares la hora, menos que mi antiguo sueldo de sargento en el ejército.

Llegué al trabajo la primera semana y recibí una llamada de la oficina de Personal Civil para que fuera a verlos. Como no había recibido ninguna ayuda del gobierno al salir del ejército en el extranjero, la Oficina de Personal Civil consideró mi baja como una baja por dificultad. Eso me daba derecho a recibir lo que se llamaba la Asignación de Vivienda en el Extranjero. Mi sueldo pasó de 8,91 dólares la hora a 21,00 dólares la hora en un día. ¡Eso cubría todos nuestros gastos de vivienda y servicios para poder quedarnos en el Reino Unido!

Dios siguió bendiciéndonos a medida que pasaban los años. Me convertí en Ingeniero de Pruebas de Nivel 3 en la compañía Boeing. Fuimos a pionar una iglesia aquí en Jacksonville, eventualmente a tiempo completo. La iglesia está ahora mismo entre 150 y 170 miembros, y hemos enviado cuatro iglesias. Atribuyo todo con lo que Dios nos ha bendecido a esa decisión de confiarle nuestras vidas hace tantos años. ¡Él puede y va a cuidar de su pueblo si lo buscamos primero!

La provisión llega justo a tiempo - *Tim y Faith Scott*
Después de años pastoreando, mi esposa, Faith, y yo comenzamos el ministerio a tiempo completo el 1 de abril de 2025. Pero la historia detrás de todo es increíble. Pastorear en Nueva Jersey es caro. Todo en Nueva Jersey es caro. En 2023, hablamos con nuestro pastor, Paul Campo, sobre dedicarnos a pastorear a tiempo completo. Las finanzas de la Iglesia estaban casi listas, así que pensamos que podríamos simplemente dar un paso de fe y confiar en Dios. Con 60 años, queríamos desesperadamente dedicarnos a tiempo completo.

Luego, en noviembre de 2023, nos enteramos de que Labcorp (la empresa para la que trabajaba) había decidido cerrar nuestra sede y que todos estaban siendo despedidos. Como trabajaba en los archivos, nuestro equipo fue el último en irse, así que la fecha final de cierre fue el 31 de marzo de 2025. Cerrar el sitio tardó casi 18 meses. Lo sorprendente es que la ley de Nueva Jersey exige que cualquier empresa que cierre de esa manera DEBE dar a sus empleados una indemnización. El pastor Campo nos dijo que aguantáramos los 18 meses, luego aceptáramos la indemnización y nos dedicáramos a tiempo completo. Mientras tanto, las finanzas de la Iglesia empezaron a aumentar para mantenernos a tiempo completo. Desde septiembre, también pudimos empezar a cobrar nuestra Seguridad Social.

Así que, después de todos estos años sirviendo fielmente a Dios, y siempre dando con nuestras finanzas personales, así como las de la iglesia, la balanza se ha inclinado y Dios nos orquestó para poder dedicarnos a tiempo completo con un paquete de indemnización de nuestro empleador.

Dios es fiel, y ahora estamos teniendo un avivamiento, y la iglesia está emocionada de tener un pastor a tiempo completo. Hemos superado los 40 en asistencia a la iglesia, y la gente de nuestra iglesia ha podido comprar casas, lo cual no es poca cosa en Nueva Jersey.

Provisión Dondequiera que Estemos - *Jack y Jan Miller*

Mi esposa y yo estábamos pastoreando la Casa del Alfarero en Winslow, Arizona, mi ciudad natal, y la iglesia donde me salvé. Fue la primera vez que fui pastor a tiempo completo. Teníamos algunas iglesias y pude predicar en Estados Unidos y en el extranjero.

En el año 2000, Dios me dijo: "Antes de que acabe el año, te vas a ir de aquí." Respondí en voz alta: "¡No!" Sintiendo el desagrado de Dios, le dije: "Dios, vas a tener que ayudarme, y tienes que hablar con mi esposa."

Nos habían aprobado comprar nuestra primera casa. Firmamos los papeles y solo teníamos que entregarlos, y la casa era nuestra. Pero en oración el lunes por la noche de la Conferencia de Prescott, mi esposa vino a verme. Ella dijo: *"No compremos la casa. Estemos disponibles para Dios."* Así que le conté lo que Dios me había hablado. Esa semana organicé un viaje para predicar en Sudáfrica unos meses después.

Ese diciembre, Dios me dijo que fuera a la zona de Durban, Sudáfrica. Nos anunciaron que iríamos allí como misioneros en enero de 2001. Tener una casa no parecía que fuera a suceder. Pero Dios me dijo: *"Nunca tendrás que preocuparte por dónde vivirás."* Después de 12 años en África y un corto tiempo en Lake Havasu City, el pastor Greg nos pidió que tomáramos la iglesia de Palmdale, California.

Dios ha bendecido milagrosamente las finanzas de la iglesia y las nuestras. En 2019, estábamos a punto de comprar nuestra primera casa. El día que iban a firmar los papeles, el dueño se cayó por las escaleras y murió. Pero su hija nos dejó mudarnos de todos modos, y nos permitieron comprar la casa. Es una casa preciosa que puede acoger a decenas de personas para compañerismos. Porque obedecemos a Dios, Él bendijo nuestro sacrificio.

Oyendo más y recibiendo más - *Steve y Cora Annichiarico*
Durante una ofrenda realizada en una conferencia en Gallup en 2015, Dios me habló para que diera 8000 dólares. Me incliné hacia mi esposa y le dije: "Creo que Dios quiere que dé 8000 dólares." Ella se inclinó y dijo: "Creo que son 10.000 dólares." Decidimos dar 10.000 dólares esa noche. Ese sábado, mientras volvíamos de la conferencia, recibí un correo electrónico diciendo que recibiría 24.000 dólares de pago atrasado. En menos de 24 horas, Dios casi triplicó lo que yo di.

La obediencia afecta a la Iglesia - *Leighton Ainsworth*
Dios nos impulsó a dar nuestra mayor ofrenda en la conferencia del Reino Unido de octubre de 2012. Fue un gran sacrificio y un acto de fe, pero sabíamos que habíamos escuchado a Dios. Poco después de haber ofrendado en la Conferencia Bíblica, una joven que solo había asistido a la iglesia unas pocas veces regresó y dio £1,000 libras. Poco después de entregar esta cantidad, volvió a visitar la iglesia varios meses después y dio 7.000 libras. Este no fue el único milagro relacionado con nuestra ofrenda. Un miembro de la iglesia dio £1,000 en fe después de que le dijeran que su contrato había sido rescindido. En menos de una semana, les ofrecieron un nuevo contrato que ganaba £100,000 al año. Como resultado de nuestra participación en la Conferencia Bíblica, vimos entrar £9,000.

Obediencia y Provisión - *Brad y Shannon Ault*
Lo siguiente es una breve descripción de las muchas formas en que Dios ha bendecido financieramente a mi esposa y a mí últimamente. En octubre, hicimos nuestra promesa para el Evangelización Mundial por una cantidad que podíamos permitirnos en ese momento, pero que sería un esfuerzo. La verdadera prueba llegaría cuando mi esposa Shannon dejara de trabajar, pero queríamos confiar en Dios, ya que él ya nos había bendecido de muchas maneras antes. Ha habido un flujo constante de dinero desde que Shannon dejó el trabajo en diciembre, poco después de que tuviéramos un bebé. Hemos recibido muchos cheques inesperados por correo en los últimos meses que suman más

de 4.000 dólares, lo que ha sido más que suficiente para cubrir la cantidad que perdimos cuando dejó de trabajar.

La universidad a la que asistí me dijo que les debía más de 2.000 dólares. Después de meses con ese asunto, un día me llamaron para decirme que la deuda había sido cancelada. La señora me dijo que no sabe cómo pasó, pero que la deuda ya está saldada y no les debemos nada. Sé lo que pasó: Dios intervino.

Durante más de un año yo había estado buscando un ascenso en el trabajo, pero la mayoría de los ascensos disponibles me habrían obligado a faltar a un servicio en la iglesia. Finalmente, se abrió una plaza en otro departamento y solicité. Me escogieron para el puesto por encima de 16 candidatos, y muchos ya estaban en ese departamento. Mi nuevo salario incluye un aumento de 2 dólares por hora, y mi horario es perfecto, así que no tendré que faltar a la iglesia. Ahora estoy haciendo algo en mi trabajo que llevo mucho tiempo queriendo hacer.

Atribuyo todas estas bendiciones a la fidelidad de Dios hacia nosotros como resultado de nuestra fidelidad constante hacia Él en diezmos, ofrendas y promesas.

Permanecer fiel y bendiciones inesperadas

Mike y Valerie Gomez (segunda historia)

En 2013, el Señor estaba tratando conmigo sobre volver al ministerio de evangelista. Le conté a mi pastor de lo que Dios me estaba hablando y me dijo que lo anunciaríamos en seis meses.

A mediados de marzo, solicité un trabajo en el norte de California. Mi solicitud fue rechazada porque no cumplí los requisitos mínimos. Sin embargo, dos días después, recibí otro correo electrónico diciendo que era uno de los candidatos principales. Pedí una entrevista telefónica porque no podía liberarme con tan poca antelación. Luego, la semana siguiente, recibí una llamada diciendo que yo era su candidato principal y que querían una entrevista personal. Empecé a pensar que quizá era una puerta abierta para abrir una nueva iglesia en la zona. Se lo comenté a mi pastor, y él me dio luz verde para investigarlo. Llamé a algunos de los pastores de la zona. Decidí "espiar el terreno" y hacer la entrevista. En la entrevista pude notar que les caía bien. El domingo por la mañana, durante la oración, escuché muy claramente esa "voz suave y tranquila" de Dios, diciendo: *"¿Qué haces aquí?"* Supe de inmediato que el Señor me estaba diciendo: *"No te llamé para que pionaras aquí arriba. Te llamé para ser Evangelista."* Al día siguiente, mientras conducía a casa, volví a oír esa voz: *"¿Qué haces aquí?"* El asunto se resolvió ahí mismo. Ese lunes, recibí una llamada del empleador ofreciéndome el trabajo. Habiendo ya decidido hacer la voluntad de Dios, decidí hacer algunas exigencias para que les resultara fácil rechazarme. Les dije que no aceptaría la oferta por menos de 30 dólares la hora, y me dijeron: "No hay problema." Luego dije que necesitaría tiempo libre para dos conferencias bíblicas y un campamento de entrenamiento juvenil, en junio, julio y agosto. Dijeron que no había problema e incluso ofrecieron parte del tiempo libre con sueldo. Entonces les dije que no mudaría a mi familia solo por un ascenso, que tenía que haber algo más (pensando para mis adentros, seguro que rechazarían mi petición ridícula). Pero para mi sorpresa, dijeron que no había problema, y que planeaban prepararme para el puesto de superintendente, que es un salario de seis cifras. Mi plan había fracasado, así que les dije que agradecía respetuosamente la oferta, pero que tenía que rechazarla. Dijeron: *"¿Podemos saber por qué?"* Les dije que Dios me había llamado a ser evangelista. Estaban, como poco, indignados.

Luego, en 2020, cuando llegó el Covid, todos mis servicios de avivamiento fueron cancelados. Sin avivamientos, las cosas se estaban poniendo difíciles financieramente. Estábamos recurriendo a nuestros ahorros. Pero de repente, recibí un cheque aleatorio de un perito de reclamaciones de accidentes laborales por 14.000,00 dólares. Llamé a su número y pregunté sobre el cheque. Le pregunté si había algún error, y el representante dijo: *"No, señor Gómez, no es un error, puede cobrar el cheque."* ¡Mi esposa y yo estábamos gritando victoria! Entonces dijo: *"Hay más."* Por un momento pensé que había algún tipo de trampa. Luego me explicó que ellos mismos realizaron una auditoría de una lesión laboral que tuve casi 15 años antes, afirmando que la habían calificado mal y que el daño era mucho peor. Así que dijo: *"Te lo debemos."* Entonces dijo: *"En realidad te debemos más dinero, y te enviaremos 500 dólares cada dos semanas hasta que saldemos nuestra deuda."* Finalmente recibí un total de 22.000 dólares. ¡Gloria a Dios!

Entonces recordé que unos seis años antes, había rechazado un trabajo de seis cifras para cumplir Su voluntad. ¡En un momento difícil, Dios nos cuidó! De verdad ha demostrado ser fiel a nosotros una y otra vez.

Referencias

Capítulo 1
Jim Bakker fue uno de los primeros televangelistas...
Del libro "Me equivoqué" de Jim Bakker Publicado por Thomas Nelson, Nashville, TN, 1996

David Platt... anunció sus planes de reducir entre 600 y 800 misioneros...
https://www.christianitytoday.com/2015/08/southern-baptists-will-cut-800-missionaries-imb-david-platt/

Capítulo 3
MC Hammer (Stanley Burrell) fue uno de los artistas musicales más famosos... https://www.yahoo.com/entertainment/music/articles/mc-hammer-net-worth-blew-202331699.html

Ruby Payne: Una diferencia clave entre pobreza generacional y situacional es la actitud...
Del libro "Un Marco para Comprender la Pobreza" de Ruby Payne. Publicado por aha! Process, Inc. 2005

Capítulo 5
Anglicare Australia...
https://www.abc.net.au/news/2023-09-12/anglicare-poverty-premium-low-income-australians-cost-of-living/102843886

Ruby Payne afirma en su libro...
Del libro " Un Marco para Comprender la Pobreza " de Ruby Payne. Publicado por aha! Process, Inc. 2005

Capítulo 6
En un trágico incidente en Gujarat, India...
https://timesofindia.indiatimes.com/city/surat/couple-24-year-old-son-die-in-suicide-

El Banco de la Reserva Federal de Filadelfia...
https://www.fa-mag.com/news/even-high-earners-worry-about-making-ends-meet--fed-poll-finds-78599.html

En un estudio de 2014 para la Biblioteca Nacional de Medicina titulado: "El Alto Precio de la Deuda...

https://pmc.ncbi.nlm.nih.gov/articles/PMC3718010/

Capítulo 7
Un hombre con más de 70.000 dólares de deuda...
https://medium.com/@kingdomwealthministries50/my-journey-from-debt-to-divine-abundance-42d06c24422c

Capítulo 8
Una mujer cuenta el impacto que tuvo establecer un presupuesto juntos en su matrimonio...
https://www.ramseysolutions.com/budgeting/budgeter-success-stories-with-everydollar?srsltid=AfmBOooFATXMdoCmA_kbRTTj1Z1tbmvlsgcAQJ_m2VrC2Em3xxX3vPgk

Capítulo 10
La camarera de un restaurante en Virginia Occidental recibió una propina que le cambió la vida...
https://www.livenowfox.com/news/west-virginia-waitress-big-tip

Capítulo 13
Curtis Dixon iba de camino a empeñar su anillo de boda...
https://www.fox2detroit.com/news/mdmotivator-detroit-man-pawn-shop-cash-influencer

Capítulo 16
Ray Dalio ganaba dinero haciendo de caddie en un campo de golf...
https://www.cnbc.com/2019/05/01/billionaire-ray-dalio-bought-his-first-stock-at-age-12.html

Agradecimientos

Quiero dar las gracias a todos los que me animaron a convertir la serie de enseñanzas "La Prosperidad del Reino " en un libro. Mientras viajo mucho predicando, mucha gente me ha preguntado: "¿Cuándo sale el próximo libro?"

Muchas gracias a Daryl Elliott. Revisó cada capítulo y añadió valiosas sugerencias. Tu ayuda es invaluable para mí.

Una vez más, muchas gracias a Steven Ciaccio por su ayuda técnica en tantos aspectos. Ilustraciones, correcciones de fotos, grabación de audio, edición de libros y montaje. Estamos muy orgullosos del hombre de Dios en el que te has convertido. Eres una bendición increíble para Lisa y para mí, para la Iglesia de Prescott y para nuestro compañerismo en general.

Gracias a Jesse Morales y Matt Sanderlin por su esfuerzo conjunto en corregir y detectar errores tipográficos.

Gracias de nuevo a Manuel Delgado, mi esforzado traductor al español. Como siempre, estás usando tus dones para bendecir al mundo de habla Hispana. Gracias por corregir y detectar errores y erratas al traducir el libro.

Gracias a los hombres y mujeres de otras naciones que ayudaron a revisar la traducción al español para Manuel. Son graduados universitarios y se basan en su experiencia con el idioma, ayudando a mantener el "Español" neutral y legible para todas las naciones de habla Hispana:
Fabian Godano: Argentina. Heriberto Lapizco: España. Joyme Cuan González & Ann Yelayne Peña: Cuba.

Gracias a Jonathan Heimberg por su ayuda en la corrección de textos y la ayuda técnica.

Gracias a Devon Ryals por ayuda con la grabación.

Gracias a todos los que compartieron sus testimonios conmigo por escrito. Dios utilizará tus historias para ayudar a otros a creer en sus propios milagros.

Por encima de todo, doy gracias a Dios. Lisa y yo estamos maravillados por toda Tu bondad hacia nosotros. La salvación sigue siendo el mayor regalo que nos has dado, y nunca envejece. Nos has bendecido tanto para que podamos ser una bendición para otros. Que este libro traiga gloria a Tu Nombre. Oro que lo uses para que el Evangelio de Jesucristo sea predicado en todo el mundo; Ese es el propósito máximo de la prosperidad.

Pido que Dios haya motivado tu fe para creer en avances en tus finanzas. A medida que Dios te ayude, me encantaría escuchar tu testimonio. Quizás pueda servir para inspirar a otros a creer.
Envía tu testimonio a:
kingdomprosperitytestimonies@worldcfm.com

Sobre el Autor

Greg Mitchell se salvó en Prescott, Arizona, cuando era adolescente. Conoció y se casó con su esposa Lisa en Perth, Australia. Fue discipulado, entrenado para el ministerio pastoral y enviado de la Casa del Alfarero en Perth para ser pionero de su primera iglesia en Launceston, Tasmania, Australia. Fue Pastore en Melbourne, Victoria, Australia, en tres ocasiones diferentes (2 iglesias diferentes - Footscray y Dandenong). Greg y Lisa respondieron al llamado de Dios como misioneros a Johannesburgo, Sudáfrica, donde Dios les ayudó a establecer una próspera congregación en el suburbio de Eldorado Park. Greg es ahora Pastor Principal de The Potter's House (La Casa del Alfarero) en Prescott, Arizona. Él es el líder de Christian Fellowship Ministries (Ministerio de Compañerismo Cristiano), International (Internacional), un movimiento de plantación de iglesias con más de 4200 iglesias en todo el mundo (La Casa del Alfarero, La Puerta, Capilla de la Victoria). El CFM tiene iglesias en 147 naciones. Desde 1986, Greg ha predicado la revelación del amor de Dios y Su poder para salvar, sanar y liberar: Cuerpo, Alma y Espíritu. También es autor de los libros Poder de Sanidad y Desarraigando el Rechazo.

www.ingramcontent.com/pod-product-compliance
Lightning Source LLC
LaVergne TN
LVHW051727080426
835511LV00018B/2925

* 9 7 9 8 9 9 0 7 1 7 6 6 4 *